László Studinka
Unbändige Jagdpassion

László Studinka

Unbändige Jagdpassion

Ganz Ungarn war mein Revier

Zweite Auflage
Mit 29 Abbildungen auf Tafeln

Paul Parey · Hamburg und Berlin

Vom gleichen Autor erschienen im Verlag Paul Parey

Mit heißem Jägerherzen
Ein Leben der Jagd in Ungarn

Ewige Jagdgründe
Jagderleben in den Ostkarpaten

Wanderungen eines Jägers
Mit Büchse, Flinte und Kamera in vier Erdteilen

CIP-Kurztitelaufnahme der Deutschen Bibliothek

Studinka, László:
Unbändige Jagdpassion : Ganz Ungarn war mein Revier / László Studinka. – 2. Aufl. – Hamburg ; Berlin : Parey, 1983.
ISBN 3-490-27011-8

Anschriften: Spitalerstraße 12, 2000 Hamburg 1 ; Lindenstraße 44–47, 1000 Berlin 61. Printed in Germany by Schüthedruck, Hamburg. Umschlaggestaltung unter Verwendung eines Gemäldes von Pál Csergezán. Umschlag- und Einbandgestaltung: Leuthold Aulig, Wolfsburg.

ISBN 3-490-27011-8

Gewidmet den vielen lieben Freunden,
mit denen zu jagen
ich Lust und Freude hatte

Ein ganz kurzes Vorwort

Im ersten Kapitel meines ersten Jagdbuches: „Mit heißem Jägerherzen – Ein Leben der Jagd in Ungarn" habe ich schon meinen jagdlichen Lebenslauf geschildert. Er fällt ziemlich aus dem Rahmen, nicht nur aus dem normaler Menschen, sondern sogar aus dem der Jäger. Der Leitstern meines Lebens ist stets die Jagd gewesen; ich habe dies jedoch nie bereut!

Die unbändige Passion trieb mich seinerzeit nach Kriegsende zum kargen und damals besonders schweren Leben des Berufsjägers in schwierigsten Zeiten, und das war gut so, denn mein Leben war nie Arbeit, sondern eine sich ständig erneuernde und fortsetzende Reihe von größeren und kleineren Jagdfreuden. Freilich war auch manch bitterer Tropfen dabei, der von Zeiten und Umständen geprägt wurde, doch rückblickend ist es eine große Genugtuung, daß zusammen mit einigen Gleichgesinnten es uns gelang, die altehrwürdige jagdliche Tradition in einer vollständig anderen Epoche aufrecht zu erhalten, sogar wieder in ungeahnter Weise aufblühen lassen.

Und es erfüllt mich mit großer Freude, daß auch heute, nach meinem Eintritt in das siebente Jahrzehnt, diese glühende Passion für Wild und Waidwerk immer noch nicht nachgelassen hat! Freilich ändert sich auch der Jäger mit stark zunehmendem Alter: Man wird gesetzt, um nicht zu sagen wählerisch, man schatzt die besonderen jagdlichen Leckerbissen – ich nicht so sehr die Stärke der Trophäe, sondern mehr die Geschehnisse rund um die Jagd. Außerdem macht es große Freude, die Erfahrungen eines langen Jägerlebens niederzuschreiben, Freud und Leid der Jagd.

Zum zunehmenden Alter gesellen sich leider auch körperliche Gebrechen: Doch wenn der Hirsch mit seinem Rudel schreiend einzieht, versuche ich ihm immer noch mit fliegenden Pulsen und pfeifendem Atem den Wechsel abzuschneiden. Immer noch treibt sie mich, die unbändige Passion!

Inhalt

Láboder Sautreibjagden

Auch wenn die Sauen oft schwer zu Schaden gehen, wenn sie auch weit und breit, im Sommer und Winter, Tag und Nacht bejagt werden, so wurden sie von den Láboder Jägern doch als begehrenswertes, gehegtes Wild behandelt. Und sie erwiesen sich auch dankbar dafür; sie machten unser Revier neben den starken Hirschen durch die winterlichen Sautreibjagden berühmt.

Ende der fünfziger Jahre, als das Revier in staatliche jagdliche Verwaltung kam, mich mein gutes Los dahin brachte, gab es dort schon große, zusammenhängende Kiefern- und Eichendickungen, mit denen nach dem Kriege brach liegende Ackerflächen und Klein-Weingärten auf schlechten Sandböden aufgeforstet wurden. Als diese Dickungen heranwuchsen, kamen auch die Sauen wieder!

Sie vermehrten sich schlagartig; denn es gab damals wenig Büchsen und keine Jäger, die mit den Sauen Erfahrung gehabt hätten. So wurde ihnen wenig Abbruch getan. Hier fanden sie eine wunderbare neue Heimat, im Sommer in den feuchten, kühlen Erlenniederungen, im Winter hingegen in den bürstendicken Eichen- und Kieferndickungen auf den Sandrücken, in dem undurchdringlichen Brombeergestrüpp, das sich auf den ehemaligen Viehweiden im Walde, die schon lange nicht mehr vom Vieh beweidet waren, ausgebreitet hatte. Das Wild hatte hier wundervolle Einstände, aber auch Äsungsmöglichkeiten. Die Waldungen waren nicht zusammenhängend. Das Wild fand in einer Entfernung von höchstens zwei, drei Kilometern überall Felder, auf denen es sich nachts den Pansen mit Kukuruz und Kartoffeln vollschlagen konnte. Denn es blieb damals im Winter genügend für das Wild auf den Feldern liegen.

Das Schwarzwild war in dieser Waldgegend natürlich Ureinwohner gewesen. Es mußte aber im vorigen Jahrhundert nach den großen Waldrodungen weichen und besiedelte diese Gegend dann wieder Anfang der fünfziger Jahre, zur Zeit der großen Ausbreitung der Lebensräume des Schwarzwildes in Ungarn.

Als ich die Jagdleitung der zusammenhängenden Jagdfläche von etwa 50000 Hektar übernahm, war unsere erste Aufgabe, Ruhe in den Revieren zu schaffen. Die hier sehr spärlichen Wildbestände waren bisher von sehr undisziplinierten Jagdgesellschaften ständig beunruhigt worden. Ich ging aber noch weiter. Wir schossen die Sauen nicht, wo sie uns vors Rohr kamen, weder die Berufsjäger, noch natürlich ich als Chef. Nur, wenn sie irgendwo arg zu Schaden gingen, gab ich den Abschuß eines Frischlings oder Überläufers frei. Wir mußten ja die starken, älteren Stücke hegen. Vor allem die Keiler, um sie noch älter werden zu lassen, damit sie, wenn sie zu einem reifen Bassen herangewachsen waren, einem Jagdgast Freude bereiteten. Die Hege galt auch den Bachen, damit sie uns einen starken, gesunden Nachwuchs brachten.

Das war in den damaligen Zeiten in der entlegenen Ecke eine neuartige, unbegreifliche Einstellung. Man verstand nicht, weshalb ich die Sauen „züchtete". Doch meine Berufsjägerkollegen waren zur Hege erzogen worden. Denen konnte ich es leicht verständlich machen, daß wir alles zum Heranhegen guter Wildbestände tun müßten.

Und wir schnitten nicht schlecht ab!

Nach zwei Jahren der Revierübernahme veranstalteten wir im Januar 1961 die erste Sautreibjagd. Wir hatten es nicht schwer. Das Gros der Sauen hatte damals die Haupteinstände in zwei weit von einander in verschiedenen Revierteilen liegenden großen Dickungskomplexen von je 4–600 Hektar. Diese wurden von breiten Schneisen durchschnitten. Noch nicht durchforstete Pflanzungen von Kiefer, Eiche, Pappel und Erle waren groß genug, um je einen winterlichen Treibjagdtag mit je vier Treiben abzugeben.

Mit einigen Kukuruz-Kirrungen inmitten der Dickungen hatten wir auch noch die Sauen dort festgehalten, obwohl dies wegen der hervorragenden, ungestörten Einstände nicht unbedingt nötig gewesen wäre. An diesen Schütten schossen wir nur in den seltensten Fällen eine Sau. Die Schütten hatten nur den Zweck, die Sauen noch besser im Einstand zu halten. Wenn sie den Mais täglich annahmen, konnten wir sicher gehen, daß sie neben den Kirrungen auch am Tage der Jagd „daheim" sein würden.

Auf dieser ersten großen Treibjagd schossen wir mit sehr mittelmäßigen Schützen am ersten Jagdtag sieben, am zweiten elf Sauen. Es bewahrheitete sich wieder, daß die Mühe der Jagdleitung umsonst ist, wenn die Schützen schwach sind. Es gibt keine gute Strecke. Aber dennoch versetzten wir die Jäger der Gegend in Staunen: damals hatte man dort niemals von solcher Strecke gehört!

Freilich hatten wir Wildschaden. Dazu trug auch der sich ständig vermehrende Rotwildbestand bei, doch verursachten die Sauen die Schäden zum größten Teil in den Feldern. Die durch das Rotwild entstehenden Wildschäden sind in diesen ungemein günstigen Lebensräumen immer noch minimal zu nennen. Wir versuchten, das Wild von den Feldern durch Wildäcker im Walde, durch Bewachen der Feldfrüchte fernzuhalten. Dies kann aber nur bis zu einem bestimmten Grad erfolgreich sein. Gänzlich ausschalten kann man den Wildschaden nie.

Wir versuchten also den Wildschaden zu vermindern, anstatt den Sauen mit Pulver und Blei zu Leibe zu gehen. Letztere Methode besitzt zwar viel Anziehungskraft, weil man auf die Sauen schießen kann, ist aber wenig erfolgreich. Mit ihr vergrämen wir nur das Wild, vertreiben es aus seinen gewohnten Einständen in immer neuere der weiten Umgebung. Damit erreichen wir unser Ziel nicht; denn es bleiben stets immer noch zu viele übrig, es kommen auch fremde Sauen, die auch aus ihren gewohnten Einständen vertrieben wurden. Man erreicht mit der ständigen Verfolgung nur, daß die Sauen so unstet, so vergrämt und vagabundierend werden, daß, wenn eine richtige Treibjagd auf sie angesetzt wird, man fast leer ausgeht.

Das Wild dankte uns aber reichlich für diese kleine Sorge und Hege! Im Laufe von vielen Jahren deckten stets die Einnahmen des Jagdbetriebes nur aus dem Sauenabschuß die ganze Summe der zu bezahlenden Wildschäden, auch die Rotwildschäden. Die Einnahmen des Rotwildabschusses waren schon Reinertrag. Und das soll was heißen; denn Ende der sechziger Jahre ging der Wildschaden schon in die Millionen Forint. Und das nur, weil die Rotwildbestände ständig zunahmen und immer neuere Revierteile eroberten, doch nicht das Schwarzwild! Dieses konnten wir in solchem Bestand halten, daß wir im Jahresdurchschnitt im ganzen Revier 150 bis 180 Stück schossen. Sauen waren nur etwa in einem Drittel des Revieres heimisch, der Rest war überwiegend Feld- und Niederwildrevier. Hier duldeten wir sie nicht.

Ich will gerne verraten, nach welchem Rezept wir verfuhren, um das Schwarzwild im gleichen, tragbaren Bestand zu halten. Das Personal schoß, wie ich schon gesagt habe, nur ausnahmsweise Sauen, wenn sie zu Schaden gingen und in den Revierteilen, wo wir sie nicht ansiedeln wollten. Auf Pirsch und Ansitz erlegten unsere Gäste einige Keiler und Überläufer im April nach der Kartoffel- und Kukuruzsaat, im Mai auf den Süßlupinen, im Juli in den Weizenschlägen, auch einige in der Rauschzeit im Herbst bei Mondscheinpirsch und Ansitz. Die so erzielte Strecke machte im Jahresdurchschnitt kaum mehr als 40 bis 50 Stück aus.

Nach der Maisernte im Spätherbst wurden dann Kirrungen in den Haupteinständen angelegt und die Sauen dort vollständig in Ruhe gelassen.

In späteren Jahren waren dann soviele Dickungen aufgewachsen, daß wir fünf Jagdtage benötigten, um die Haupteinstände alle bejagen zu können. Die erste große Treibjagd hielten wir meistens Ende November ab, freilich mit zahlenden ausländischen Jagdgästen. Sonst hätten natürlich „die Einnahmen der Sauen" den Wildschaden nicht gedeckt.

Nach dieser Jagd wurde das Revier einige Wochen lang in Ruhe gelassen, die Schütten freilich weiterhin beschickt, um die Sauen in ihren beliebten Einständen wieder ansässig zu machen. Inzwischen bejagten wir sie in kleineren Dikkungen, unsicheren Einständen auf Riegeljagden mit einigen Schützen, Treibern und Hunden. Manchmal machten wir auch gute Strecke; denn wir gingen den Sauen an die Schwarte, oft gingen wir auch leer aus. Alles hatte den Zweck, die Sauen zu veranlassen, die Haupteinstände zu beziehen, um sie dort bis zur nächsten Jagd festzuhalten.

Mitte Januar machten wir die zweite „große", mehrtägige Treibjagd, deren Strecke meistens kaum hinter der der ersten zurückblieb. Die Einnahmen aus den Teilnehmergebühren und aus der Verwertung des Wildprets ergaben dann eine sehr beträchtliche Summe für den Jagdbetrieb, die Saujagden in Lábod errangen einen weiten Ruf. Vielen Jägern, die daran teilnehmen konnten, sind sie eine einmalige jagdliche Erinnerung geblieben.

In Lábod hatten wir von Anfang an nicht diese herkömmlichen Sautreibjagden organisiert, die leider in unseren Flach- und Hügellandrevieren die Regel sind. Dort werden die Schützen in eine Reihe auf einer Schneise aufgestellt, wie beim Fasanentreiben, höchstens etwas weiter auseinander. Vielleicht postiert man noch ein, zwei Schützen an den Flanken, doch nach hinten, auf den Rückwechsel kommt schon keiner mehr, meistens deswegen nicht, weil die Jagdleitung die Mühe scheut, die Schützen weiter auseinander zu stellen. Denn dann muß man sie nach den Treiben wieder aufsammeln, was angeblich zu viel Umstände und Schererei verursacht.

Was geschieht in solchen „Fasanentreiben"? Die ganze Gesellschaft der Schützen zieht auf der Schneise neben der Dickung zu ihren Ständen entlang. Meistens geht dies nicht lautlos vor sich, auch wenn der Jagdleiter zur Ruhe ermahnt. Die Sauen, die im Kessel in der Dickung liegen, vernehmen dies natürlich, kennen auch den Rummel, daß es bald auf der Schneise knallen wird, drücken sich im Treiben, lassen die Treiber passieren und verlassen ganz „komot" das Treiben auf dem Rückwechsel!

Falls ein unerfahrener Überläufer doch von den Hunden über die Schneise gesprengt wird, so „fliegt" er über die Schneise, daß kaum ein Lauf den Boden berührt. Es muß schon ein Meisterschütze sein, der ihn trifft!

In Lábod wandten wir andere Methoden an, um die Sauen im Treiben vor die Büchsen zu bringen. Wir trieben bei den großen Jagden mit zehn bis zwölf Schützen niemals einzelne kleinere Dickungen, sondern faßten größere Waldkomplexe in den jeweiligen Treiben zusammen, in denen verteilt kleinere Dikkungen lagen. Auch wenn sich Treiben auf Flächen bis zu 200 Hektar beliefen, konnten wir mindestens drei, normalerweise aber vier Treiben am Tage nehmen.

Erleichtert wurde die Jagd auch dadurch, daß unsere Waldpartien überall kreuz und quer von Schneisen durchzogen wurden. Freilich hatten wir, die Jagdleitung, auch die Aufgabe, diese Schneisen rein zu halten, da die Forstwirtschaft, die leider hier von der Jagd getrennt war, sich nicht darum kümmerte. So konnten wir auf den Schneisen ein, wenn auch nicht allzu breites Schußfeld schaffen.

Die Wechsel der Sauen kannten wir natürlich auch, je mehr wir sie trieben und nachsuchten, um so besser. Und dies war dann die Hauptgrundlage unserer Weisheit! Wir stellten die Schützen ringsherum ums Treiben an die herausführenden Wechsel, natürlich stets 40 bis 60 Schritte neben sie. Selbstverständlich auch auf die Rückwechsel. Die übrigen Schützen kamen auf Schneisen inmitten der Treiben neben die Hauptwechsel. Wenn es ging, so wurde nur ein einziger Schütze auf ein auch etwa kilometerlanges Gestell postiert, damit er ungehindert vom Nachbar schießen konnte. Kein Unglück, wenn ihm die Sau zu weit kam, den Schützen auf der nächsten Schneise oder auf dem Auswechsel würde sie sicherlich günstiger anlaufen. Wenn zwei Schützen auf das gleiche Gestell kamen, wurden sie möglichst so angestellt, daß zwischen ihnen ein Hügel als Kugelfang lag.

Der größte Vorteil dieser Methode ist, daß die Sauen nicht hochflüchtig über die Schneise wischen, sondern meistens im Troll ankommen und sehr oft am Gestellrand verhoffen. Der Schütze, von Nachbarn nicht gehindert, kann ruhig schießen und meistens trifft er dann auch. Natürlich ist dies noch viel mehr bei denjenigen Schützen der Fall, die an den Seiten der Treiben stehen.

Solche Organisation bedingte jedoch nicht nur genaue Geländekenntnis und das Wissen um die Wechsel, sondern sie mußte auch genauestens vorbereitet werden. Wichtig war, daß von dem zu treibenden Revierteil eine möglichst genaue Skizze angefertigt wurde, in die alle Schneisen, Hochsitze, im Gelände auffallende Objekte eingezeichnet wurden. Dann setzte sich Wochen vor der Jagd der „Generalstab“ zusammen, um zu besprechen, wie und in welcher Richtung die einzelnen Treiben getrieben werden sollten und wie die Folge sein sollte. Bei der Richtung der Treiben spielte der Verlauf der Wechsel die Hauptrolle. Es ist nämlich eine grundlegende Regel, die man nie vergessen darf, gleich ob es sich um Sau-, Fasan-, Hühner- oder Fuchstreiben handelt: „Das Wild muß in die Richtung getrieben werden, wohin es auch von selber gerne zieht!“ Denn nur dann kann ein Treiben erfolgreich sein. Doch konnten wir bei der Planung – Wochen vorher – die Windrichtung natürlich nicht berücksichtigen, auch nicht uns dieser anpassen, indem wir die Richtung des Treibens in letzter Minute geändert hätten. Doch ist dies auch nicht notwendig, falls die Schützen ringsherum an den Wechseln stehen. Höchstens, daß die Schützen an den Wechseln von dem anstellenden Jäger unter Wind plaziert werden.

Die Folge der einzelnen Treiben und sogar auch die der einzelnen Jagdtage wurde so bestimmt, daß die größten, zusammenhängenden Dickungen, Einstände, zuletzt genommen wurden. Doch sollte man nicht denken, daß man die Sauen „zusammentreiben" könnte. Denn, wenn sie in ihrem Kessel gestört werden, noch auf sie geschossen wird, so ziehen sie meistens „in die blaue Ferne". Wenn man die größte Dickung zuletzt nimmt, kann man hoffen, daß aus ihr die Sauen nicht vor Beginn des Treibens auswechseln, sogar einige, vielleicht auch angeschweißte, einwechseln.

Nachdem die Planung festgesetzt war, gingen wir zusammen mit dem Oberjäger und dem zuständigen Revierjäger jedes Treiben und einen jeden Stand ab. Neben den schon bekannten Wechseln stellten wir die günstigste Position für jeden Stand genauestens fest und markierten die Stände mit Nummern an angeschalmten Bäumen. Dabei arbeiteten wir mit größter Umsicht und Präzision. Im Falle, daß der Nachbarschütze gefährdet werden konnte, wurden in dieser Richtung die Bäume angeschalmt, um dem Schützen vor Augen zu halten, wohin er nicht schießen durfte. Die drei Helfer, deren Aufgabe es war, die Schützen an die Stände zu führen, kannten also jeden Stand, ein Irrtum war ausgeschlossen.

Wenn dies alles getan war, kam für mich die „Schwarze Suppe": die Büroarbeit. Die schwierigste war die genaue, auch zeitliche Einteilung, wahrlich eine Generalstabsarbeit. Sorge bereitete auch das Durchführen der Nachsuchen. Selbstverständlich durften die Schützen den Schweißfährten ihrer beschossenen Stücke höchstens nur einige Schritte nachgehen. Das Anschweißen mußte dem nächsten Berufsjäger mitgeteilt werden, der den Anschuß verbrach. Wenn es angebracht erschien, so schickte ich einen Berufsjäger mit einem die warme Fährte arbeitenden Vorstehhund noch am gleichen Tag zur Nachsuche. Oder aber es mußte am nächsten Tag nachgesucht werden, was immer schwierig wegen der weiten Entfernungen war. Anfangs besaßen wir auch noch keinen brauchbaren Schweißhund. Gelegentlich brachte eine deutsche Jagdgesellschaft, die die „große Saujagd" alljährlich mitmachte, bekannte Schweißhundführer mit ihren Hunden aus Deutschland mit. Diese machten dann am nächsten Tag die Nachsuchen. Wir bekamen später Schweißhunde aus guten Zuchten, Führer wurden aus den Berufsjägerlehrlingen ausgebildet.

Am Vorabend der Jagd zog jeder Schütze eine Nummer, die er dann für den ganzen nächsten Jagdtag beibehielt. Da wir meistens mit zahlenden Jagdgästen jagten, konnte ich die Stände der einzelnen Schützen nicht nach meinem

Wunsch und der Schießkunst der Jäger bestimmen. Denn es war schlecht, wenn ein langsamer Schütze auf einen Stand mit geringem Schußfeld kam, auf dem man sich sehr beeilen mußte. Er gehörte dort nicht hin. Diesem etwas vorzubeugen, verteilte ich die Stände an einzelnen Jagdtagen stets so, daß jeder Schütze bei den verschiedenen Treiben des Jagdtages auf verschieden gearteten Ständen zu stehen kam: so zum Beispiel Nr. 3 im ersten Treiben mitten auf einer schmalen Schneise, und im zweiten und dritten außerhalb dieser auf Fernwechseln.

Meistens jagten wir mit zehn Schützen, jedoch nie mit mehr als zwölf. Hinzu kam das Berufsjägerpersonal mit 35 bis 40 Treibern. Da die Sauen zur Winterzeit meistens in den dichtesten Kieferndickungen steckten, aus denen sie sehr schwer herauszukriegen waren, spielten bei diesen Treiben die Hunde die Hauptrolle. Wir ließen an diesen Jagdtagen die verschiedensten Vierbeiner antreten: vom „Magyar Vizsla" bis zum Puli, der ungarischen Schäferhundrasse, vom Terrier bis zur „Promenadenmischung", alles Hunde, die an Sauen jagten. Die meisten unserer Berufsjäger führten Bauhunde, hauptsächlich Foxterrier und ihre Mischungen, die alle an Sauen hetzten. Auch einige Vorstehhunde waren dabei, insbesondere der Vizsla „Ali" des alten Hegers Varga, dann auch mein DK „Legény" und zwei Drahthaare „Gabi" und „Pajti". Doch diese beiden Hunde waren zu rabiat und wurden oft geschlagen. Wenn ein „Außenseiter" scharfe Hunde besaß, ein Hirte oder Zigeuner, so wurde er für die Jagdtage mit seinen Hunden engagiert. So hatten wir manchmal zwei Dutzend Hunde dabei, die in den Treiben die Sauen hetzten und sprengten.

Bei der ersten großen Treibjagd im Jahre 1961 besaßen wir noch nicht genügend Hunde und rechneten damit, daß wir die Sauen nicht aus den Kieferndikkungen herausbekommen würden. Deswegen wandten wir eine Methode an, die wir „Harmonika-Treiben" nannten.

Das „Harmonika-Treiben" bestand darin, daß die in zwei Partien geteilte Treiberwehr mit den dazugehörigen Hunden von beiden entgegengesetzten Enden des Treibens gleichzeitig antrieb. Ich forderte von ihnen, daß sie während des ganzen Triebes ständig mit den traditionellen „Hopp-hopp"-Rufen der Treiber sich signalisierten, nicht nur um die Treiberlinie möglichst gerade zu halten, was sehr wichtig war, sondern auch um die Schützen stets wissen zu lassen, wo sich die Treiberlinien befanden. Wenn es viele Sauen im Trieb gab und nicht genügend Schüsse gefallen waren, wurde auf ein Hornsignal das Treiben wiederholt, so daß jede der beiden Treibergruppen den Dickungskomplex zweimal durchging. Diese gut organisierten Jagden mit viel Sauen und starken Keilern erlangten schnell einen guten Ruf.

Im Januar 1962 kam eine Gruppe von zehn belgischen Jägern zur Saujagd. Leider hatten wir damals noch keine starken Sauenbestände im Revier. Doch mit Hilfe der oben beschriebenen Methode betrug die Strecke in drei Jagdtagen 28 Stück. Dies war vielleicht die kleinste Strecke der „Großen Saujagdtage". Später betrug sie in 4 bis 5 Tagen stets um die 50 oder 60 Sauen. Diesmal lagen sieben Keiler dabei, deren Gewaff sich überall zeigen ließ.

Die Gäste waren sehr zufrieden. Sie hatten daheim in den Ardennen genügend Sauen, jedoch viel schwächer. Hier hatten sie es auf starke Sauen abgesehen. Sie bekamen auch, was sie sich gewünscht hatten.

Mit dieser Gruppe belgischer Jäger hätte man eine Spitzenstrecke erzielen können! Denn ich habe nie auch nur annähernd so fabelhafte Kugelschützen gesehen! Freilich besaßen sie eine seltene Übung im Flüchtigschießen; daheim schossen sie alles Schalenwild, auch Rehe, flüchtig in Treiben. Sie führten zu diesem Zweck speziell gebaute Doppelbüchsen. Keine hatte ein Zielfernrohr, nicht einmal eine Montage. Man schoß wie mit Schrot, gefühlsmäßig über Kimme und Korn, einige Büchsen hatten nicht einmal eine Kimme, sondern nur ein grobes Korn! Keine hatte einen Stecher, sondern so weiche Abzüge, wie eine feine Flinte. Diese Büchsen zum Flüchtigschießen hatten alle ohne Ausnahme das Kaliber 9,3 x74 R. Sie führten kein anderes Kaliber und hatten auch Recht damit. Diese Kugel lieferte auch bei schlechteren Schüssen Schweiß, das angeschweißte Wild flüchtete meistens nicht allzu weit.

Später hatten wir einen ständigen deutschen Gast bei den Treibjagden, der eine Doppelbüchse Kaliber 7x57 R führte. Er schwor auf sie. Er war ein hervorragender Schütze, aber wir mußten ständig seine Sauen nachsuchen. Wenn er sagte: „Die Sau hat die Kugel!" konnte man Gift darauf nehmen. Doch gab es meistens nirgends Schnitthaare oder Schweiß, die Sau lag selten in der Nähe. Wir verloren viele seiner Sauen, nicht aber die der Belgier.

Nach einem letzten Treiben des Jagdtages mit den Belgiern, es war noch früh am Nachmittag, wurde mir gemeldet, daß in einer kleinen Kieferndickung neben dem Trieb eine offensichtlich angeschweißte Sau stark röchele. Darauf nahm ich schnell einige Schützen und Treiber, die in der Nähe waren, zusammen, stellte zwei Büchsen auf die Schneise nach vorn, eine an die Flanke, während ich mit einem der belgischen Jäger die Schneise nach dem Rückwechsel abstellte. Diese war kaum vier Meter breit, wir standen etwa 150 Schritt voneinander entfernt.

Kurz nachdem angetrieben war, riefen die Treiber „Sau zurück!" Ich machte mich fertig, ging in Halbanschlag, der Nachbar verstand wohl nicht, was gerufen wurde, machte sich aber auch schußbereit. Plötzlich hochflüchtig, ein ganz schwacher Frischling über die Schneise, genau zwischen uns. Ich riß die Büchse hoch und wollte ganz schnell schießen, nur ein Gedankenblitz. Die Sau war erst in der Mitte der Schneise, als mein Nachbar schon schoß und sie wie ein Hase mit Blattschuß roulierte!

Der eine Belgier, der eine Büchse ohne Kimme führte, vollbrachte folgende Spitzenleistung. Der Schütze stand an einem Fernwechsel in einem Eichenaltholz ohne Unterwuchs, weitab von der getriebenen Dickung. Es kam ihm eine einzelne Sau, ein mittlerer, etwa vierjähriger Keiler im „Schweinsgalopp“ auf etwa 150 Schritt breit im Hochwald. Er schoß zweimal. Dann zog er blitzschnell zwei Patronen aus seiner links oben an seiner Joppe angebrachten Tasche, die zum Halten von sechs Patronen konstruiert war. Er lud seine Ejektorbüchse und doppelte nochmals auf den flüchtigen Keiler, worauf dieser zusammenbrach. Ich habe dann festgestellt: die Entfernung beim vierten Schuß betrug 180 Schritte und drei von den vier Kugeln saßen in der Kammer des Keilers.

Doch nicht nur die Belgier waren Meister des Flüchtigschießens. Es gab auch einige unter den deutschen Jagdgästen, besonders solche, die noch die Möglichkeit hatten, vor dem Kriege in den Ostgebieten zu jagen, wo auch seinerzeit die Mehrzahl der Sauen und des Kahlwildes auf Drückjagden erlegt wurde.

Einer der allerbesten dieser Schützen der alten Zeit nahm öfters an unseren Jagden teil. Einmal lief ihn eine Rotte in einem Stangenholz an. Er stand auf einer Schneise. Er schoß ein Stück der anlaufenden Rotte im durchforsteten Bestand mit einem Lauf seiner Doppelbüchse. Doch nur mit einer Patrone. Dann hatte er noch Zeit, den abgeschossenen Lauf zu laden und eine Dublette aus der über das Gestell flüchtenden Rotte herauszuschießen. Er hatte alles genau berechnet. Nur so konnte er drei Stück erlegen. Wenn er nämlich beide Schüsse in den Bestand abgab, so mußte er genau dann wieder laden, wenn die Rotte über die Schneise flüchtete und sich für den besten Schuß präsentierte.

Eine andere besondere Spitzenleistung. Wir stellten einen Schützen auf einen Wechsel etwas weit ab von der getriebenen Dichung in ein sichtiges Akazienholz. Er führte eine Kipplaufbüchse 9,3x74 R. Diese elegante, leichte kleine Waffe ist ideal für die Pirsch, doch nicht für die Treibjagd. Und doch streckte er fünf Sauen in diesem einen Treiben. Er hatte ein gutes Schußfeld, einen leichten Stand, die Sauen kamen ihm weitab vom Lärm des Treibens bequem im Troll oder ziehend. Dennoch ist es eine besondere jagdliche Leistung, fünf Sauen in einem Treiben zu strecken.

Die größte persönliche Strecke wurde aber in einem Treiben im Köblöser Revier erzielt. Zwei auf derselben Schneise stehende Schützen erlegten in einem Treiben insgesamt zwölf Sauen!

Dieses Treiben war vor dem Kriege ein Weinberg gewesen, der in den fünfziger Jahren mit Kiefern aufgeforstet wurde, in den sechziger Jahren zu einer großen zusammenhängenden Dickung aufgewachsen war. Sie wurde etwa in der Mitte von einer etwa 10 Meter breiten Schneise geteilt, doch zog sich an der nördlichen Seite noch ein Streifen Akazienhochwald entlang, in den man gute

Einsicht hatte. Man hatte also ein breites Schußfeld, die Stände waren nicht schwierig.

Das Los hatte bestimmt, daß zwei recht gute Schützen auf diese breite Schneise mitten im Trieb kamen. Beide führten Doppelbüchsen. Zwischen ihnen ein Sandhügel, sie konnten einander nicht sehen und durften getrost die ganze Schneise beschießen. Die anderen Schützen standen an den Wechseln am Rande des Triebes.

Es wurde von Süden her getrieben. Ich ging mit den Treibern durch. Es gab Sauen genug, die Hunde waren scharf daran und sprengten die Rotten. Ringsherum knallte es. Ist das eine Freude für den Jagdleiter!

Der erste Teil des Treibens dauerte fast eine Stunde, bis wir an der breiten Mittelschneise ankamen. Da lagen schon je zwei Sauen an beiden Ständen. Zwei starke Rotten seien in den anderen Teil der Dickung hinübergewechselt. Diesen trieben wir dann weiter, so daß die beiden Schützen nunmehr auf dem Rückwechsel standen.

Ich ging weiter mit den Treibern. Sauen wurden in der dichten Dickung vor uns öfters flüchtig, die Hunde hetzten und sprengten sie, viele gingen zurück, es knallte wiederholt auf dem Rückwechsel.

Nach dem Abblasen des Treibens beeilte ich mich, hinzukommen. Die Sauen, die nicht auf dem Gestell zusammengebrochen waren, wurden gerade herausgezogen. Es wurde provisorische Strecke an den Ständen gelegt, bei dem älteren Jäger sieben, beim jüngeren fünf Sauen.

Der stärkste Keiler spielte auch noch einen Schabernack mit dem alten Herrn. Sechs Sauen lagen schon um ihn herum, das Treiben ging seinem Ende entgegen, als seine Frau, die hinter ihm stand, ihm die Schnapsflasche reichte. Zur Freude nach diesem Erfolg sollte er einen Zug tun. Das tat er auch. Niemand hatte es bemerkt, nur der starke Basse, der sich der Gefahr nach hinten lautlos entziehen wollte. Der alte Herr warf die Flasche sofort weg und setzte dem Keiler die Kugel auf die Rippen. Es war die siebente Sau. Im ganzen Treiben fielen insgesamt siebzehn Sauen. Das Gros der Strecke hatten die beiden Schützen kassiert.

In der Jagdzeit 1965/66 konnte aus irgendwelchem Grunde die „Große Saujagd" im November nicht abgehalten werden. Dennoch bejagten wir sie des öfteren in Rieglern in den kleineren Einständen, die an der geplanten fünftägigen Drückjagd nicht genommen werden sollten. Denn bis dann verblieben uns nicht nur die vormaligen beiden großen Dichungskomplexe zum Treiben, sondern es waren auch inzwischen andere große Dickungen zu Saueneinständen herangewachsen. Die Sauen hatten sich auseinandergezogen, wir mußten mehr Revierteile bejagen. Und dann hatten wir auch vielleicht mehr Sauen, es sollten auch auf der größeren Fläche mehr sein, doch konnten wir sie bezüglich der Bestandesdichte und des Wildschadens stets in angemessener Zahl halten, denn in jedem Winter lichteten wir ihren Bestand beträchtlich.

Schon im Herbst, am Anfang des Winters, hatten wir ausspekuliert, wie die Jagd besser arrangiert sein sollte, wie wir die verschiedenen Treiben nehmen und die Schützen an günstigen Ständen postieren sollten. Es war dies ein ständig wiederkehrendes Thema unter uns Berufsjägern. Wir kannten damals die Wechsel der Sauen so gut, daß wir im Aussuchen der Stände selten grobe Fehler machten. Der genaue Jagdplan war also fertig, Skizzen für jeden Tag und ein jedes Treiben angefertigt, die Stände im Walde markiert. Jetzt brauchten wir nur noch günstiges Wetter und gute Schützen.

Die Gruppe unserer deutschen Jagdgäste war inzwischen organisiert. Sie kamen schon seit mehreren Jahren, kannten den Rummel, es war leichter, mit ihnen zu jagen. Die Jagd wurde in den ersten Januartagen abgehalten, fünf Jagdtage ohne Unterbrechung. Wenn die Witterung kalt blieb, verschicken wir zwischendurch kein Wild, um am sechsten Tage Strecke zu legen.

Wir waren durchs Wetter besonders begünstigt. Ein gelinder Frost, nicht so stark, daß die Finger der Schützen klamm wurden, der Waldboden war hart gefroren, die Sauen konnten sich mit Leichtigkeit bewegen. Fünf Tage lang hatten wir das gleiche Wetter mit etwas bedecktem Himmel, windstill. Man konnte das Annähern des Wildes im raschelnden Laub gut vernehmen.

Wir hatten einen Revierteil mit etwa siebenhundert Hektar Wald. Ein gewelltes, leicht hügeliges Terrain, auf den trockenen, sandigen Rücken Kiefern- und Eichendickungen, in den Niederungen Wiesen und Erlenbrüche. Der ganze Wald, wie dort in der Gegend üblich, kreuz und quer durch Gestelle durchzogen.

Nie konnten wir hier der Sauen richtig habhaft werden. Mit kleineren Treiben normaler Größe kamen wir nicht zum Erfolg; denn die Dickungen waren klein und lagen ziemlich nahe aneinander, so daß die Sauen meistens schon beim Anstellen oder während des Treibens der benachbarten Dickung den Einstand verließen.

Dieser Revierteil wurde vom Jäger János Farkas verwaltet, der dort aufgewachsen und nicht nur ein hervorragender Kenner des Waldes, sondern auch seines Wildbestandes war. Eines Tages nach der Brunft, als wir gemeinsam eine Schneise entlanggingen, sagt er plötzlich zu mir:

„Herr Chef, wie wär's, wenn wir den ganzen Waldkomplex in einem Treiben nehmen würden? An zwei Seiten grenzen Felder an, da geht bestimmt nichts hinaus. Dazwischen liegt eine Ecke, wo zwei Waldungen aneinandergrenzen, das ist ein guter Fernwechsel, von einem Schützen zu verteidigen. Westlich liegt die große eingegatterte Kiefernpflanzung; was in dieser Richtung heraus will, kommt an den beiden Ecken des Zaunes vorbei. Drei Büchsen können also die drei Zwangswechsel belegen. Die anderen verteilen wir auf die Wechsel in nördlicher Richtung im angrenzenden Hochwald und auf die besten Wechsel im Treiben."

Kollege Farkas brauchte dies nicht zweimal zu sagen, ich biß zu, wie der Hecht auf den Blinker. Dann überdachten wir wochenlang den Plan, drehten ihn hierhin und dorthin. Wo sollten die zwölf Stände sein und wie getrieben werden? Schließlich nahm der Plan die endgültige Form an. Demnach standen sechs Schützen auf den Fernwechseln, sechs neben den am besten belaufenen Wechseln im Treiben. Die Treiber und Hunde wurden in drei Trupps, aber auch der ganze zu treibende Revierteil in drei, etwa gleiche rechteckige Partien aufgeteilt. Jeder der drei Treibertrupps drückte seine Partie „bogenförmig", also die eine Seite hin, die andere daneben zurück, und zwar unabhängig voneinander. Dann wurde dies wiederholt.

Alle drei Treibertrupps trieben um 10 Uhr an, abgeblasen wurde um 15 Uhr. In dieser Zeit mußte jeder Trupp seinen Revierteil zweimal abgetrieben haben. Nach dem Abblasen mußte noch Zeit zum Sammeln, dem Versorgen des Wildes und für eventuelle Nachsuchen bleiben.

Mit einem einzigen Treiben nahmen wir den ersten Tag. Es herrschten nur –2 Grad, die Schützen konnten das fünfstündige Stehen gut aushalten. Die Treiber gingen alle Dickungen durch, und die Sauen trafen überall, wo sie sich auch verdrückten, auf Hundegebell, Menschenlaute und die verhaßte Witterung. Sie blieben auch in keiner der Dickungen stecken. Früher oder später – es hatte die ganze Zeit des Treibens mal hier, mal dort geknallt – verließen sie ihre Einstände. Doch meistens langsam, vorsichtig, auf den Fernwechseln im „Reisetempo", günstig für den Schuß.

Ich kann mich nicht mehr daran erinnern, wieviele Schüsse gefallen waren, obwohl wir sie damals gezählt hatten. Das Verhältnis zu den Treffern lag um 3 : 1, denn es wurde gut geschossen, die Sauen waren meistens nicht allzu flüchtig. Es waren Fuchs, Hase und auch schwache Kitze frei, auf die auch viele Schüsse abgegeben wurden.

Genau um drei Uhr nachmittags ertönten wieder die Hörner. Langsam kamen alle zusammen. Der eine Jäger hatte zwei, der andere vier, der dritte – nichts. Ein einziger Schütze, der die Nummer 1 gezogen hatte und auf dem Hauptwechsel zu den großen Hochwaldpartien gestanden hatte, war leer ausgegangen. Er mußte sich furchtbar gelangweilt haben; denn während des fünfstündigen Stehens hatte er keine Borste einer Sau gesehen, keinen Schuß auch auf anderes Wild abgegeben.

Es wurden 23 Sauen zur Strecke gelegt. Es war nichts angeschweißt worden, keine Nachsuche erforderlich. Während meiner zehnjährigen Dienstzeit dort die größte Tagesstrecke.

Dies war der Anfang, die Fortsetzung auch nicht viel schlechter. Zehn der Schützen schossen eine „gerade“ Kugel, zwei aber taugten leider sehr wenig. Wenn diese auch gute Schützen gewesen wären, so hätten wir wahrscheinlich die Strecke von 100 Sauen erreicht, so waren es „nur“ 81, davon aber 14 gute Keiler.

Worauf ich aber besonders stolz war: an den fünf Jagdtagen hatten wir insgesamt fünfzehn Treiben genommen und keines war leer! In jedem waren Sauen. Am sechsten Tage wurde Strecke gelegt und feierlich verblasen. Sie blieb die beste meiner zehnjährigen Dienstzeit in Lábod.

Drei Hirsche

Keinen von ihnen habe ich selber erlegt. Doch war ich ein sehr aktiver Teilnehmer ihrer Erlegung, habe das ganze Drum und Dran mit allen Nerven miterlebt, nur daß nicht ich derjenige war, der den gestochenen Abzug berührte. Doch ist dies auch nicht das Wichtigste – zumindest nicht für mich! Wenn der Jagdgast, den ich begleitete, den Hirsch sauber erlegte, das seltene, besondere Erleben, die Erlegung eines Brunfthirsches gebührend zu schätzen wußte, ich hatte genauso meine Freude daran. Denn die Leidenschaft des Trophäensammelns verfolgt mich schon lange nicht mehr. Ich „jage" gottlob nur mehr des Erlebens willen. Deswegen bedeutet auch für mich die Erinnerung an das Erleben wahrscheinlich viel mehr, da ich ja selber im Revier lebte und hegte und bei der Erlegung der Hirsche ohne Büchse sicherlich auch eben so jagte, wie der von mir geführte Jagdgast – auch dann, wenn nicht ich die Geweihe der Hirsche an die Wand hing.

Die Geschichte dieser drei Hirsche, die ich erzählen will, fällt in eine Brunft, in die des Jahres 1962. Noch dazu wurden alle drei im selben Revierteil des gewaltigen Jagdrevieres von Lábod, im „Hirschkomitat" Somogy, in Südungarn erlegt. Sie fielen alle im Verlauf von kaum zwei Wochen auf kaum Büchsenschußweite voneinander.

Und doch war dieser Revierteil kein besonders bekannter Brunftplatz, noch viel weniger zu dieser Zeit! Es gab damals noch wenig Rotwild, in den späteren Jahren auch nicht viel, aber zur Brunft kam das Wild meistens in dieser Gegend zusammen. Vorhanden waren da viele gute Einstände, Dickungen mit gemischten Beständen von Akazien, Eichen, in den Niederungen Erlen, auf den Sandrücken Kiefern, diese alle charakteristisch für die dortige Gegend, im Hochwald dichter Unterwuchs, mannshohe Nesseln und Goldrute. Alles nur kleinere Waldpartien, dazwischen sandige Äcker, große Schläge von Kukuruz und Kartoffeln, meistens aber Roggen. Zur Brunft waren die Stoppeln schon umgepflügt. Die neue „Roggensaat" sproß wieder, oder die Äcker waren als Gründüngung mit Sonnenblumen bestellt. Diese sind, solange sie noch jung sind, auch eine Lieblingsäsung des Rotwildes.

Es war aber überhaupt nicht leicht, hier einen Hirsch zu erlegen, wie auch nirgends in diesem Revier! Das Revier war riesig weit, wenig Rotwild, viele kleine Waldpartien, dazwischen überall Äcker und damit verbundene Störung. Das Wild wechselte meistens nur nachts auf die Felder und wenn auch der Hirsch nachts draußen schrie, zog das Wild schon vor Tagesanbruch ein, und er verstummte dann meistens. Es wechselte mal hier ein, mal in die andere Dikkung, wie der Wind ging oder wo es keine Störung gab. Und drinnen im Wald hatte das Pirschen nur dann Sinn, wenn der Hirsch so gut schrie, daß man ihm dem Melden nach den Wechsel verlegen konnte, oder sein Anpirschen an einer lichteren Stelle möglich war. Doch hatte man höchst selten eine solche Möglichkeit, weil die Hirsche nur ausnahmsweise bei Büchsenlicht röhrten.

In jenem Jahre schrien sie besonders gut, so gab es auch viel zu erleben. An diese drei Hirsche aber knüpft sich die Erinnerung guten, spannenden Jagens.

Wie meistens, so meldeten auch in jenem Jahr die Hirsche schon in den letzten Augusttagen. Einige waren schon zum Kahlwild getreten. Diese schrien, doch bloß flau, unregelmäßig. Die Jägerei war dann schon am Verhören. Wir beobachteten, fährteten und versuchten, die Hirsche zu bestätigen, wenn möglich auch in Anblick zu bekommen. Wenn einem die Kugel gebührte, wollten wir einen Gast auf ihn führen. Meistens hatten wir in dieser Zeit schon einen oder zwei Gäste, um eine sich ergebende günstige Chance nicht zu verpassen.

Der erste Gast kam am 1. September an, wir hatten auch einen Hirsch bestätigt, der hätte geschossen werden konnen.

Der Oberjäger hatte den Hirsch gesehen. Er sprach ihn als alten, starken Achter an, mit einem Geweihgewicht um 9 Kilo. Der Hirsch stand bei einem sehr starken Rudel. Der Oberjäger sah ihn früh morgens noch draußen im Felde, als er aus dem Kukuruzfeld, in welchem er nachts gut geschrien hatte, in eine angrenzende Dickung einwechselte. Sein dickstangiges, kronenloses Geweih war auch dem Geschmack unseres Jagdgastes nach eine Trophäe, die der Mühe lohnte. Und wir trachteten natürlich danach, diesen Hirsch vom Rudel möglichst zeitig wegzuschießen. Er kam uns also sehr gelegen, um so mehr, als seine Erlegung fast sicher zu sein schien.

Der erste Abend brachte eine Enttäuschung. Der Jagdgast saß mit dem Oberjäger am Rande jener Dickung an, wohin das Rudel morgens eingewechselt war. Es rührte sich nichts, sie hörten keinen Ton. Der im Revier unerfahrene Gast schien etwas enttäuscht: offenbar dachte er, wir hätten ihn zum besten gehalten. Wie oft kam es aber vor –, sogar auch in den Tagen der Hochbrunft – daß das Wild sich bis zur späten Nacht nicht rührte, der Hirsch nicht meldete! Es schien dann alles wie tot zu sein.

Für den nächsten Morgen hatten wir schon eine Stunde vor Büchsenlicht das Treffen in der Nähe des Brunftplatzes mit dem Gast und dem Oberjäger verabredet. Es war eine stille, warme Nacht ohne Bodennebel. In der Nähe des Maierhofes schrie der Hirsch im Kukuruzfeld! Wir besprachen den Plan, waren uns auch gleich einig. Er war ziemlich einfach. Am Südrande des großen Maisschlages führte ein Feldweg entlang, auf dem wir im Sande lautlos zu der anderen Ecke des Schlages pirschen konnten. Ein großes Stoppelfeld schloß sich hier an, an dessen anderer Seite ein Akaziengehölz lag. Dort war das Rudel am vergangenen Morgen eingewechselt. Wir hatten guten Wind, der Luftzug kam von Norden, also eine günstige Position und Chance auf den Hirsch, wenn . . . ja wenn der Wind nicht küselt, was er bei Morgengrauen oft macht, das Wild nicht noch im Dunkeln einwechselt (das Akaziengehölz war so dicht, daß drinnen nichts mehr zu unternehmen gewesen wäre), und wenn das Rudel wieder in den Einstand von gestern wechselte. Ringsherum gab es nämlich gute Einstände in Hülle und Fülle in allen Richtungen.

Der erste Teil unseres Schlachtplanes gelang auch ohne Schwierigkeiten; als wir an der Ecke des Stoppelfeldes ankamen, meldete der Hirsch noch im Kukuruz. Es begann schon zu dämmern. Diese Augenblicke sind die aufregendsten, spannendsten Minuten des Hirschjägers! Würde er doch am liebsten Zauberer sein: die Dämmerung am östlichen Himmel hochziehen und den Hirsch im Kukuruz festhalten. Es ist ein Wettlauf mit dem Büchsenlicht, eine jede Minute ist wertvoll. Und während dieser höchst spannenden Minuten kontrolliert er ständig und besorgt, in welche Richtung wohl der Luftzug den Rauch der in seiner eingekrümmten Hand verdeckt glimmenden Zigarette trägt. Wenn kein starker Wind geht, so ist der Luftzug doch sehr unbeständig; denn zieht er falsch, bleibt dem Jäger nichts anderes übrig, als sofort den Rückzug anzutreten, die günstige Position und somit die einzige Chance des Morgens aufzugeben. Bekommt das Rudel von ihm Wind, so kann es sich umstellen und der Hirsch ist für mehrere Tage, sogar auch auf Nimmerwiedersehen verloren.

Jetzt aber stimmte alles, sogar der Wind. Und als ob er ausgerechnet für uns dahingefahren worden wäre, fanden wir an der Ecke des Stoppelfeldes einen Komposthaufen. Diesen bestiegen wir sofort, legten uns oben hin und bauten aus unseren Mänteln eine Unterlage für die Büchse. Von hier aus konnte man mit der Büchse das vor uns liegende, sanft gewellte Stoppelfeld beherrschen.

Bei Anbruch der Dämmerung verstummte der Hirsch. Wir wußten, was dies bedeutet: das Rudel wird in Kürze einwechseln und dann schon verschweigt der Hirsch nach alter Regel der láboder Hirsche. Er wechselt stumm in seinen Tageseinstand. Wenn es dem Jäger nicht gelingt, ihn in Anblick zu bekommen, oder zu fährten, so weiß er dann nicht, wohin er eingewechselt war, und wo er ihn abends erwarten könnte.

Dann standen plötzlich Tiere schemenhaft am Rande des Kukuruz. Aber sie waren weit entfernt, weiter als ein langer Kugelschuß. Es war noch so dunkel, daß auch durchs Glas nur die verschwommenen Gestalten anzusprechen waren. Langsam zogen sie über das Stoppelfeld, ihre Reihe wurde länger und länger. Wir zählten siebzehn Stück: Tiere und Kälber, für den Bestand des Reviers ein riesiges Rudel. Das gab es höchstens nur zum Anfang der Brunft. Später, wenn immer mehr Tiere brunftig werden, lösen sich solche starken Rudel auf, werden von den stärkeren Hirschen gesprengt und jeder nimmt sich seinen Anteil vom Kahlwild.

Als letzter zog dann auch der Hirsch mit tief getragenem Haupt auf starkem Träger aus. Ohne zu verhoffen zog er dem Rudel nach. Ein gewaltiger Körper, fast doppelt so stark, wie das Kahlwild, dunkel, gedrungen. Alter Hirsch, darüber konnte kein Zweifel sein; dies verrieten Figur und Bewegung. Aber von dem Geweih war bei dieser Beleuchtung und Entfernung nur soviel zu sehen, eher zu ahnen, daß es im Vergleich zum Wildkörper auffallend „klein", kurz wirkte und daß es oben irgendwie „leer" – also kronenlos – war oder nur sehr schwache Kronen trug. Wir konnten also sicher sein, daß es der uns schon bekannte Hirsch sei und somit zu erlegen wäre. Doch es war unmöglich, zuschießen. Die Entfernung betrug weit über 300 Meter. Auch bei der bequemsten Auflage der Büchse wäre der Schuß unverantwortbar gewesen.

Das Rudel zog schräg vor uns fort und verschwand in einer Senke in der Mitte des Stoppelfeldes. Vom Hirsch war nur das Geweih zu sehen. Er verhoffte hier länger, das Geweih wandte sich mal rechts, mal links. Anscheinend stand hier das Rudel, um von dem frischen Grün der feuchten Senke noch kurz vor dem Einziehen zu äsen.

Jetzt war das Büchsenlicht schon so weit, daß wir das Geweih ansprechen konnten. Es zeigte nicht allzu viel! Dunkle, kurze – obwohl dick wirkende Stangen, beiderseits kurze, schwache Gabeln.

„Kronenloser alter Abschußhirsch!" Der war unserem Jagdgast – und natürlich uns auch – gerade recht.

Doch bestand kaum eine Chance, des Hirsches habhaft zu werden. Wenn er aus der Senke in Richtung seines gestrigen Einstandes weiterzog, so blieb er weit außerhalb der Schußentfernung. Auch würde das Rudel sicherlich nicht in der Mulde so lange äsen, bis wir es hinter dem Rand der Senke kriechend anpirschen könnten. Dies schien auch mit dem Gast ein allzu langwieriges und gewagtes Unternehmen.

Ich nahm mein Ochsenhorn – den Hirschruf, den ich ständig benützte – und knörte den Hirsch kurz, gelangweilt an. Ich wollte nur sehen, wie er reagierte. Das Geweih wandte sich sofort in unsere Richtung und verweilte regungslos, dann senkte er sich, als ob sein Träger sich zum Röhren anschickte. Er gab aber keinen Ton von sich. Aber anscheinend erweckte der Nebenbuhler sein Interesse. Nun machte ich einen kurzen, gereizten Trenser. Nur einen. Und es geschah das Wunder, das ich weder vorher, noch später erlebt habe: der Platzhirsch verließ auf einen Ruf aus solcher Entfernung sein Rudel, um seinen Rivalen zu suchen! Es war offensichtlich auch nicht nötig gewesen, ihn in Wut zu versetzen! Sicherlich war er einer der seltenen, tapferen Raufer.

Auf meinen zweiten Ruf wendete er sofort, ohne ihn beantwortet zu haben, und zog seinen Wechsel zurück, immer noch überriegelt, so daß wir nur das Geweih sehen konnten. Er hatte sich schon gut hundert Schritte vom Rudel entfernt, als er zum diesseitigen Rand der Mulde kam; dort machte er eine Wendung und zog – immer noch überriegelt – schräg auf uns zu. Aha, jetzt wollte er in den Wind seines Nebenbuhlers kommen! Er verhoffte keinen Augenblick, kam uns ständig näher, doch wir konnten außer dem Geweih immer noch nichts von ihm sehen. Aber weiter durfte ich ihn nicht mehr ziehen lassen, sonst hätte er von uns Wind bekommen.

Was war anderes zu tun? Ich schrie ihn nochmals an. Er machte sogleich eine Wendung auf uns zu, zog auf die Kuppe herauf und verhoffte breitstehend, um Ausschau zu halten.

Es war ein dumpfer, weicher Kugelschlag, ein Zeichnen mit einem kurzen, plumpen Satz mit gekrümmtem Rücken des gewaltigen Wildkörpers; all' dies waren Zeichen dafür, daß die Kugel zu weit hinten, im Pansen oder noch schlechter saß. Der Hirsch verschwand aber sogleich hinter der Kuppe, bevor noch ein zweiter Schuß anzubringen gewesen wäre. Wir konnten jetzt wieder nur das Geweih sehen.

Nach einigen Fluchten fiel er in Troll – auch meistens ein Zeichen eines schlechten Schusses. Doch als er in die Richtung des Einstandes ziehend aus der Mulde herauskam, war es schon viel zu weit für einen Schuß. Mit hoch getragenem Haupt verschwand er, anscheinend gesund, am Rande der Dickung unseren Augen.

Weder am Anschuß, noch auf der Fährte, der im Tau des Stoppelfeldes leicht zu folgen war, fanden wir einen Tropfen Schweiß. Das leichte Geschoß hatte offenbar den starken Wildkörper nicht durchschlagen. Es gab keinen Ausschuß und somit auch keinen Schweiß auf der Fährte. Wir waren aber sicher, daß der Hirsch, wenn er nicht aufgemüdet wird, nicht weit ziehen würde. Deshalb folgten wir der Fährte nur bis zum Rande der Dickung, um den Einwechsel für die spätere Nachsuche zu verbrechen.

Doch es kam nicht so weit! Am Waldrand nach auf den Blättern abgestreiftem Schweiß suchend, erblickten wir den wenige Schritte weit liegenden verendeten Hirsch! Das Geschoß hatte tatsächlich den Pansen durchschlagen. Die seit dem Schuß vergangene Stunde genügte zum Verenden des Hirsches.

Wir hatten richtig angesprochen. Es war ein alter, reifer Hirsch, geradezu gewaltig im Wildpret! Zwar wurde er ganz zu Anfang der Brunft erlegt und hatte noch nichts von seinem Feistzeitgewicht verloren, aber es war der schwerste Hirsch von allen, die im Revier erlegt wurden. Er wog aufgebrochen ohne Haupt 210 Kilo!

Zu guter Letzt brachte uns auch das Geweih eine angenehme Überraschung. Es zählte zwar unter den Geweihen dieser Gegend zu den Kurzstangigen, nur 108 cm Stangenlänge. Doch waren die gut geperlten, dunklen Stangen fast armdick und dazu noch eisenschwer. Obwohl es einen Tag nach dem Abkochen mit großem Schädel $10^1/_2$ Kilo wog, erreichte es die Goldmedaille nicht. Mit den beiden kurzen Eissprossen, welche uns am lebenden Hirsch nicht aufgefallen waren, wurde aus dem „Achter“ ein Eissprossenzehner.

Mit seinen kurzen Gabeln ist das Geweih wohl nicht „edel“. Aber ich persönlich empfinde immer eine große Freude bei starkstangigen Geweihen, besonders, wenn sie endenarm sind. Solche sind meinem Jägerherzen viel lieber als dünne Kronenhirsche oder die „Schönen“. Geschmackssache! Jedenfalls teilte der Gast unsere Freude am Hirsch und dem seltenen, aufregenden Erlebnis – und dies war die Hauptsache!

Es waren zehn Tage vergangen, als ich wieder ins gleiche Revierteil kam, jetzt mit einem anderen Jagdgast. Es waren dies die Tage der Hochbrunft. Die Hirsche schrien gut an allen Ecken und Enden. In dem an die andere Seite des Maierhofes angrenzenden Waldstück hatte ein Hirsch mit guter Stimme seinen Einstand. Der Revierjäger hatte ihn in dem dichten Buschwerk und hohen Unterwuchs von Goldrute und Brennessel noch nicht in Anblick bekommen können, doch schrie der Hirsch hier seit Tagen regelmäßig.

Auf diesen Hirsch setzten wir uns am Nachmittag des 10. September auf einer durch das Waldstück führenden Schneise an. Ganz ungewöhnlich zeitig, noch eine gute Stunde vor Schwinden des Büchsenlichtes meldete der Hirsch in seinem dichten Einstand auf der Südseite der Schneise. Dann begann auf der anderen Seite in der Nähe einer gut begangenen Suhle ein zweiter mit ebenfalls guter Stimme zu melden. Letzterer hatte, seinem Röhren nach zu urteilen, kein Kahlwild bei sich, zog aber in der Nähe der Suhle gereizt schreiend hin und her, während der andere, der Platzhirsch, von derselben Stelle der Dickung nur ab und zu einen gelangweilten Brummer tat.

Im Halbkreis um die Suhle herum war dichtes Gestrüpp von Schlehdorn und

Brombeeren, in dem man den Hirsch nicht hätte zu Gesicht bekommen können. Doch stieß an die andere Seite ein durchforsteter, sichtiger Eichenbestand ohne Unterwuchs an, in den er wohl hinüberwechseln und dann weiterziehen konnte. Da hierfür eine gute Chance bestand, entschloß ich mich, erst diesen Hirsch anzugehen, ob er nicht auch etwa jagdbar wäre.

Ausholend pürschten wir mit günstigem Wind auf einem verwachsenen Holzabfuhrweg vorsichtig näher. Als wir den Rand des Eichenbestandes erreichten, schrie der Hirsch gut hundert Schritt jenseits von uns in dem dichten Gestrüpp.

Beide nahmen wir Deckung hinter Bäumen. Ich schrie den Hirsch erst langgezogen, fragend an, um zu erkennen, wie er auf meinen Ruf reagieren würde. Mein Gegner antwortete sofort, gereizt, zornig! Der Jäger hat das Spiel schon halbwegs gewonnen, falls es ihm gelingt, den Hirsch am Melden zu halten oder gar zu reizen! Dies gelang jetzt auf Anhieb. Nach einem kurzen Zweikampf von Ruf und Gegenruf, in dem mein Gegner immer wütender antwortete, warf ich ihm schon den kurzen, abgehackten Kampfruf des sich seinem Rivalen nähernden Hirsches entgegen. Auf den Schlag antwortete er mit einem dröhnenden Kampfruf. Dann war es, als ob sich der Wald bewegte! Der Hirsch stand krachend und polternd zu, die Äste brechend, mit dem Geweih an die Stämme schlagend. Plötzlich verhoffte er. Ein Schrei, sofort Antwort, gewaltiges Krachen – alle Nerven zum Bersten gespannt, unser Atem stand still, – dann erblickte ich auf kaum Steinwurfentfernung am Rande der Büsche ein starkes Geweih, oben lange Gabeln, dann unter den Eichen spitz von vorne auch den zustehenden Hirsch. Er war ganz nahe, ich winkte nur mit Kopf und Augen.

Der Schuß dröhnte dumpf durch den Wald. Wie vom Blitz getroffen brach der Hirsch zusammen.

Mit gezogenem Hut traten wir zu ihm.

Noch am späten Abend desselben Tages, so gegen elf Uhr, war ich wieder unterwegs. Nur so, ohne Büchse, wie immer in der Hirschbrunft, nur mit Glas, Hirschruf und Zielstock.

Als wir nämlich nach dem Aufbrechen des erlegten Hirsches in der lauen, windstillen Mondnacht zum Jagdhaus gingen, schrie ein Hirsch in den Feldern, die an den Maierhof angrenzten, mit guter Stimme. Zwar hörten wir ihn von weitem, doch konnte man der Richtung nach genau feststellen, daß er auf einem, von zwei Seiten von Wald begrenzten Stoppelfeld brunftete, auch daß er Kahlwild bei sich hatte, weil er von Zeit zu Zeit den Sprengruf ausstieß.

Ich wußte, daß dieses Stoppelfeld mit dem frischen Grün der sprießenden, verstreuten Roggenkörner beste Äsung bot, und hoffte deshalb, daß das Wild zumindest einen Teil der Nacht dort verbringen würde. Es war eine prachtvolle Mondnacht, eine, in der der Hirschjäger nicht ins Bett geht. Ich zumindest tue dies in solchen Nächten nie. Es zieht mich hinaus ins Revier, an den Rand der Felder, wo im fahlen Mondlicht die Schleier der Bodennebel schwimmen, in denen sich die Wildkörper schemenhaft bewegen, während ringsherum die Wälder von Brunftschreien der Geweihten widerhallen.

Es war schon um Mitternacht, als ich mich dem Brunftplatz näherte. Der Hirsch meldete von derselben Stelle. In meinen Leinwandschuhen mit Gummisohlen konnte ich den Sandweg bis zur Ecke des Stoppelfeldes lautlos entlangpürschen. Vor mir lag nun das weite Feld mit vier sich bewegenden, verschwommenen Gestalten darauf. Die eine bedeutend größer, stärker: der Hirsch. Er streckte den Träger, neigte das Geweih, blieb aber stumm. Ich konnte es eher nur ahnen als sehen, es war weit, so zweihundert Schritt. Der Mond stand hinter ihm, in seinem Licht zeichneten sich die Wildgestalten dunkel ab. Ich zog mich unter die herabhängenden Zweige der Randbäume zurück, damit mein Glas nicht in den Strahlen des Mondlichts glänzte.

Der Hirsch stieß einen Trenser aus, sprengte das Schmaltier. Das sprang vor ihm ab, er trieb und sprengte es hin und her, dabei kamen beide endlich schräg auf mich zu. Kaum weiter als achtzig Schritt von mir dehnte sich eine Senke, in der vom Mondschein bestrahlter, milchweißer Bodennebel lag. Ich nahm das Ochsenhorn und schrie langgezogen, sehnsuchtsvoll, wie ein Jüngling, den die Brunftwitterung des Kahlwildes unwiderstehlich herangezogen hatte. Der Hirsch verhoffte auch sogleich, warf auf und äugte bewegungslos in meine Richtung. Vor dem Hintergrund der weißen Nebelwand zeichneten er und sein Geweih sich im Gegenlicht so klar ab, als ob es Tageslicht wäre.

Ein starker Träger, eine herabfallende Hinterhand. Ohne jeden Zweifel ein alter, reifer Hirsch! Das Geweih nur mittelmäßig hoch, schön geschwungen, ich hatte das Gefühl, daß die Stangen dick sein müßten. Acht Kilo hatte es ganz sicher, vielleicht sogar auch neun. Auf der rechten Stange eine auseinandergezogene Dreierkrone, vielleicht nicht einmal eine Krone, sondern Wolfssprosse und darüber Gabel. Aber links über der Mittelsprosse nur ein langer, dicker Dolch, endenlos!

Dies war der richtige Hirsch nach meinem Geschmack! Einer unserer Jagdgäste, echter, guter Hirschjäger, der seinen Kronenhirsch schon erlegt hatte, war seit einer Woche hinter einem solchen Hirsch her.

Natürlich waren wir schon eine Stunde vor Büchsenlicht des nächsten Morgens da. Aber kein Ton, kein Haar, keine Bewegung. Nachmittags, als die Schatten länger wurden, saßen wir wieder an der Ecke des Stoppelfeldes. Bei Büchsenlicht war weder etwas zu sehen noch zu hören. Es versprach aber wieder eine stille, klare Mondnacht zu werden. Darum blieben wir sitzen, um auf den Hirsch zu warten, zumindest seine Stimme zu hören, um festzustellen, ob er überhaupt noch da wäre.

Nachdem der Vollmond gegen neun Uhr aufgegangen war, meldete der Hirsch. Aber nicht in dem Einstand, wo wir ihn vermutet hatten, sondern von der entgegengesetzten Seite. Er mußte frühmorgens, noch vor Anbruch der Dämmerung, lautlos mit seinem Rudel dahin eingewechselt sein. Deshalb wußten wir nicht, wohin er verschwunden war.

Eine halbe Stunde später wechselte das Rudel vor uns aus, doch nicht auf den Schlag, auf dem es am Vorabend gewesen war, sondern auf das angrenzende andere Stoppelfeld. Tier, Kalb, Schmaltier. Dasselbe Kahlwildrudel, dahinter der Hirsch. Doch war nun der Mond hinter uns. Vor dem dunklen Hintergrund konnten wir die fahl beleuchteten Wildkörper nur schemenhaft sehen. Das Geweih war überhaupt nicht anzusprechen. Höchstwahrscheinlich derselbe Hirsch, doch war das nicht sicher. Auch in dieser Hinsicht hatten wir schon viel erlebt. Da wir keine Mondscheinschießerei erleben wollten, sprach halt unsere Büchse nicht.

In der Hoffnung, den Hirsch doch noch ansprechen zu können, pürschten wir im Schatten des Waldrandes dem langsam weiterziehenden Rudel nach. Es wechselte in weitem Bogen durch einen schmalen Waldstreifen auf ein großes Kartoffelfeld. Wir pürschten hinterher, weil wir hofften, daß es dort länger verweilen und uns vielleicht die Möglichkeit zum Ansprechen geben würde. Doch bis wir ganz behutsam durch den Waldstreifen geschlichen waren, war das Rudel schon weitergezogen. Die Lage war aber insofern günstig, weil wir jetzt das Geweih im Gegenlicht hätten ansprechen können. Da das Wild aber schon wieder zu weit war, pürschten wir ihm im Schatten des Waldes nach.

Links vor uns in den Kartoffeln – zweihundert Schritt weit – das Rudel. Jetzt sahen wir schon, daß es „unser" Hirsch war. Rechter Hand dehnte sich der riesige Kartoffelschlag aus. Darin, weit draußen im Feld, entdeckten wir einen dunklen Wildkörper. Das Stück zog, öfter verhoffend, langsam auf uns zu, aber wir konnten es noch nicht ansprechen. Dann verschwand es in der Dekkung eines mit Buschwerk bewachsenen Grabens.

Nach einigen Minuten kam es aus dem Graben und wechselte über das Feld auf den Waldstreifen zu. Sau! Jäh durchzuckte uns Aufregung, Jagdfieber. Ein riesiges Stück, einzelner grober Keiler! Ein höchst seltenes Zusammentreffen, eine wundervolle Gelegenheit, unverhofftes Waidmannsheil!

Der Keiler zog langsam auf kaum Steinwurfweite breit vor uns. Wie ein . . ., wie ein. . ., – na, so groß wie ein richtiges Hauptschwein. Nicht vorbeizuschießen! Aber auf gute Büchsenschußentfernung stand auch der langgesuchte, seit zwei Tagen verfolgte starke Hirsch vor uns. Wenn wir den Keiler schießen würden, ging der Hirsch sehr wahrscheinlich über alle Berge – wir würden ihn vermutlich nicht mehr wiedersehen.

Es blieben nun nur Sekunden zum Handeln; sogleich würde die Sau in den

Die Strecke von 5 Treibjagdtagen mit den Schützen und Damen

Sauenstrecke

Der Alte überwacht sein Rudel

Dicke, bleischwere, endenarme Stangen des alten Hirsches

Wald ziehen. Ich schielte auf den Gast hinter mir. Er hatte die Büchse geschultert, die Aufregung hatte ihn gepackt. Am Aufblitzen seiner Augen erkannte ich, daß er sehr gerne schießen würde. Eine Handbewegung: bitte! Er aber fühlte, daß ich ihm die Wahl nur aus Höflichkeit überlassen hatte. Die Büchse blieb geschultert! Wie oft haben wir später dieses Erlebnis, diesen Keiler, diese Mondnacht in der Erinnerung wieder aufleben lassen!

Inzwischen war auch das Rotwild wieder weitergezogen, hatte den Kartoffelschlag verlassen und war lautlos, schemenhaft im Dunkel des Waldes verschwunden.

Lange bevor der Morgen graute, waren wir schon wieder draußen. Das Rudel stand auf dem Roggen, im Dunkel meldete der Hirsch ab und zu, faul, gelangweilt. Er hatte keinen Beihirsch von Format, warum sollte er sich aufregen? Er beherrschte seine zwei Stück ganz alleine und meldete deswegen nach Art der alten Herren nur selten, mehr nur so vor sich hin.

Das Wild zog schon in der ersten Dämmerung ein. Da die Entfernung zu groß und das Büchsenlicht unzureichend waren, blieb der Lauf wieder blank. Doch wir wußten, daß es unser Hirsch war, und wußten nun auch, wo er den Tageseinstand gewählt hatte. Aber nicht in der großen Dickung, sondern in dem schmalen Waldstreifen im Felde, in einer kleinen Akaziendickung.

Der Nachmittag brachte Regenwetter, kalten Schnürlregen, tiefziehende graue Wolken, unfreundlichen, feuchten Herbst. Schön wäre es gewesen, in Petesmalom, dem trauten Jagdhaus am Teichufer zu bleiben und nach den Strapazen der letzten Wochen in der Wärme des im Kachelofen flackernden Feuers neben einer Tasse duftenden Tees vor den starken Geweihen zu sitzen, die frisch abgekocht an der Wand des Speisezimmers lehnten. Die Anderen, die Klügeren taten dies auch, doch wir „wußten" unseren Hirsch, wußten, daß er dort war im dichten, kleinen Akazienstück neben dem Stoppelfeld. Morgens hatten wir schon auf gute Büchsenschußentfernung an der gegenüberliegenden Waldkante aus einigen Zweigen einen Schirm für den Abendansitz gebaut.

So saßen wir hinter diesen Zweigen auf unseren dreibeinigen Jagdstühlen mit aufgestelltem Kragen, mit heruntergezogenen Hutkrempen, die Gläser unter den Kotzen und die Schutzkappe auf dem Zielfernrohr. Es regnete ununterbrochen. Große Tropfen fielen von den Blättern über uns. Grau war die Welt um uns, einfarbig, dunstig, neblig. Nirgends ein Ton zu hören, keine Bewegung zu sehen!

Es wurde früh schummrig. Da, im letzten Schußlicht standen plötzlich verschwommene, graue Wildgestalten am Waldrand, zwei von ihnen stärker, eine kleinere. Sie traten etwas hinaus ins Feld. Plötzlich war auch der Hirsch dabei! Es eilte mit dem Schießen, denn die Dunkelheit würde ihn sogleich einhüllen. Noch stand er aber schlecht, spitz von hinten. Dann wendete er endlich und stellte sich breit. Im blendenden Blitz des Mündungsfeuers konnten wir nicht sehen ob der Hirsch zeichnete. Doch hatten wir den Kugelschlag klar vernommen, keinen hellen, auch keinen sehr dumpfen, sondern diesen wohlbekannten, guten, wenn die Kugel auf die Seite des schweren Wildkörpers aufschlägt, hinter dem Schulterblatt, auf die Rippen.

Das Kahlwild sprang in die Dickung ab. Der Hirsch aber wendete und flüchtete schwerfällig auf der Stoppel auf uns zu. Dann wurde er langsamer, verhoffte mit tief gesenktem Haupt. Noch konnte ich ihn im Glas ausmachen, sehr, sehr verschwommen.

„Schießen!" zischte ich. „Sicher ist sicher!"

„Es geht nicht, kann nichts mehr sehen!" sagte der Gast vor Aufregung zitternd. Er reichte mir die Fernrohrbüchse. „Versuchen Sie, ob Sie noch sehen können!" Doch auch ich sah nur alles grau in grau.

Rasch griff ich wieder zum Glas. Ich konnte noch etwas sehen, aber nur eine schemenhafte graue Gestalt. Sie knickte zusammen und wurde von der Dunkelheit verschlungen.

Die ersten Sonnenstrahlen des tautriefenden Herbstmorgens vergoldeten Wälder und Fluren, als wir an den gestreckten Recken herantraten.

Getriebene Fasanen

Es mag ketzerisch anzuhören sein, und ich spüre schon den Regen der Steine auf mich herniederprasseln, ich will es aber dennoch ganz offen gestehen: für mich ist Niederwildjagd in erster Linie Freude am guten Schrotschuß!

Den Hirsch zu bestätigen, ihn mit dem Ruf zum Zustehen zu bringen, die Fährte des Keilers im Neuschnee auszugehen, den Urhahn anzuspringen, den Fuchs zu reizen, aber auch eine Saujagd nach allen Regeln der Kunst zu organisieren, eine böhmische Streife oder auch einen Kesseljagdtag abzustecken und vorzubereiten, auch einen gurrenden Ringeltauber anzupürschen und – last not least – eine Fasanentreibjagd in jeder Beziehung durchzuorganisieren und zu leiten, ist Waidwerk, ist Können, ist für den Berufsjäger großartiges Handwerk. So steht es auch um das gerechte Führen der Hunde und die Jagd mit ihnen auf Niederwild. Das ist aber wieder eine ganz andere Sache! Da erfreut man sich an der guten Arbeit der edlen Hunde, am Wild, am goldgelben Herbst – aber kaum am Schuß selber.

Für meine Begriffe aber – und ich denke, ich bleibe damit nicht ganz allein auf einsamer Flur – ist eine Niederwildjagd nur dann eine richtige Niederwildjagd, wenn es reichlich Wild zu schießen gibt und – vor allem – das Schießen selbst schwierig, also sportlich ist.

Das Hochwild hat viele Chancen, der Kugel zu entkommen. Dem Niederwild soll man diese Chancen dadurch geben, daß man es den Schützen möglichst schwierig zu schießen präsentiert. Damit ehrt man auch die Schützen, als Jagdherr seine Gäste. Natürlich muß aber bei diesen das Mindestmaß an Schießfertigkeit vorhanden sein. Wer es nicht besitzt, soll es sich auf dem Schießstand aneignen, bevor er zu einer solcher Jagd geht.

In meiner ungarischen Heimat wurde Schrotschießen immer sehr groß geschrieben, besonders in der alten Zeit vor dem Kriege. Feine Schwesterflinten waren ständige Gebrauchsgegenstände. Bis zum Krieg jagten wir auf Gesellschaftsjagden immer mit „Schwestern", die auch notwendig waren. Freilich ist es im ungarischen Flachland nicht leicht, das Wild so zu treiben, daß es hoch fliegt. Dies ist im Hügelland durch die Gestaltung des Terrains naturgemäß gegeben. Aber in Ungarn mußte man da verschiedene Tricks anwenden. Auf diese komme ich noch später zu sprechen.

Ich denke, es wird interessieren, wenn ich der Geschichte des Fasanenbesatzes in Ungarn einige Absätze widme. Es ist höchst wahrscheinlich, daß den aus Kleinasien stammenden Fasan mit seinem prachtvollen, buntgefiederten Gokkel schon die Römer, die Pannonien (das heutige Westungarn) und Dacien (Siebenbürgen) in den ersten Jahrhunderten unserer Zeitrechnung besetzt hielten, eingeführt haben. Er scheint sich auch im Sturme der fast zwanzig Jahrhunderte fast überall gehalten zu haben. Wie dem auch sei, das erste geschriebene Dokument seines Vorkommens in unserem Lande stammt aus dem fünfzehnten Jahrhundert. Freilich konnten nur hier und da einige Stücke überleben. Im späten Mittelalter fing man schon an, Fasanerien einzurichten, gegen Ende des siebzehnten Jahrhunderts noch sehr vereinzelt auf einigen großen Domänen. Dann verschwand der Fasan fast vollständig während des Freiheitskrieges 1848/49 und in der jagdlichen Anarchie der darauf folgenden Zeiten.

Das erste „neuzeitliche" Jagdgesetz des Jahres 1883 brachte wieder Ordnung in das Jagdrecht und schuf überhaupt die Voraussetzung für die Hege und Pflege des Wildes, eine Tätigkeit, die heute oft mit dem Modewort „Jagdwirtschaft" bezeichnet wird. In die Jahre des vorigen Jahrhunderts fällt auch die zunehmende Vermehrung des Fasans. Nach ausländischem Muster wurden auf vielen Großdomänen vornehmlich mit englischen und böhmischen Fasanenmeistern Fasanerien eingerichtet. Erst wurden die Eier hauptsächlich nur von Truthennen bebrütet. Die führten auch die Jungfasanen. Truthennen sind vorzügliche, und in erster Linie sehr vorsichtige Mütter. Es kommt trotz ihrer Größe kaum vor, daß sie Küken zu Tode treten. Als aber Fasaneneier in immer größerer Zahl erbrütet wurden, gab es nicht mehr genügend Truthennen, so daß man zu Hühnerhennen überging. Heute sind auch sie schon aus der Mode, die Fasanenzucht wird „en gros" ebenso maschinell betrieben wie die Geflügelzucht. So ist sie billiger, sicherer und erfolgreicher – wenn wir den Jungfasanen dann auch das Fliegen beibringen.

Man wußte auch schon zu dieser Zeit sehr gut, daß zum Fasanenbesatz auch Remisen und Wäldchen gehören. Auf vielen Großgrundbesitzen der tischflachen Ebenen wurden anstelle der seit Jahrhunderten schon gerodeten Eichenwälder Aufforstungen vorgenommen, nunmehr aber systematisch zum Zwecke der Fasanenjagden. Nicht geschlossene Waldungen auf großen Flächen, sondern eher verstreute kleine Remisen, Deckungen und Dickungen, wo die Fasanen von einer in die andere getrieben und die Schützen dazwischen auf die freie Fläche postiert werden konnten. Es war die Hauptmethode, schön hoch streichende Vögel über die Schützen bringen zu können. So fanden die Fasanen an mehreren Orten Winterdeckung, wo sie sich zusammenzogen, gefüttert, aber auch bejagt wurden. Es wurden aber auch sogenannte „Fasanerien" (das Wort bedeutete nicht nur die künstliche Aufzucht, sondern auch zu Jagdzwecken angepflanzte größere Wälder von meist etwa zwei- bis dreihundert Hektar) mit einem rechteckigen Schneisennetz geschaffen. Die Schneisen dienten einesteils als Wildäcker zum Anbau von Pflanzen, die dem Fasan besonders zusagten (Mais, Besenhirse, Markstammkohl), andererseits konnten beim Treiben die Schützen hier aufgestellt werden. Bei der Anlage dieser Wälder war man darauf bedacht, daß das Schneisensystem auch für Jagdzwecke geschaffen sein mußte: die Breite eines Rechtecks durfte nicht mehr als drei-, vierhundert Meter betragen, um hier sieben bis zehn Schützen in passenden Abständen abstellen zu können. Seine Länge umfaßte aber höchstens nur einen Kilometer, denn der Fasan läßt sich nicht gut auf längere Entfernung treiben. An die Schneisenränder wurden schnell- und hochwüchsige Bäume (sehr oft Pyramidenpappeln) nahe nebeneinander gesteckt, die dann von den getriebenen Fasanen überflogen wurden und so das gute, sportliche Schießen ermöglichten.

Außerdem wurde genügend Unterwuchs im Bestand angepflanzt oder stehen gelassen. An die Schneisenränder kam dann noch ein „Spalier" sehr dichter Sträucher. Der Unterwuchs war notwendig, damit die Fasanen sich im Walde wohl fühlten. In den letzten Jahrzehnten wurden aber die großflächigen Aufforstungen nicht nach diesen Gesichtspunkten vollzogen. Die meisten eignen sich, nachdem sie aus dem Dickungsalter herauswuchsen, wegen Fehlens des Unterwuchses kaum mehr als Wildeinstände. Fasanen überwintern hier nur vereinzelt. Zu Jagdzwecken sind diese „leeren" Wälder auch wenig geeignet, weil die Fasanen im Treiben erst nach vorne laufen, dann, wenn sie die Schützen eräugen, umdrehen und zurückstreichen. Leider wurden während der Wirren der ersten Nachkriegsjahre auch viele Fasanenremisen gerodet, viele jahrelang beweidet und der Unterwuchs ausgerottet. Darum besteht heute die paradoxe Situation bei uns, daß wir schon wieder viele Fasanen, jedoch noch nicht genügend „Fasanerien" haben. Denn es ist nur möglich, Fasanenjagden mit hohen Strecken zu veranstalten, wenn auch zu diesem Zweck angepflanzte Remisen oder zumindest forstlich in erster Linie zu Jagdzwecken bewirtschaftete Waldflächen vorhanden sind.

Denn dazu, um an einem Jagdtag viele, mehrere Hundert oder auch Tausend Fasanen zur Strecke bringen zu können, und dies kommt nicht nur in der Tschechoslowakei, sondern neuerdings auch bei uns wieder vor, braucht man nicht nur viele Fasanen, nicht nur eine hervorragende, gründliche Jagdleitung und Schützen, die die Vögel auch treffen, sondern vor allem auch Reviergegebenheiten, in denen man an einem winterlichen Treibjagdtag 12 bis 14 Treiben mit kürzesten Zwischenpausen abrollen lassen kann. Selbstverständlich braucht man dafür zwei Treibergruppen. Bis die eine Gruppe am Treiben ist, stellt sich die andere schon am Ende des „Kontratreibens" auf, damit einerseits die Fasanen nicht aus dem nächsten Treiben hinauslaufen, andererseits das nächste Treiben ohne Zeitverlust angefangen werden kann. Die Schützen drehen sich dabei nur auf den Ständen, gehen auf die andere Seite der Schneise hinüber und der nächste Trieb kann beginnen.

Ein Wintertag ist sehr kurz. Es liegt auf der Hand, daß eine große Strecke nur so erzielt werden kann, wenn das etwa sieben Stunden anhaltende Licht des Novembertages auch gut ausgenützt wird, und zwar mit Jagen, nicht aber mit dem Transport von einem Treiben zum anderen.

Die altehrwürdigen Jägersleute wußten sehr genau, wie man es machen mußte. Der Erfolg zeigte sich rasch: schon Anfang dieses Jahrhunderts noch nie dagewesene Wildmengen, unter den günstigen klimatischen Verhältnissen weltberühmte Wildbestände, viele Tagesstrecken mit hohen und höchsten Wildmengen. Auch heute ist es nur möglich, solche Tagesstrecken zu erreichen, wo es an fachkundig angelegten Fasanenremisen nicht fehlt, sei es in den drei, vier Revieren der Tschechoslowakei, den fünf, sechs in Ungarn oder denen in der Bundesrepublik. Soviel ich weiß, gibt es dort auch einzelne.

Man kann mit Recht fragen: wozu sind Rekord-Tagesstrecken? Dies ist ja keine Jagd mehr. Natürlich hat diese Frage ihre Berechtigung, insbesondere, wenn auf künstlich in Bruthäusern gezogene, ganz zahm gewordene Vögel gejagt wird, die überhaupt nicht gerne fliegen, auch dann nicht, wenn sie getrieben werden.

Dennoch: mag aus der Jagd noch so sehr ein „Wirtschaftszweig" geworden sein, so muß der Leiter der Fasanenjagd immer mehr mit allen Mitteln danach trachten, daß vor der Zahl die Qualität kommt, daß er möglichst hoch fliegende, sportliche Vögel über die Schützen bringt. Die Ansprüche der Jäger, seien es Ausländer oder Einheimische, zeigen immer mehr diese Tendenz. Es ist aber das Ziel der Jagd, daß möglichst viele hohe Fasanen die Schützenlinie anfliegen.

Denn die Niederwildjagd ist Ernte. Je größer die Strecke, desto kleiner die Unkosten pro Stück. Eine gute Strecke bereitet nicht nur größere Freude, man ist auch weniger gezwungen, durch mehrere Treibjagden viele Störungen ins Revier zu bringen. Denn dem Wildbestand macht es nicht wenig aus, ob die Anzahl der Hähne, die geschossen werden müssen an zwei oder sechs Jagden erlegt werden!

Es lohnt sich aber, noch auf die Historie unserer Fasanen zurückzukommen, besonders auf die der letzten Jahre, denn sie hat mit einigen Überraschungen aufgewartet. Die Chronisten unserer Jagdgeschichte pflegen die dreißiger Jahre als die „Glanzzeit" des Niederwildes zu bezeichnen, als eine Periode der Wildmengen, die nie wiederkehren kann. Vorläufig hat uns jedoch schon der Fasan, und ich halte es nicht für ausgeschlossen, daß sich der Hase in dieser Beziehung in Kürze zu ihm gesellen wird, bewiesen, daß dem nicht so ist. Solange es in den wirren Zeiten nach dem Krieg noch Unmengen von Raubzeug gab und auch die Hennen nicht immer und überall geschont wurden, vermehrte der Fasan sich naturgemäß vorerst kaum. Es ist ja eine allgemein bekannte Tatsache, daß von allen unseren Niederwildarten gerade der Fasan die Hege, Pflege und raubzeugfreien Einstände am meisten beansprucht. Andererseits ist er aber dafür auch dankbar, denn sein Besatz kann am leichtesten gehoben werden. Er ist unsere einzige Wildart, die – und das ist ihrer weitgehenden Domestizierungsmöglichkeit zu verdanken – mit künstlicher Aufzucht sicher zu vermehren ist. Es ist sogar die Wahrheit, daß ein starker Fasanenbesatz eigentlich immer und überall nur mit einer künstlichen Aufzucht begründet werden kann. Wenn man im Laufe von mehreren Jahren jährlich eine größere Anzahl von Fasanenküken aufzieht und freiläßt und dann eine sehr gewissenhafte Hege im Revier betreibt, die Fasanen gut füttert, das Revier von Raubzeug und Eierdieben freihält und – was wichtig ist – immer für genügend Hennen sorgt, dann gelingt die Vermehrung in genügendem Maße auch auf natürlichem Wege.

Bis zum Ende der fünfziger und Anfang der sechziger Jahre hatte das Niederwild in unserem Lande sehr stark abgenommen, auch die Fasanen. Wir hegten es nur ungenügend, ließen ihm nicht viel Sorge zukommen, wie es beansprucht, wir hatten wenig Fasanerien und die wir hatten, die waren unmodern. Doch dann endlich, so gegen Mitte der sechziger Jahre, wurden finanzielle Möglichkeiten zur Einführung und Verbreitung der neuzeitlichen Fasanenzucht geschaffen. Es wurden genügend Fasanenmeister und Berufsjäger herangebildet, die jagdliche Moral im ganzen Lande immer mehr gestärkt. Der Fasan brachte den Jägern viele Jagdfreuden, den Jagdgesellschaften gutes Geld, es lohnte sich, ihn auch mit künstlicher Aufzucht zu vermehren! Das „Fasanenprogramm" des Jagdschutzverbandes und einiger staatlicher Großreviere hatte einen durchschlagenden Erfolg, vorläufig jedoch noch nicht im ganzen Lande, denn in den bewaldeteren Gegenden Westungarns könnte der Fasan noch viel mehr vermehrt werden. Die finanziellen Möglichkeiten hierzu sind aber schon im „Zweiten Fasanenprogramm" gegeben, so daß mit gutem Grund erwartet werden kann, daß in einigen Jahren auch dort der Besatz beträchtlich angehoben wird. Doch schon heute, da erst die östlichen Landesteile der Großen Tiefebene einen maximal tragbaren Besatz aufweisen, gibt es insgesamt beträchtlich mehr Fasanen im Lande, als es jemals gewesen sind. Der Stammbesatz beträgt schon an die zwei Millionen!

Mit seiner unerwarteten Vermehrung in der östlichen Tiefebene bot uns der Fasan die größte Überraschung: bislang hatte man gemeint, er wäre ein an Waldungen gebundener Vogel, insoweit, daß er allabendlich einen Schlafbaum und in Winterzeiten Wäldchen und Dickungen als Schutz benötigte. Doch was geschah?

Genau in den östlichen Landesteilen, wo es die wenigste Deckung gibt, wo landwirtschaftliche Monokulturen ringsherum bis an den Horizont reichen, dort in der Nähe und östlich der Theiß vermehrte sich der Fasan nach einigen Jahren der intensiven Hege ganz ungemein, und zwar nicht in Nähe der wenigen Waldungen und Feldgehölze, sondern allgemein in der ganzen Gegend. In fünf, sechs Jahren gab es dort schier unglaubliche Mengen von Fasanen. Niemand hätte sich getraut, dies vorauszusagen.

Freilich wurden nicht nur die Reviere betreut und raubzeugfrei gehalten. Mit den nötigen langfristigen Krediten versehen, richteten viele Jagdgesellschaften – auf Reviereinheiten von im allgemeinen 10 bis 15000 Hektar – Fasanenaufzuchten mit durchschnittlichen Legehennenbeständen von 250 bis 300 Stück ein. Die Eier dieser Hennen wurden zusammen mit der immer größeren Zahl der ausgemähten Eier maschinell ausgebrütet, die Küken in der Fasanerie großgezogen, und dann im Revier ausgesetzt. Aber auch bei Jagdgesellschaften, die selber keine großen Fasanerien haben, werden die ausgemähten Eier systematisch gesammelt und an Brutstationen gegeben oder durch Glukken ausgebrütet. Wenn aber schon eine Aufzucht in Betrieb genommen ist, lohnt es sich, sie in größerem Maße zu betreiben. Deswegen werden von diesen Jagdgesellschaften alljährlich noch größere Mengen von Bruteiern oder Eintagsküken dazugekauft. Denn es wurden auch einige große Fasanerien mit mehreren Tausend Legehennen geschaffen, um die Reviere mit den nötigen Bruteiern und Eintagsküken versorgen zu können. Alles ist ein Schulbeispiel für gute Organisation und Zusammenarbeit der Jäger und hat auch bis jetzt nie dagewesene Erfolge gezeitigt.

Mit der allgemeinen Vermehrung des Fasanenbesatzes und der Veränderung ihrer Lebensräume durch die Einführung der großräumigen Landwirtschaft wurden jedoch auch die Jäger vor neue Probleme gestellt. Es gab zwar überall sehr viele Fasanen, aber wie sollten sie bejagt, die zur Besatzregulierung auch unbedingt notwendige Anzahl der Hähne erlegt werden? Solange die Maisfelder stehen, also neuerlich auch noch im Oktober, können diese zweimannshohen Dickungen von oft hundert oder mehr Hektar Flächenmaß überhaupt nicht bejagt werden. Es verlieren sich hier nicht nur die geschossenen Hähne, sondern auch die Linie der Jäger und Treiber bleibt keine Linie! Der Fasan hält sich aber hauptsächlich hier auf, solange der Mais nicht geschnitten ist. Hier findet er beste Äsung und Deckung. Wenn aber dann im November die Felder kahl werden, gibt es kaum eine Deckung im Revier, seien es Wäldchen, Schilfniederungen oder Unkrautfelder, wo man den Fasan bejagen könnte. Der Großteil überwintert draußen auf offener Flur, in umgeackerten Maisfeldern und auf Saaten, natürlich auch mit Vorliebe auf Maisstoppeln, sofern es die noch gibt, in den Büschen neben Gehöften oder deren Ruinen. Viele Bauernhöfe wurden in letzterer Zeit aufgegeben und verlassen; denn die Bevölkerung zieht sich in Städten und Dörfern zusammen. Dort baumt der Fasan auch auf den verstreut stehenden Akazien auf, wenn er nicht, was die Mehrzahl tut, in den Ackerfurchen nächtigt.

Wie kann man diese vielen „Feldfasanen“ erfolgreich bejagen? In diesen Revieren der Tiefebene wurde zwangsläufig eine neue, ganz spezielle Methode der Fasanenjagd entwickelt: das Kesseltreiben auf Fasanen!

Wer hat schon jemals davon gehört? Ein Kesseltreiben auf Flugwild? Wie kann man es zusammentreiben? Es streicht doch so hoch aus dem Treiben, wie es ihm nur gefällt. Doch das ist es gerade. Es sind die höchsten „Paradefasanen“, die ich jemals gesehen habe! Es ist in der Tat so, daß in den meisten Revieren der Tiefebene das Kesseltreiben die vorrangige, oft auch die einzige Methode der Fasanenjagd ist. Bei diesen hohen Fasanen ist es sehr selten, daß eine große Strecke gemacht wird. Es gehen meistens viele Fasanen zur gleichen Zeit im „Bukett“ hoch, sehen, daß sie ringsherum umzingelt sind, gewinnen Höhe als einzige Rettung. Nur der eine oder andere fällt, dann sind die meisten schon in Sicherheit hinter der „Feuerlinie“.

Doch animieren diese Fasanen die Jäger zumindest den ganzen Winter hindurch zu guten Schießleistungen. Denn jeder Revierteil muß mehrfach bejagt werden, weil stets viele Hähne entkommen. Aber je öfter man sie bejagt, desto höher fliegen sie! Ausgenommen allerdings bei feuchtem, warmem Wetter, wenn sie „Pantoffeln“ tragen, wenn Erde an ihren Ständern klebt. Dann tragen sie schwer am Gewicht, streichen langsamer, niedriger, die Strecke ist größer, das Schießen jedoch weniger sportlich.

Meistens fliegen aber die Hähne wie die Raketen, ihr dunkler Kopf und Bauch leuchten rötlich vor dem Blau des Himmels. Heute ziehe ich schon den hohen, schnellen, getriebenen Fasan allen anderen Wildarten vor! Er ist sogar oft vor meinen seelischen Augen, fast täglich. Ich schließe die Augen und sehe ihn ganz klar: der Hahn streicht mich an, sehr hoch. Ob es mir wohl gelingen wird, ihn zu treffen, ihn im Fluge zu brechen? Ich glaube, daß der Schuß auf den hohen und schnellen, getriebenen Fasan sicher auch eine Spitzenleistung der hohen Kunst des Schrotschießens ist!

Freilich muß der getriebene Vogel spitz nach vorne geschossen werden. Deswegen ist es selbstverständlich, daß die Schützen im Walde immer an dem, dem Treiben entgegengesetzten Rand der Schneise stehen, wenn vornehmlich Fasanen geschossen werden sollen. Wenn das Treiben aber auf Sau, Hase oder Fuchs geht, stehen die Schützen am diesseitigen Schneisenrand, um das durch die Schützenkette flüchtende Wild nach hinten auf der Schneise beschießen zu können. Beim Flugwild müssen die Schützen das Wild anstreichen sehen, ansprechen können und möglicherweise spitz von vorn „im Stich" schießen. Das ist beim Schießen von getriebenem Flugwild der gute und auch einzige richtige Stil, möglichst weit nach vorne zu schießen. Wenn es nur wenige Fasanen gibt, der Nachbar hat seinen Hahn vorbeigeschossen, so darf und kann man noch „hinlangen", wenn man ihn in vernünftiger Entfernung auch erreicht. Aber wenn die Fasanen im Bukett und dazu noch ständig ankommen, so ist es ein sehr schlechter Stil, sich umzudrehen und sie nach hinten zu befunken: Erstens, man schießt viele weich, die dann trotz bester Nachsuche verludern, zweitens, man kommt aus dem Konzept, aus dem Rhythmus. Und drittens ergibt sich so kein ästhetisches Bild eines eleganten Flugwildschützen.

Flugwild in gutem Stil zu schießen, ist eine Harmonie der Bewegungen von vollendeter Eleganz, genauso wie die ineinanderfließenden Bewegungen des Turnierreiters und seines Pferdes. Der gute Flugwildschütze schießt nämlich mit seinem ganzen Körper, nicht nur mit seiner Schulter, seinen beiden offenen Augen und den Armen, sondern auch mit weichen, losen Gelenken, genauso, wie der Reiter auf dem Pferd sitzt. Er dreht sich in den Hüften, geht auch ganz weich in die Knie, wenn er anstreichendes Flugwild schießt. Damit zieht er die Flinte vor das schnelle Wild, bringt seinen Schuß genügend nach vorne. Ich habe es oft beobachten können: Wer mit steifen Knien oder Hüften auf Fasanen schießt, trifft sie nur ausnahmsweise. Wer die Flinte nur mit seinem Arm führt, der schießt bestimmt hinten weg!

Der leider viel zu früh verstorbene Zsigmond Széchenyi, der sein Leben der Jagd verschrieben hatte und sich durch seine hervorragenden Jagdbücher in aller Welt einen Namen machte, war einer der allerbesten, aber sicherlich der eleganteste Flugwildschütze, den ich jemals gesehen habe. Und ich habe viele gesehen, nicht nur im alten Ungarn, auch viele der besten Ausländer, die neuerlich in Ungarn jagten. Széchenyi war ein hoher Mann mit langen Armen und Beinen, sonst langsam und bedächtig, aber ungeheuer flink mit Flinte und Büchse, die er ebenfalls hervorragend handhabte. Er schoß mit vollständig gestrecktem Arm, faßte also die Läufe ganz vorne, sehr weit vor dem Vorderschaft an.

Mit ihm habe ich oft gejagt, allerdings schon in seinen älteren Jahren, als es vorkam, daß er mal vorbeischoß. Dann sagte er in seiner langsamen Sprache und im Dialekt eines alten Bauern aus Somogy: „Wenn man alt wird, soll man hinterm Ofen sitzen und Westen stricken, nicht mit der Flinte umgehen!" Ich sah ihn aber auch in seinen besten Jahren schießen, sowohl auf getriebene Fasanen als auch beim Taubenschießen. Er war wirklich einer der ganz hohen Klasse, und bestechend war sein Stil im Umgang mit der Flinte.

Széchenyi habe ich oft ausgefragt, insbesondere über das Schrotschießen. Ob er jemals einen Schützen gesehen habe, der wirklich hohe Turmfasanen mit Sicherheit schießen konnte? Er verneinte die Frage, obwohl er noch mit den allerbesten „Großen" der Donaumonarchie und auch Ungarns zwischen den Kriegen gejagt hatte. Es war auch seine Meinung, daß die schwierigsten „Paradeschüsse" die auf die wirklich hohen Fasanen seien. Die getriebenen hohen Fasanen streichen den Schützen sozusagen auf jedem Stand anders an. Mit Gegenwind sind sie manchmal ausgesprochen langsam, oder er stößt sie hin und her, daß man das Vorhaltemaß überhaupt nicht herausbekommt, und bei starkem Rückenwind kommen sie sturmschnell an. Am schwersten ist der hohe Fasan mit Seitenwind zu schießen, wenn er nicht in seiner Hauptflugrichtung getrieben wird, seitlich „im Kreis" fliegt und nicht in „Richtung seines Schnabels". Dann genügt das reine Vorhalten nicht, man muß seitlich vorhalten. Ein solcher Vogel ist kaum zu treffen. Die Engländer haben sogar einen Fachausdruck dafür und nennen solche Fasanen treffend „curling birds" – vielleicht mit „drehende Vögel" zu verdeutschen.

Ich habe auch eine ganze Reihe von Schützen verschiedener Nationalitäten gesehen, die „normale", getriebene Fasanen – sagen wir bis zur Höhe der Krone einer alten Eiche – in Kropf und Brust trafen, einen nach dem anderen. Aber die Fasanen, die vom Wind getrieben in doppelter Höhe heransegeln, die sind – so meine ich – von allem Flugwild am schwersten zu treffen. Ich glaube nicht, daß ein Fasan so hoch fliegt, daß ihn die Schrote nicht erreichen, es sei denn etwa über ein tiefes Tal. Doch das kommt bei uns kaum vor. Aber ihn zu treffen, ist allerhöchste Kunst, keine Routinesache mehr und fast schon Zufall.

Denn wer kann schon das Vorhaltemaß abschätzen? Sind es fünf Fasanenlängen (mit Stoß!) oder zehn? Wer weiß das? Aber ich kann mich entsinnen, bei derart sehr hohen Fasanen instinktiv sehr viel, mit dem rechten Lauf etwa vier bis fünf Längen, vorgehalten zu haben, worauf überhaupt nichts passierte! Und mit dem linken Lauf dann noch viel mehr, kopfüber nach hinten – und der Hahn klappte zusammen. Ich hatte den Schuß viele Meter vorgezogen, das weiß ich, aber wieviel, könnte ich nie sagen.

In den letzten Jahren konnte ich viel in der östlichen Tiefebene jagen, insbesondere im Winter 1973/74, als dort auch nach einem sehr günstigen Frühjahr so viele Fasanen vorkamen, wie noch nie. Es gab viel zu schießen, auch eine Menge in den Kesseln himmelhoch streichender Turmhähne. Wie ich schon zugegeben habe, fällt von diesen nur ab und zu einer auf meine Schüsse. Auf die meisten doppelte ich umsonst, weil sie meines Erachtens nie über, sondern vielleicht bis an die Grenze der Schußentfernung sich befanden. Aber sie fielen nicht, höchstens daß dem einen oder anderen einige Federn herausflatterten. Ob diese Fasanen wohl für Dreimillimeterschrot doch zu hoch fliegen, und wohin ich wohl schieße, wenn der Hahn den Schuß überhaupt nicht quittiert und auch keine Federn läßt?

Von englischen Jägern hörte ich, daß in England die Schützen bei den Fasanentreiben fast ständig einige Leuchtpatronen in der Westentasche haben. Wenn der hohe, schnelle und drehende Fasan auf die ersten Schüsse überhaupt nicht reagiert, so lädt der Schütze Leuchtpatronen und schießt die Leuchtkugeln dem nächsten Fasan hinauf. Er kann ihrer Bahn folgen und so erfahren, wohin er denn schießt, wie weit sein Schuß hinter oder neben, oder manchmal vielleicht auch vor dem windgetriebenen Hahn liegt. Dann kann er sich daran halten, sein Vorhaltemaß demgemäß korrigieren.

Ich gab nun keine Ruhe, bis ich zwanzig solcher Leuchtspurpatronen bekam. Leicht war es nicht. Von England ging es über Deutschland, weil sie nur auf diesem Umwege zu besorgen waren. Sie werden nur in England hergestellt. Bei einer Kesseljagd auf Fasanen lud ich also eine in den linken Lauf. Doch in der Hitze des Gefechtes vergaß ich es und feuerte sie auf einen mit dem ersten Schuß vorbeigeschossenen „normalen“ Fasan ab. Meine Rakete traf ihn in die Brust. Daraus hatte ich kaum etwas gelernt!

Die anderen Patronen erwiesen sich aber als überaus nützlich! Ich verfeuerte mehrere auf sehr hohe Hähne, und es zeigte sich, daß wenn ich sehr viel vorgehalten hatte, so ungefähr fünf, sechs Hahnenlängen, die Leuchtkugel auch in die gute Richtung flog. Dennoch fielen diese Hähne beim Schrotschuß nur selten, höchstens, daß sie mal einen Rucker machten oder Federchen ließen. Daraus konnte ich zwei wichtige Dinge folgern: daß das Vorhaltemaß doch mehr oder weniger in den meisten Fällen ungefähr richtig war, doch daß viele dieser wirklichen „Turmhähne“ (ich meine aber nicht solche in Baumhöhe) an der Grenze der Schußentfernung für Fasanenschrot streichen, daß man auf sie besser „Hasenschrot“, also dreieinhalb Millimeter verwenden sollte. Diese Schrote haben in dieser Höhe eine noch bessere Durchschlagskraft.

Mitte des Winters, als die Hähne schon mehrfach beschossen und auch weniger feist waren, deshalb höher strichen, nahm ich Patronen mit dreieinhalb Schrot. Ich muß sagen, es war eine gute Idee! Den nahen, niedrigen, normal streichenden Hahn tötete es genauso, doch den wirklich hohen, den „Turmfasan“ noch viel besser! Seitdem ich mit Hasenschrot auf sie schieße, fallen viel mehr vom Himmel!

Es werden übrigens wenige wissen, ich erfuhr es auch nur von Zsigmond

Széchenyi, daß es ein Buch gibt, das nichts anderes als wirklich hohe Fasanen behandelt. Es wurde von dem Engländer Sir Ralph Payne-Gallway geschrieben: „High Pheasants in Theory and Practice“ betitelt. Es erschien im Jahre 1912. Es wurde auf der Grundlage von mit minutiöser Pünktlichkeit und Genauigkeit durchgeführter Versuche verfaßt. Ich bin kein Ballistiker, aber es steht da gedruckt, daß in 30 Meter Höhe gezogene Fasanenattrappen aus der Streuung der Schrotgarben nur ganz wenige Schrote abbekommen, deren Durchschlagskraft schon recht gering war.

Einer meiner Bekannten, der von Ballistik etwas versteht, erklärte mir, daß dies ganz natürlich sei; denn auf die senkrecht in die Luft hinaufgeschossene Schrotgarbe wirkt die Anziehungskraft der Erde viel stärker als auf eine im flachen Winkel verschossene. Deswegen sei die Streuung auch viel größer, die Durchschlagskraft jedoch viel kleiner als bei waagerechtem Schuß auf dreißig Meter. Eine Reihe von geschossenen, wirklich hoch – also in Höhen von über 30 Meter – streichenden Fasanen wurde gewissenhaft seziert und dabei festgestellt, daß die Vögel nur ein bis zwei Schrote abbekamen und sie daher nicht die Schockwirkung tötete, sondern die Schrote so saßen, daß der Fasan gelähmt oder betäubt herunterfiel und ihn der Aufprall auf den harten Boden tötete.

Wie merkwürdig dies alles auch klingt, es ist seriös und wäre vielleicht dennoch der Mühe wert, von Jägern und Ballistikern nachgeprüft zu werden. Inzwischen hat sich ja einiges beim Schrotschießen und bei der Durchschlagskraft der Munition geändert, obwohl sich – eigenartigerweise – gerade am System der Flinten, Patronen und der Schrotschuß in dieser Zeitspanne, in der die Menschen Fernsehen, Raumschiffahrt und neue Errungenschaften der Technik entwickelt haben, wenig umwälzend Neues getan hat. Das ist aber sicher kein Unglück, meine ich. Wäre es noch Sport oder eine Freude, das Niederwild auf weite Entfernung schießen zu können? Mit der Entwicklung des Büchsenschießens sind wir nach meinem Geschmack sowieso schon zu weit gegangen.

Ich habe auch das ausgezeichnete Buch von Robert Churchill: „Das Flintenschießen“ (Verlag Paul Parey, Hamburg), eingehend studiert, weil ich ja auch ein Narr des Schrotschiessens bin. Es leuchtet ein, daß sein System gewaltige Vorteile hat: daß man nicht bewußt vorhält, sondern sein Auge aufs Wild richtet und mit der Flinte – mit dem linken Arm – auf das Wild deutet und instinktiv vorschwingt. Aber ich muß gestehen: ich habe den Dreh der Sache nicht herausbekommen. Gut, gut, einen normalen querreitenden Fasan oder ein Kopfhuhn kann ich auch mit mehr oder weniger Sicherheit treffen, da weiß ich auch immer im Schuß, ob ich „drauf“ war, bzw. wie weit ich vorn abkam, aber bei den weiten und hohen, da hört es auf! Da weiß ich nicht, wieviel ich vorhalten muß. Wenn man auch da nur so instinktiv „hinzeigen“ könnte, die Hähne und Enten würden steintot aus dem Blau des Himmels fallen – das wär' was!

Einmal hoffte ich, dahinterzukommen. Ich habe einen Freund, Hans v. Aulock, der seit mehreren Jahrzehnten in der Türkei lebt und alljährlich seine 2000 bis 3000 Enten, Tauben, Schnepfen und Wachteln schießt. Er soll ein Flintenschütze von absoluter Weltklasse sein, was mir viele Jäger bestätigt haben. Leider und eigenartigerweise habe ich ihn praktisch nie als Schrotschützen gesehen, weil wir immer nur gemeinsam auf Schalenwild jagten. H. v. Aulock erzählte mir nun, daß er mit dem erwähnten Buchautor Churchill in der Türkei zusammen gejagt, Churchill ihm sein System beigebracht habe. Seitdem halte er – auf normale Distanz – nie bewußt vor, und sein Schuß sei viel sicherer geworden. Allerdings gab er zu, auf sehr hohe und schnelle Enten auch vorzuhalten – wieviel, daß konnte er nicht sagen. Ich bin also nicht gescheiter geworden!

Ich habe mich vielleicht viel zu sehr mit dem Lob der hohen, sportlichen Fasanen befaßt. In den tischflachen Fasanerien Ungarns, in diesen werden die großen Jagden mit den reichen Strecken abgehalten, ist es meistens nicht leicht, die Fasanen zum Höherfliegen zu veranlassen. Mit dem Fasan kann man zwar verhältnismäßig leicht manövrieren, nur muß man wissen, wo seine Lieblingseinstände sind, wohin er gerne streicht. Man kann ihn von einer kleinen Remise oder guten Deckung im Feld in die andere treiben, nur dürfen diese nicht weiter als 300 bis 400 Schritt voneinander entfernt liegen, die Schützenlinie darf dabei nicht an die getriebene Deckung, sondern zwischen beiden aufs freie Feld gestellt werden. Dann werden die Hähne schon „turmen", wenn sie merken, daß sie über die Schützen müssen.

Man kann sogar das Revier ein bißchen dafür einrichten, wenn man hierzu die Möglichkeit hat. Man sollte Wildäcker für Fasanen nicht unmittelbar am Wald- oder Remisenrand anlegen, sondern etliche hundert Meter weg davon, dazwischen freies Feld, auf dem man die Schützen postiert. Die Fasanen werden, wenn richtig getrieben und die nötigen Flankenabwehrer an richtiger Stelle stehen, den kürzesten Verbindungsflug über die Schützen zur nächsten Deckung wählen, hoch am Himmel, doch nie außer Schußweite.

Als Leiter von vielen Jagden habe ich mir immer zum Grundsatz gemacht, daß Schießen möglichst sportlich zu gestalten. Ich stelle deshalb die Schützen immer weit ab von der getriebenen Deckung ins Feld. Ich selber nahm als Jagdleiter die Flanke (möglichst unter Wind), und schnelle, zurückdrehende Hähne, die ich, allein auf weiter Flur stehend, schoß, machten mir besondere Freude.

Wenn ich viele Schützen hatte, die „Flugroute" der Fasanen nur schmal war, dann stellte ich die Schützen in zwei Reihen hintereinander auf. Die besseren Schützen natürlich in die hintere Reihe, so mit 50 bis 60 Meter Abstand. Hasen konnte man dann natürlich wegen der Gefahr des Anschießens nicht freigeben, aber welcher Flugwildschütze interessiert sich schon für Hasen, wenn es schnelle und hohe Fasanen zu schießen gibt?

In den letzten Jahrzehnten mußte ich als Revierleiter sehr viel mit nicht von mir eingeladenen Gästen jagen. Mit mehreren von diesen, die die gleiche jagdliche Passion besaßen, entwickelte sich eine Freundschaft, die über viele Jahre dauerte und mit denen, alles gute Schützen, das Jagen auf Niederwild eine Lust war. Hingegen habe ich es vielen Gästen gegenüber als unfair empfunden, sie vor eine jagdliche Aufgabe zu stellen, die sie einfach nicht meistern konnten, weil ihnen diese Art des Schrotschießens völlig fremd war. Besonders unter deutschen Jägern gab es nur wenige, die eine Treibjagd auf Flugwild überhaupt kannten. Es ist verständlich, daß sie sich ziemlich unbeholfen vorkamen. Ich habe ihnen den guten Rat gegeben, auf dem Skeetstand fleißig zu üben, weil ich viele hervorragende Wurftaubenschützen auf der Fasanenjagd gesehen habe, darunter auch einige deutsche Meister. Alle schossen auch auf der Jagd ohne Ausnahme gut. Das Wurftaubenschießen erzieht zwangsläufig zum schnellen, gefühlsmäßigen Schießen. Auf dieser festen Grundlage trifft dann der Taubenschütze auch die getriebenen Fasanen oder Hühner überdurchschnittlich gut. Es fehlt ihm nur die jagdliche Routine. Die meisten Wurftaubenschützen ohne genügend jagdliche Routine sind zu schnell im Schießen, übereilen sich und fehlen deswegen, schießen das Wild oft zu nah und zu Brei. Oder, was nicht weniger schlimm ist, sie schießen es dem Nachbarn vor die Füße, nicht immer aus Schußneid, sondern aus Übereile.

Vor vielen Jahren leitete ich einmal eine Fasanenjagd in einem der besten, unter meiner Aufsicht stehenden Fasanenreviere „jenseits – also östlich – der Theiß", wie der Ungar sagt. Es war eine deutsche Jagdgesellschaft, alles wohl erlesene Flugwildschützen. Es waren deutsche Meister im Wurftaubenschießen dabei und mehrere Jäger, die auf dem Schießstand immer ganz vorn rangierten. Ich war sehr gespannt, was ich zu sehen bekommen würde. Beim angeregten Abendessen vor dem Jagdtag, als wir schon Batterien des Plattenseer Riesling vertilgt hatten, behauptete ein Jäger, der im Vorjahr die Meisterschaft gewonnen hatte, er würde von zehn getriebenen Hähnen alle treffen.

Ich stellte ihn – und mich – an die rechte Flanke eines Treibens, dessen bessere Deckung in der linken Partie war. Das Gros der Fasanen ging dort hoch, und ein guter Teil mit Rückenwind und Dreh strebte nach hinten über die rechte Flanke. Es gab Hähne nach Herzenslust! Er traf auch sieben von zehn. Die meisten fielen mausetot in großem Bogen nach hinten, aber bei dreien war halt doch kein Schrot in den Patronen.

Vor dem Mittagessen kam das „Treiben des Tages". Ich hatte einen Wildakker, so von 5 ha Größe, mit Sorghum (Besenhirse) bestellen lassen, die die beste Winterdeckung und Äsung gibt und Fasanen wie ein Magnet anzieht. Er war auch voller Fasanen, sicherlich an die 600 bis 700 Stück. Zudem war der Wildacker so angelegt, daß zwischen seinem schmalen Ende und der Remise etwa 300 Meter freier Acker lag. Hierher kamen die Schützen in zwei Reihen, und zwar so, daß die Jäger, die beim Taubenschießen Preise gewonnen hatten, in 60 Meter Abstand hinter der ersten Reihe, die aber auch 100 Meter entfernt vor der Deckung postiert war, standen. Wenn es viele Fasanen gibt und nur mit einer Flinte, und insbesondere, wenn in der ersten Reihe nicht gut geschossen wird, so bekommt die zweite Reihe, die von der ersten schon beträchtlich „erhöhten" Fasanen in genügender Anzahl. Es ist wirklich eine Freude, diese zu erlegen, stets eine Spannung in der zweiten Reihe zu erwarten, welcher Hahn wohl die erste Schützenreihe passiert und ob es dann gelingt, ihn doch noch herunterzuholen.

Die Treiberwehr rückte ganz langsam vor. Einige Männer gingen noch so 50 Meter vor der Treiberlinie. Es wurde sofort haltgemacht, wenn ein Bukett Fasanen hochging. Ich selber stand weit weg an der Flanke, als Abwehrer, natürlich ebenfalls ganz frei. Das war damals für mich noch die „waffenlose, die schreckliche Zeit", und der vorerwähnte Jäger hatte mir, liebenswürdigerweise, für den Tag seine Merkel-Bock angeboten, mit der er die Meisterschaft gewonnen hatte. Er selber schoß eine Browning.

Ich kann mich noch genau – nach fast 20 Jahren – erinnern. Am Anfang des Treibens gingen nacheinander drei einzelne Hähne hoch, die, als sie sahen, daß sie „umzingelt" waren, sich in den Himmel schraubten und dann über mich Richtung zur Remise strichen. Ich nahm mich sehr zusammen, schon deswegen, weil alle Jäger noch nichts anderes zu tun hatten, als zu schauen, was der Ungar mit seinen Turmfasanen macht. Ich versuchte, das Prestige zu retten, und hielt sehr weit vor, beim zweiten Schuß noch mehr. Aber nur einzelne kleine Federn aus dem Stoßansatz der Hähne flatterten zu Boden. Als ich dann endlich den dritten Hahn anständig traf, war ich doch erleichtert!

Später kam dann besagter Jäger mit leichtem Grinsen zu mir und sagte: „Na, mein lieber Doktor, bei ihnen fallen sie auch nicht alle vom Himmel!" Was ich auch nie behauptet hatte. Worauf ich prompt auf seine, noch mit vielen Vignetten beklebte Wunderflinte zeigte: „Freilich für so hohe Hähne müßte man schon eine engschießende Flinte haben!" Ob so gewaltiger Frechheit war er platt erstaunt.

Das Treiben wurde dann eine „hochkapitale" Sache, an die ich mich immer erinnern werde. Nicht nur, weil es so viele Fasanen gab, daß die vordere Schützenreihe viele auch unbeschossen oder gefehlt durchließ, sondern auch weil ich von der Flanke aus, wo ich dann nichts mehr zu tun hatte, das ganze Treiben und auch die Schützenlinie überblicken konnte. Die Fasanen schraubten sich buchstäblich in den Himmel hinauf. Es gab eine gewaltige Ballerei, aber es

Ziehbrunnen unter alten Akazien – so sehr typisch für Ungarn

Die ersten Sonnenstrahlen vergolden Wälder und Fluren, als wir an den gestreckten Recken herantreten

Die Sonne wird von den Fasanen verdunkelt

Nach dem Treiben . . .

wurde auch gut geschossen, besonders in der zweiten Reihe. Daran kann ich mich genau erinnern, daß am Ende des Treibens nur dreiunddreißig Hähne auf der Strecke lagen, aber ausnahmslos „Paradehähne". Die Gäste waren hell begeistert. Denn das schwierige Schießen macht ja schließlich und endlich die Freude am Schrotschießen aus.

Übrigens war dies der einzige Fall in meinem Leben, in dem ich nicht mit der guten alten Doppelflinte, sondern mit einer Bock geschossen habe. Sowohl die Bock als auch die Querflinte haben ihre Vorteile. Letztere hat, zumindest nach meinem Geschmack, eine elegantere Linie und ist bedeutend flinker zu laden. Der Vorteil der Bock-Konstruktion, daß dazu mit Leichtigkeit Wechselläufe zu bauen sind. Außerdem behaupten meine Tontaubenschützen-Freunde, daß man beim Schießen mit der Bock-Flinte neben den schmalen Läufen mehr Gegend sieht und das Ziel leichter erfaßt. Doch schießen wir viele hohe, getriebene Fasanen dennoch vorbei, sie mit der Bock- und ich mit der Querflinte!

Ich finde, daß es immer schwierig bleibt, die hochfliegenden Fasanen unter dem hohen freien Himmel zu schießen! Weshalb, kann ich nicht klar beantworten. Vielleicht ist es so, daß man auf die über Baumkronen streichenden Fasanen eher gefühlsmäßig, also mit hingeworfenem Schnappschuß, schießt, daher naturgemäß besser trifft, als wenn man auf die frei anstreichenden Fasanen, die man unbedingt treffen möchte, zum Zielen verleitet wird und dann freilich meistens vorbeischießt. Ich habe auch das Gegenteil erlebt: ein mir bekannter Jäger machte immer den Eindruck, daß er auf die Fasanen zielte und sie doch immer mit verblüffender Sicherheit, auch die ganz hohen, herunterholte. Ich kann mir auch denken, daß man, wenn man unter Bäumen steht, beim anstreichenden Fasan an Zweigen, Baumkronen usw. Anhaltspunkte für dessen Höhe und Richtung hat, was unter dem Blau des hohen, endlosen Firmamentes völlig fehlt. Jedenfalls ist es eine Erfahrungssache, daß bei völlig offenem Himmel allgemein schlechter geschossen wird.

Vor einigen Jahren hatte ich Gelegenheit, an der großen Jagd in Palarikovo (= Tótmegyer/Slowakei) als Zuschauer teilzunehmen. Es war dies der Besitz des Grafen Louis Károlyi, zwischen den beiden Kriegen mit weitem Abstand das beste Niederwildrevier Europas.

Ich wollte dieses Revier sehen und auch, wie die Jagd organisiert wurde. Im voraus sei bemerkt: seitens der Jagdleitung wurde in puncto Hege und Organisation eine Höchstleistung gezeigt. Der Waldbestand der Fasanerie unberührt, in forstlicher Hinsicht jagdlich bewirtschaftet, also nicht kahl durchgeforstet, die Alleebäume nicht geschlägert usw. Mindestens zwei Drittel der Fasanen waren Wildfasanen, kaum Volierenfasanen. Die Jagd lief wie am Schnürchen, von zwei Truppen von Treibern wurde hervorragend getrieben, auf allen Schneisen im noch unbejagten Teil standen Abwehrer, damit die Fasanen nicht aus den einzelnen Treiben hinausliefen und sich irgendwo massierten, während andere Partien „leer" wurden. Das ist eine komplizierte Strategie, mit der man mit viel Können ein Fasanentreiben arrangieren muß. Der Jagdleitung mußte das höchste Lob uneingeschränkt gezollt werden. Alles war absolut mustergültig, einschließlich Streckelegen und Verblasen.

Eine internationale Gesellschaft von zwölf Schützen nahm an der Jagd teil. Automaten waren nicht zugelassen, aber englische Schwesterflinten habe ich nicht wenige gesehen. Die Schützen waren gut, teils sehr gut. Es lagen abends 3300 Fasanen zur Strecke, die beste seit Kriegsende. Es wurden am Anfang der Treiben, solange die Fasanen noch hoch herangestrichen kamen, jeweils auch Hennen freigegeben – es fielen etwa 800. Ich finde es allerdings viel schöner und aufregender, nur Hähne zu schießen. Man muß sich dann die Rotbrüstigen herauspicken, man schießt nicht wild um sich auf alles, was kommt.

Die Fasanen strichen gut und hoch, schon wegen des im allgemeinen etwa 80jährigen Waldbestandes stand außerordentlich viel Unterwuchs und Dekkung im Bestand. Das Gros der Fasanen lief nicht „zu Fuß" vor die Schützen, sondern wurde vor den Treibern hoch und kam in guter Fahrt angestrichen. Richtige Turmfasanen gab es nur vereinzelt, wenn ein erfahrener, oft schon beschossener Hahn so zu entkommen suchte. Er entkam auch immer.

Was mir an dieser Jagd ausgesprochen mißfiel, war die Tatsache, daß die Schützen viel zu nahe aneinander standen. Die Flanken wurden nie besetzt. Die Treiben waren fast genauso angelegt wie früher, nur „verteidigten" damals ein Treiben derselben Breite nicht zwölf, wie jetzt, sondern nur sieben Schützen. Das bedeutet, daß sie damals 40 bis 50 Meter voneinander entfernt standen, jetzt betrug aber die Entfernung zwischen den Nachbarn meistens nur etwa 20 Meter, oft auch noch weniger. Meistens wußte man in den wenigsten Fällen, „wessen Vogel" der anstreichende Fasan war, so daß – obwohl ständig Fasanen über den Schützen waren – es doch sehr viele „Kompanie-Hähne" und zerschossene Fasanen gab.

Beim Abrechnen wurde die ganze Strecke unter den Teilnehmern gleichermaßen verteilt. Also es ging nicht nach der Einzelstrecke, was ja auch kaum verläßlich festzustellen gewesen wäre. So konnte man einige Schützen sehen, die die Fasanen vor die Füße des dritten oder vierten Nachbarn schossen. Das leider schon unvermeidliche Geschäft produziert bei der Jagd oft die seltsamsten Haken und Auswüchse!

Bewundernswert war bei dieser Jagd die Arbeit der Flintenspanner. Weil diese Kunst schon fast überall vergessen ist, war sie besonders eindrucksvoll. Mit dem Schwinden der Niederwildbesätze sind zwei Flinten heute nur noch für wenige Jagden erforderlich. Wenn es uns aber in Ungarn gelingt, die Fasanenbesätze weiterhin noch zu heben, so ist es durchaus möglich, daß es mehr

Jagden geben wird, die zwei Flinten erfordern. Denn die sind auf der Jagd mit viel Wild kein Luxus, sondern eine Notwendigkeit! Große Strecken können nur so erreicht werden: je ein Schütze schießt sicherlich um dreißig, vierzig Prozent mehr Fasanen, wenn er mit zwei Flinten jagt! Nicht nur deswegen, weil seine „Feuerstärke" größer ist, sondern vor allem deswegen, weil er so die Augen ständig auf den anstreichenden Fasan halten kann, das Wechseln der Flinten geschieht ganz automatisch, stets mit denselben routinierten Griffen. Wenn er aber die eine Flinte selber laden muß, so schaut er notgedrungen zwischendurch immer nach unten und kann nicht sehen, was über seinem Kopf geschieht. Mit einem Wort, er fällt aus dem Konzept, aus dem Fluß der Bewegungen.

Natürlich sind es bei großen Jagden in Tótmegyer seit Jahrzehnten immer dieselben Spanner, selber auch Jäger. Sie sind aber nicht mehr mit ihren Schützen eingespielt, weil diese wechseln. Früher war es – zumindest wo ich jagte – so üblich, daß der Spanner die Patronen in einer Tasche bei sich führte und selber lud. Bei dieser Methode kam es öfters vor, wenn viele Fasanen kamen, daß die zweite Flinte noch nicht fertig geladen war, wenn der Schütze die leergeschossene Flinte nach hinten reichte. Hier in Palarikovo lernte ich eine viel bessere Methode kennen. Halbrechts hinter dem Spanner stand noch ein Mann, jeweils zwei Patronen in der Hand bereit zum Laden. Der Spanner klappte die Flinte nur auf und wieder zu und wechselte sie mit dem Schützen.

Der Tausch der Flinten und das Neuladen geht folgendermaßen vor sich: der Schütze reicht die leergeschossene Flinte mit seiner Rechten am Kolbenhals gehalten, dem halbrechts hinter ihm stehenden Spanner. Dieser übernimmt sie mit seiner Linken, die Läufe hoch anfassend und reicht die geladene und gesicherte Flinte mit seiner Rechten dem Schützen, der sie mit der Linken vorn an den Läufen, ebenfalls so wie beim Schießen angefaßt, übernimmt. Der Spanner dreht sich mit der übernommenen leeren Flinte um, steht dann gegenüber dem Lader, öffnet die natürlich mit Ejektor versehene Flinte, jedoch so, daß die Läufe stets seitlich auf den Boden zeigen. Der Lader lädt zwei Patronen, worauf der Spanner, sich immer noch wegdrehend, die Flinte zuklappt und nunmehr mit gesicherter, in die Luft zeigender Flinte sich dem Schützen wieder zuwendet. Ein guter Spanner ist, der die Sicherheitsvorschriften stets genauestens einhält, dessen Auge immer nur den Schützen und die Flinten beobachtet und nicht die Fasanen. Am ganzen Jagdtag habe ich nicht ein einziges Mal gesehen, daß die zweite Flinte nicht zum Wechseln fertig war, als der Schütze die abgeschossene nach hinten reichte. Ich möchte den verehrten Leser für diese trockene Fachsimpelei um Nachsicht bitten, doch hoffe ich, daß er auch eines Tages mit Schwesterflinten auf getriebene Fasanen schießen kann, ihm das Geschilderte von Nutzen sein wird.

Übrigens, wenn wir von Massenstrecken sprechen: seinerzeit hatte ich das Glück, viele Jagden mit Tagesstrecken von über 1000 Stück Niederwild bei sieben bis zehn Schützen mitzumachen. Das ist niemals „Massenmord“ gewesen, sondern die Ernte einer ganzjährigen Hege und eines streng geregelten Jagdbetriebes.

Zum Abschluß möchte ich noch meine liebste Fasanengeschichte erzählen. Als sie sich ereignete, stand mein Vater in seinem einundneunzigsten Lebensjahr. Früher war er ein hervorragender Flintenschütze gewesen, erstklassig im Fasanenschießen. Er ging mit der Flinte in sehr gutem Stil und blitzschnell um, doch nie sich übereilend.

Als wir seinen neunzigsten Geburtstag feierten, sagte er zu meinem Bruder und mir: „Ich möchte noch einmal eine Flinte in die Hand nehmen! Als Geburtstagsgeschenk erbitte ich mir, daß Ihr mich zu einer Fasanentreibjagd mitnehmt!“ Seit langen Jahrzehnten hatte er nicht mehr gejagt. Wir nahmen ihn dann in einer lieben Freundesrunde auf eine schöne, bequeme Jagd mit. Wir gaben ihm eine leichte, schnittige Sechzehnerflinte, keine schwere Zwölfer mit starkem Rückstoß. Es wurde ein langer Waldstreifen getrieben, an dessen einer Flanke sich ein breiter Abflußgraben mit einem Damm entlangzog. An dieser Flanke stand die Hälfte der Schützen, denn hinter dem Graben dehnte sich ein großes Schilfdickicht aus und das war daher ein bevorzugtes Flugziel der Fasanen. Mein Bruder und ich flankierten hier, während der Vater an der Ecke der Schützenlinie vor uns oben auf dem Damm stand. Wir konnten alle seine Bewegungen genauestens beobachten.

Ein Hahn strich mitten im Treiben vorwärts, wurde der Schützenlinie gewahr und schraubte in die Höhe, gleichzeitig aber auch seitlich, Richtung Ecke und Schilf. Hoch und schnell kam er im Bogen an die Ecke gestrichen. Zwei Schützen, die in der Front standen, konnten auf ihn doppeln – ohne Erfolg.

Der alte Herr zeigte mit derselben schnellen, leichten Bewegung, wie vor vierzig Jahren mit der Flinte auf den sich mit dem Winde drehenden Turmhahn, traf ihn mit dem linken Lauf so sauber, daß er in großem Bogen jenseits des Grabens tot landete.

So mag wohl sein, daß der Mensch nicht nur das Schwimmen und das Reiten, auch das Flintenschießen nie wieder vergißt, wenn er es einmal erlernt hat.

„Man steht am Bock“

Der Fremdenverkehr zeitigt oft übertriebene, stillose „Blüten“. Genauso auch der „jagdliche Fremdenverkehr“. Und dieser leider oft vielleicht noch viel mehr!

In dem von mir verwalteten Láboder Revier versuchten die Berufsjäger nach Möglichkeit die Hirsche, Böcke und Keiler zu bestätigen. Sehr oft stellten wir auch transportable Hochsitze an die Wechsel, damit der von weither angereiste Gast, der mit Revierverhältnissen und Wild nicht vertraut war, zu Schuß kam. Soviel soll das Jagdpersonal für den Erfolg der Jagd tun. Doch mußte der Jagdgast selber auch jagen: zumindest öfter ansitzen, bis Hirsch oder Bock schußgerecht kommen. Er muß den außer Schußdistanz ausgetretenen Bock anpirschen oder sich beeilen, um dem Rotwildrudel den Wechsel abzuschneiden.

Am ersten Mai des auf das Ende meiner Láboder Dienstzeit folgenden Jahres fuhr ich als Jagdbegleiter und Dolmetscher meines Freundes H. mit ihm in eines der wegen ihrer kapitalen Rehböcke bekannten Komitate östlich der Theiß in das große Ungarische Tiefland. Seit sehr langer Zeit wieder zum ersten Mal, zur frühjährlichen Bockjagd.

Man muß wissen, daß in der sozusagen waldlosen dortigen Kultursteppe die Rehbockjagd anders ausgeübt wird als in mehr bewaldeten Revieren. Denn im Walde, oder in Revieren mit Deckung von Remisen, Gehölzen, Büschen und Gräben gibt es immer Blößen und Stellen, wo die Rehe auch in vorgeschrittenem Sommer austreten und zu erlegen sind. Doch in Feldrevieren mit den heutigen riesigen Monokulturen ist die Bockjagd, zumindest bis zur Blattzeit, völlig aussichtslos. Sobald nach dem zehnten Maitag die Luzernenschläge zum ersten Mal gemäht werden, in denen die Rehe ausschließlich ästen, ziehen sie nun in die inzwischen hochgewachsenen und völlige Deckung spendenden unendlichen Getreideschläge.

Deswegen fällt die Hauptzeit der Bockjagd in Feldrevieren zwischen den 1. und 10. Mai. Dann ist noch jeglicher Pflanzenwuchs niedrig, man sieht meistens sogar auch noch die Gehörnspitzen des sitzenden Bockes aus Luzerne oder Getreide leuchten. Zu dieser Zeit kann man sie gebührend mustern, sie nach Alter und Gehörn ansprechen und die, welche wir für die Kugel als reif halten und zum Erlegen bestimmten, vom Wagen aus oder auf diesem aufgelegt, leicht schießen. Es ist höchstens nur die Frage, auf welche Distanz der Bock den Wagen aushält, auf hundertfünfzig oder auch nur auf dreihundert. Das hängt davon ab, wieviel auf die Rehe beim Rickenabschuß im vergangenen Winter geschossen wurde! Doch ist das Treffen des Bockes mit einer auf dem unbeweglich stehenden Kraftwagen aufgelegten Weitschuß-Hochrasanz-Zielfernrohrbüchse auch auf diese Entfernung keine besondere „jagdliche" Schießleistung. Falls er eventuell auf ersten Anhieb vorbeigeschossen wurde, so ist er selten imstande, von der Bildfläche zu verschwinden. Man kann ihm nachfahren, mit dem Kraftwagen sogar auch ermüden und früher oder später erhält er dann die „saubere Kugel". Der Jagderfolg hängt also hauptsächlich davon ab, ob man den zum Abschuß bestimmten Kapitalbock findet oder nicht. Da wir jedoch wissen, daß ältere Böcke stets ein bestimmtes, meistens auch nicht großes Einstandsgebiet beibehalten, Deckung jedoch in der Kultursteppe zu dieser Zeit kaum existiert, können sich die Rehböcke mit den Kapitalgehörnen, die von den Jagdgesellschaften zum Abschuß für ausländische „Abschußnehmer" bestimmt sind, nicht verstecken. Sie sind dort im Felde mit der niedrigen Deckung zur Schau gestellt!

Dies alles wußte ich auch schon, bevor ich meinen Fuß in das berühmte Rehbock-Komitat setzte. Es war mir auch klar, daß die Erlegung unserer Böcke unser Wissen und unsere Erfahrung um die Bockjagd nicht überaus in Anspruch nehmen würde. Höchstens nur soweit, daß wir die Qualität des Gehörns und die Gefahr des „Minuspunktes" in Betracht ziehend selber die Sentenz über die uns vorgeführten Böcke fällten.

Ich wurde äußerst überrascht, als wir in unserer fast einem Jagdschlößchen gleichenden Unterkunft ankamen. Das Haus steht einsam in einem Meer von zu dieser Zeit blühendem Flieder. In seinen fast fünfzehn Zimmern hausten zu dieser Zeit nur Jagdgäste. Der Jagdinspektor, der alle Reviere des Komitates und ihre Wildbestände hervorragend kennt, dirigierte von hier aus die vielen Gäste. Jeder Gast bejagte das Revier einer Jagdgesellschaft, das von hier aus erreicht werden konnte. Hierher wurden auch die meisten Gehörne gebracht. Der für das Abkochen und für das Wiegen verwendete Raum glich einem Museum, einer kleinen Trophäenschau. So konnte im Laufe der Jahre die Entwicklung der Rehböcke der einzelnen Reviere gut verfolgt werden.

Doch es wurde noch viel mehr für den „jagdlichen Tourismus" getan: wo ein

Bock bekannt war, dessen Stangen nicht nur im Bast, sondern auch blank gefegt stark waren, wurde diesem große Aufmerksamkeit zuteil, um ihn dann kurz nach dem Aufgang der Bockjagd dem ersten guten ausländischen Gast, der die gewichtige Summe seines Abschusses zu bezahlen bereit war, vor die Büchse zu stellen. Mein Freund, der Jagdinspektor des Komitates hielt die Zügel straff in der Hand. Nach Möglichkeit musterte er die starken Böcke noch vor der Jagdzeit selber mit seinem Spektiv. Meines Wissens war er damals außer mir der einzige Jäger, der bei uns dieses kaum zu entbehrende optische Werkzeug zum Ansprechen des Alters und Gehörnes von Rehböcken benutzte. Wenn er sagte, er habe den Bock angesprochen und sein Gehörn sei über fünfhundert Gramm schwer, dann konnte man sich darauf verlassen.

Erwartete er einen Gast, von dem er sicher wußte, daß er ein „guter" Jagdgast war, also mit viel Geld und wenig Zeit, der Kapitalböcke zu schießen gedachte, so ließ er es die „glücklichen Besitzer", die Jagdgesellschaft mit Kapitalböcken wissen. Man müßte die betreffenden Böcke im Auge behalten.

Zum besseren Verständnis der Situation muß ich erklären, daß es nicht gleichgültig ist, welchen Gast man auf welchen Bock führt! Denn die Abschußgebühr des erlegten Rehbockes wächst progressiv mit dem Gewicht des Gehörnes. Das Wiegen des Gehörnes zwecks Verrechnung ist vierundzwanzig Stunden nach dem Abkochen fällig. Von diesem Gewicht verliert die Trophäe im Laufe des späteren Eintrocknens etwa zehn Prozent. Das Wiegen des abgekochten Gehörns muß jedoch in der Praxis zum vorgeschriebenen Zeitpunkt erfolgen. Deswegen ist der Abschuß von Kapitalböcken keineswegs billig. Abgesehen davon haben Kapitalböcke auch einen Seltenheitswert.

Ich hatte einen lieben deutschen Jagdfreund, der nicht nur hervorragende Jagdbücher schrieb, sondern auch von der Jagd viel verstand: Hubert Behr. Wir haben viele schöne gemeinsame Jagdtage erlebt. Er schrieb einmal in einer deutschen Jagdzeitschrift, daß das „gefährlichste" Wild auf Erden der ungarische Rehbock sei. Das war vor mindestens fünfzehn Jahren, als die Abschußgebühren noch viel niedriger waren als heute. Er meinte damit, daß bei uns die Abschußgebühren des Rehbockes nach Gehörngewicht festgesetzt sind und man beim Schätzen des Gehörngewichts des lebenden Rehbockes draußen im Revier sehr wohl hereinfallen kann. Nicht nur, daß man sich beim Ansprechen der Stangenstärke, die den überwiegenden Anteil des Gehörngewichtes ausmacht, allzu leicht irren kann, sondern auch bedenken muß, daß das spezifische Gewicht der Knochenmasse der Gehörne verschiedener Böcke sehr unterschiedlich ist. Das Gehörn eines Bockes, das wir auf fünfhundert Gramm schätzten, kann wegen seines leichten spezifischen Gewichtes, beispielsweise nur vierhundert Gramm wiegen. In diesem Fall freut sich der „Abschußnehmer". Doch auch der umgekehrte Fall kann eintreten!

Der Jagdinspektor erwog alle Gesichtspunkte immer gründlich und wählte demgemäß Gäste und Böcke aus. Er berücksichtigte auch, wieviel der Jagdgast vom Ansprechen der Böcke verstand. Die „Auchjäger" schickte er grundsätzlich auf solche Böcke, die er selber angesprochen hatte, damit Fehler möglichst vermieden werden sollten. Denn es ist keine leichte Aufgabe, Alter und Gehörn des Rehbockes richtig anzusprechen. Bei Kapitalböcken ist das meistens noch schwieriger. Denn sie erhalten gewiß den „Minuspunkt" bei der Trophäenbewertungsstelle, wenn sie keine 7 bis 8 Jahre aufweisen. Dann ist die Abschußprämie der Jagdgesellschaft dahin, das viele Geld geht in den Wildbewirtschaftungsfond. Doch in diesen Revieren, in denen überwiegend das Rehwild erst vor kurzem heimisch wurde, besaßen die Jäger und damals sogar auch die Berufsjäger noch wenig Erfahrung im Ansprechen und meistens auch nicht die dazu notwendigen optischen Hilfsmittel.

Ich verzeichnete es also als große Ehre und Anerkennung unserer jagdlichen Erfahrungen, als uns der Inspektor die Anweisung gab:

„Fahrt heute nachmittag ins Revier X. Um 16 Uhr erwartet Euch der Jagdmeister der Jagdgesellschaft bei der Schranke der Bahnlinie bevor Ihr in die Ortschaft kommt. Er organisiert alles. Man steht an zwei Kapitalböcken, schaut sie Euch an. Wenn sie passen, schießt sie."

Das war klare Sprache, mit Ausnahme von „man steht an zwei Böcken".

„Was bedeutet denn dies? Bei uns stehen nur die Hunde das Wild vor!"

„Bei uns steht man auch an Böcken! Noch dazu sind es Menschen! Fahrt nur, Ihr werdet schon sehen!"

Tatsächlich erwartete uns der Jägermeister nachmittags um vier Uhr an der bezeichneten Stelle. Er stieg in unseren Wagen; denn man konnte auch in diesem in den Revierteil fahren, wo man an einem der Böcke stand. Es sollte ein überaus starker Bock sein. Das Gehörn sei abnorm, hätte oben irgendeine riesige Verdickung. Nie hatten die Jäger einen solchen Bock vorher gesehen. Niemand hatte eine Ahnung, wie schwer wohl dieses Wundergehörn sein könnte. Das Gesicht des Jägermeisters erheiterte sich sichtlich, als ich ihm sagte, daß unser Gast den allerschwersten Bock zu schießen gewillt sei, wenn er auch alt genug sei.

Die Entfernung in den Revieren der Tiefebene sind sehr groß. Das Revier scheint endlos zu sein. Wir fahren zwischen riesigen Luzerne- und Getreideschlägen. Hie und da ein mit Mais frisch bestelltes, glatt gewalzenes kahles Feld. Darin, wie schwimmende Schiffswracks, eine Ruine eines ehemaligen Gehöftes mit einigen Akazien, manchmal sogar ein noch bewohntes Gehöft, dessen Besitzer das nach der Einführung der großflächigen Landwirtschaft sinkende Schiff seiner gewesenen Existenz noch nicht verlassen hatte. Und überall Rehe, die sich hier nach dem Schwinden der Kleinfelderwirtschaft angesiedelt hatten, einzelne Böcke und kleinere Sprünge. Doch wir halten nicht. „Die sind nicht interessant“, sagt der Jägermeister, „schade, mit ihnen die Zeit zu vertrödeln, – den Bock mit dem dicken Gehörn sollen wir uns ansehen, der lohnt es! Den, an welchem man steht!“

Wir fahren also auf dem ausgefahrenen, jetzt trockenen und glatten Feldweg immer weiter ins Revier, wo man außer den Rehen auch überall rammelnde Hasen und inmitten ihres Harems einherstolzierende Fasanenhähne mit roten Rosen und Federbüscheln am Kopf sieht. Dies ist eine nicht nur mit Rehwild, sondern auch mit Niederwild besonders gesegnete Gegend.

„Jetzt kommen wir schon in die Nähe!“, sagt der Jägermeister, als wir einen auf der verfallenden Ruine eines Gehöftes sitzenden Jäger erblickten. Als er uns sieht, steht er auf und gibt uns mit nach unten gerichteten Händen ein Zeichen. „Es ist in Ordnung! Der Bock ist niedergetan!“ übersetzt uns der Jägermeister.

„Wieso? Wer ist denn das?“

„Das ist eines der fünf Mitglieder der Jagdgesellschaft, die heute früh mit dem Revierjäger mitkamen, um am Bock zu stehen. Schauen Sie nur, dort auf dem Strohschober sitzt ein zweiter, die anderen ringsherum um dieses große Gerstenfeld, den Einstand des Bockes. Sie müssen ihn ständig im Auge behalten, wenn er hoch wird. Dann weiß man, wo er sich befindet, wenn der Gast ankommt.“

Der „Jagdgenosse“ auf dem Heuschober machte dieselben beruhigenden Handbewegungen. Die Gerste war schon so hoch gewachsen, daß man den sitzenden Bock auch von hoher Warte nicht mehr sehen konnte, doch präsentierte er sich sofort, wenn er hoch wurde. Wir armen „Abschußnehmer“ hätten also lange warten müssen, bis der Bock hoch zu werden geruhte! Doch hier denkt man, und vielleicht auch mit Recht, daß die ausländischen Jäger nicht so sehr um des Jagens willen zur Jagd kommen, sondern um möglichst starke Gehörne in möglichst kurzer Zeit einzusammeln. Deswegen wurde diese überaus nützliche, auch hervorragend organisierte Methode entwickelt.

Unter der Akazienallee, welche das Gerstenfeld begrenzte, erwartete uns ein Gespann mit einem gelben Sandläufer (ungarischer Kutschwagen) und zwei Braunen. Es war das Gespann der benachbarten Landwirtschaftsgenossenschaft, das zu diesem Anlaß ausgeliehen worden war. In diesem Augenblick steigt der Berufsjäger im Jägerrock mit grünem Aufschlag und Glas von der nächsten Akazie und meldet dem Jägermeister:

„Da drüben in Richtung des Gehöftes mit der einzelnen Pyramidenpappel sitzt der Bock in der Senke, etwa vierhundert Schritt von hier entfernt. Vor einer halben Stunde wurde er hoch und äste ein wenig, dann tat er sich wieder nieder. Es ist sicher, daß es der Bock mit dem großen Knubbel im Gehörn ist.

Alle Wächter haben ihn gesehen. Schon bei Sonnenaufgang bummelte er im Gerstenfeld und verließ es den ganzen Tag nicht! Das Gehörn ist sehr stark, besonders eigenartig ist der große Klumpen. Ich kann nicht klug daraus werden, nicht einmal durchs Glas!"

Wir besteigen den Wagen. Der Jägermeister sitzt neben dem Kutscher auf dem Kutschbock, um bessere Rundsicht zu haben, wir beide auf dem Hintersitz, H. mit seiner Kipplaufbüchse, ich aber mit Kamera und Teleobjektiv und meinem nie fehlenden Spektiv. Der Jäger aber steigt zurück auf seine Akazie, um uns von da aus dirigieren zu können und den Bock im Auge zu behalten, sollte er das Weite suchen.

Nun haben wir den Rehbock richtig umzingelt und uns gesichert! Er wird uns kaum entkommen, es sei, wir pardonieren ihn. Wir nahmen uns streng vor, daß wir ihn vor dem Schuß genau ansprechen würden. Wir wollen uns nicht übereilen, es ist ja auch nicht notwendig. Nur sehr bedacht, langsam, langsam!

Wir sind noch kaum fünf Minuten im Gerstenfeld gefahren, dessen Halme laut hörbar unter den Wagenrädern knacken, als der Jäger auf dem Baum wild mit den Armen fuchtelt. Dann wird halbrechts, kaum zwanzig Schritt vor den Pferden entfernt, der Bock hoch. Wie ein Hase aus der Sasse und flüchtet schräg von uns weg. Zwischen seinen Stangen ein zweifaustgroßer Klumpen.

Zunächst schieße ich ihn hochflüchtig mit dem Tele auf eine Entfernung von etwa 50 Schritt. Ihn zu begutachten werden wir sicherlich noch Zeit haben, wenn er sich beruhigt hat. Das tat er auch. Auf hundertfünfzig Schritt verhofft er und bummelt vertraut im Getreide. Nun fixieren wir ihn mit den optischen Instrumenten. Im Körperbau zeigt er einen jüngeren Bock, vier, fünf Jahre alt, darüber waren wir uns mit Hans sofort einig. Dies schien auch der Gesichtsausdruck zu bestätigen. Nun wollen wir uns das Gehörn ansehen. Was könnte denn diese komische Wucherung daran sein? Was war es? Unsere stark vergrößernden Gläser zeigten sofort sein gutes, weit ausgelegtes, jedoch nicht kapitales Sechsergehörn und darauf oben einen zusammengeballten Sackstreifen, in den er sich wahrscheinlich beim Fegen irgendwo verwickelt hatte! Dies bestätigt auch das Foto ganz genau. Mittels unserer Gläser überzeugten wir auch den Jägermeister und ließen dann lachend den Bock stehen. Der andere, „vor dem man steht", der wird bestimmt ein „Richtiger" sein!

Inzwischen wurde auf der anderen Seite des großen Schlages auch ein Bock hoch, der mit dem Spektiv auf mehrere hundert Meter angesprochen, alt, stark im Wildpret war und ein hohes, gutes Gehörn zeigte.

Fahren wir hin, sehen ihn uns näher an!

Der Bock zeigte sich außerordentlich vertraut, obwohl er reif und alt war und die Gefahr des „Minuspunktes" bestimmt schon hinter sich gebracht hatte. Er ließ uns mit der Kutsche auf kaum achtzig Schritt heranfahren und bummelte in der Gerste. Wir aber kritisierten ihn lauthals. Alter? Wir waren uns einig, eher sechs, als fünf, könnte auch im Glücksfall sieben haben. Also wäre er eigentlich jagdbar. Das Gehörn? Hoch genug, fünfundzwanzig, sechsundzwanzig Zentimeter. Die Enden verhältnismäßig kurz, doch ein regelrechter Sechser, aber Stangen und Rosen sind gut. Das Gehörn hat ganz bestimmt vierhundert Gramm, kann aber auch vierhundertfünfzig haben, mehr aber kaum! Bis wir uns geeinigt hatten, machte ich von ihm einige Aufnahmen.

„Darf er geschossen werden?", fragte ich den Jägermeister.

„Bitte, wenn er paßt!"

Ich sehe fragend auf H. Doch war er an stärkeren Böcken interessiert.

„Nein!", sagte er bestimmt.

„Fahren wir", trieb der Jägermeister an. „Gleich schwindet das Büchsenlicht. Man steht auch vor dem anderen Bock!"

Wir fuhren also Trab zum Auto, schüttelten den Jägern die Hände und brachten unser Bedauern zum Ausdruck, daß der „vorgestandene" Bock nicht alt und stark genug war, bedankten uns für ihre Hilfe und fuhren zum nächsten Bock.

Nach etwa fünfzehn Kilometern Fahrt kamen wir beim auf uns wartenden Gefährt an. Doch dies war nicht mehr der traditionelle Kutschwagen, sondern ein der Jagdgesellschaft gehörender sehr praktischer Geländewagen mit Vierrad-Antrieb. Dieser Kraftwagen war für den Transport geschossenen Wildes ein viel eher brauchbarer Geländewagen, als zum Pürschenfahren auf Rehböke. Denn er war ein hinten geschlossener, sogenannter „Fourgon", zum Transport von Häftlingen und Leichen gebräuchlich. Zu meinem Glück bin ich noch nie in solch' einem Wagen gereist, die Not zwang mich jetzt erst dazu. Mein Freund, der „Abschußnehmer", und der Jägermeister als Hauptakteure des Schauspiels, bekamen Plätze vorn neben dem Führersitz, ich als „Mitfahrer" hinten im Kasten mit meinen photographischen und optischen Klamotten. Der Wagen hatte einen einzigen Vorteil: durch die sich nach hinten zweiseitig öffnenden Türen konnte ich bequem einsteigen. Dann wurden sie geschlossen, ich war wie gefangen. Ich hatte gerade noch Zeit, mich über die „Gefechtslage" zu orientieren, bevor ich in mein Gefängnis einstieg.

„Wo steht man denn am Bock?", fragte ich den Jägermeister.

Er zeigte in westlicher Richtung, wo hinter einem großen, mit Kukuruz frisch bestellten Feld sich mehrere gewaltige Weizenschläge ausbreiteten.

„Sie sind dort ringsum der Weizenfelder. Da hat der Kapitale seinen Einstand. Der Berufsjäger wartet an der nächstliegenden Ecke des Weizenfeldes auf uns. Jetzt fahren wir direkt zu ihm!"

Wir staubten hin, in fünf Minuten waren wir beim Jäger. Der fuchtelte mit den Armen, als er uns kommen sah.

„Da drüben steht der Bock im Weizen, auf etwa fünfhundert Schritt Entfernung. Sehen Sie ihn denn nicht?" Die Frage war an uns gerichtet und nicht besonders schmeichelhaft; denn die untergehende Sonne bestrahlte den im grünen Halmenmeer breitstehenden, im Gebäude sehr starken, hellgrauen Bock, der wundervoll vom Hintergrund abstach. Sein Gehörn: eine wahrhaftige Krone im flachen Sonnenlicht mit langen, weißen Enden. Wir griffen zu unseren Gläsern.

„Er sieht nicht gerade sehr alt aus!", sagte ich zu H. auf deutsch, denn erst wollten wir die Sache unter uns besprechen. „Ich denke, er ist alt genug, um geschossen werden zu können. Ein Bengel ist er ja bestimmt nicht mehr! Doch scheint mir das Gehörn eher verdächtig: so ein helles Gehörn mit den sehr langen Enden zeigt im flachen Licht vor dem grünen Hintergrund meistens mehr, als was es dann hält!".

„Von hier siehr er sehr gut aus, doch sehen wir ihn uns noch von näher an! Eigentlich dürften wir auch schon aus Rücksicht auf unsere Gastgeber bei diesem Bock nicht passen!", sagte H. Der Bock mit dem hohen Gehörn und seinen langen Enden gefiel ihm offensichtlich.

Der Jägermeister und der Revierjäger beteuerten, daß der Bock sicherlich hochkapital sei, das Gehörn weit über fünfhundert Gramm.

„Erst wollen wir ihn aus der Nähe sehen!" Wir fuhren den Bock an, wieder ins Getreide, quer durch. Doch der Bock war nervös und wenig vertraut, auf zweihundertfünfzig Schritte sprang er schon ab. Dieses Geschehen wurde uns, dem Revierjäger und mir, die wir hinten in dem Kasten saßen, vom Fahrer konferiert, da wir dort nur hin und her geschleudert wurden, ohne irgend etwas sehen zu können.

Nach einer Flucht von einigen hundert Metern verhoffte der Bock und ließ uns auf hundertfünfzig Meter heranfahren. Ich stieg hinten aus, photographierte erst den Bock, dann nahm ich ihn durch das Spektiv eingehend unter die Lupe.

„Die Stangen und Enden sind nicht dick. Er hat bestimmt keine fünfhundert Gramm!"

„Wir können unseren Gastgebern nicht antun, auch diesen nicht zu schießen!" sagte H. in seiner Muttersprache. Die prahlende Krone hatte es ihm angetan.

„Dann schieß ihn doch!", sagte ich. „Doch nicht jetzt, denn weit hinten ist ein Gehöft in Schußrichtung."

Der Bock schien aber schlechte Erfahrungen mit dem Fourgon gesammelt zu haben. Er löste die Situation in Kürze, sprang wieder ab und flüchtete im Halbkreis weit an die westliche Seite des Weizenschlages. Wir alle kletterten wieder in den Wagen und versuchten, ihm den Weg abzuschneiden.

Dann bremste plötzlich der Wagen und blieb stehen. Ich stieß die Tür auf und sprang hinaus, um zu sehen, was passiert war; da stand der Bock im Weizen breitseits, allerdings sehr weit, auf etwa 300 Schritt, H. zielte vom Sitz aus auf ihn.

„Du wirst doch nicht auf diese Entfernung schießen?" Doch kam die Frage zu spät. Auch der sonst sehr gesetzte H. wurde vom Jagdfieber gepackt. Schon brach der Schuß, der Bock zeichnete mit einer langen Flucht nach vorne und ging hochflüchtig ab. Er brach jedoch nicht, wie erwartet, zusammen, sondern suchte hinkend, mit schlenkerndem Vorderlauf das Weite.

Heiliger Hubertus! Er hat einen Laufschuß! Fahren wir zu, um ihn ja nicht aus dem Auge zu verlieren, sonst kommt er nie zur Strecke! Nach zehn Minuten rasender Fahrt stoppte der Wagen wieder plötzlich: der Bock war von der Verfolgung müde geworden und verhoffte auf einen Augenblick. Dann fiel ein Schuß, wieder windende Fahrt über den holprigen Acker. Der Bock war schon wieder flüchtig, als der Schuß fiel. Die Kugel ging daneben, die Fahrt weiter!

Dann stand der Wagen wieder, auch der Motor wurde abgestellt. Die Hetze war zu Ende: wir hatten den Bock verloren! Er war in nördlicher Richtung in einer Senke verschwunden. Und wo waren wir jetzt? Schon im vierten riesigen Weizenfeld vom Anschuß weg! Der feuerrote Sonnenball war schon an den Horizont gesunken, wir hatten höchstens noch eine Viertelstunde Büchsenlicht! Vermutlich hatte sich der ermüdete Bock niedergetan. Dadurch verloren wir ihn aus den Augen.

Schnell, suchen wir ihn, vielleicht finden wir ihn noch, bevor es dunkel wird. Wer weiß, wohin er in der Nacht zieht, wir finden ihn dann nie in diesem Weizenmeer! Schweißhunde gibt es nämlich in diesen reinen Feldrevieren überhaupt nicht.

Wir hinten im Fahrzeug können nur registrieren, daß der Wagen in großen Schleifen herumfährt. Dann bleibt er plötzlich stehen. Ich springe heraus, um etwas zu sehen. Etwa zweihundert Schritt vor uns hinkt der Verwundete auf drei Läufen vor uns weg. Wir hatten das Glück, ihn wiederzufinden, er wurde vor dem Wagen hoch. Doch ist schon kaum mehr Licht. Jetzt oder nie! H. verfolgt seine Flucht vom Vordersitz aus mit aufgelegter Büchse, so daß er sofort schießen kann, sobald der Bock verhofft. Dies tat er dann auch, weil er sehr ermüdet war. Die erlösende Kugel warf ihn in die Weizensaat. Wir waren froh, daß sein Leiden ein Ende genommen hatte. Das Gehörn hatte tatsächlich viel mehr gezeigt, als es später hielt.

So jagten wir auf „starke" Böcke, „ an welchen man stand"!

Frühjahrsjagd auf Gänse

Die Tage der Frühjahrsjagd auf Wildgänse liegen schon sehr lange zurück, als die urwüchsige Puszta noch nicht von Maschinenungeheuern zum Graben von Kanälen und Bauen von Dämmen durch und durch zerrissen wurde, um aus den flachen, „wilden Wässern" häßliche, quadratische Fischteiche zu bauen, um aus den tiefer gelegenen Binsen-Niederungen Reisfelder und um die endlose Grassteppe mit ihren nur auf dem alkalischen Boden gedeihenden Gräsern in bewässerte Kulturwiesen und Ackerflächen umzuwandeln.

Damals war die Hortobágy noch die richtige magyarische Puszta! Man konnte mit dem pferdebespannten Wagen kreuz und quer, von Nord nach Süd und von Ost nach West durch sie fahren und sah kaum anderes, als die dem Meer ähnliche, endlose Grassteppe und darüber den riesengroßen, hohen Himmel. Der Mensch fühlte sich nirgends so winzig, so klein wie ein Staubkörnchen, als in der Puszta der Hortobágy! Die endlose Weite der flachen Ebene wirkt schier erdrückend. Der Wagen kroch sichtlich ziellos, wie eine einzelne, verlorene Ameise durch diese Welt und wurde nur vom Stand der Sonne oder der Sterne, aber vor allem vom sich nie täuschenden Orientierungsvermögen des in der Puszta heimischen Kutschers geleitet. Denn dem Fremden ist die Puszta überall gleich, ihm fielen nur Straße und Bahnlinie auf, die, von Debrecen nach Tiszafüred führend, die Puszta durchschneiden. Es gab dort nirgends ein Hindernis vor den Pferden, man mußte nur die Niederungen und Binsenflächen umfahren, sonst konnte man geradewegs die Pferde lenken, wie man wollte.

Hier und da sah man am Horizont einen „Wald", auf einer hutgroßen Fläche gewachsene verkrüppelte Akazien, deren Stämme von den Rindern, die in ihrem Schatten der Hitze der Mittagssonne entwichen, blank gescheuert wurden. Anderswo ein einzelner, schilfbedeckter Stall oder ein nur aus Schilfwänden gebauter Windschutz für das Vieh, daneben die kleine Hütte der Hirten, ebenfalls aus Schilf errichtet. Und sonst noch Ziehbrunnen, einige auch mit doppeltem Gestell. Das Hirten- und Reitervolk der Magyaren hatte diese schon in uralten, nebelverhüllten Zeiten in den Steppen Asiens benützt, bei der Landnahme vor tausend Jahren mitgebracht und bis zum heutigen Tag beibehalten. Was man in der Puszta in der Sommerzeit überall sah, waren Pferde-, Rinder und Schafherden, im Herbst und Frühjahr bei ihrem Durchzug hier rastende Millionen von Wildgänsen und Wasservögeln.

So war die Hortobágy auch noch vor kaum dreißig, vierzig Jahren. Seitdem hat die sich überstürzende, gefräßige Zivilisation diese letzte Scholle des vieltausendjährigen Hirtenlebens, das vielleicht letzte Stück unverfälschter magyarischer Erde in ihren Griff bekommen und zu ihrem eigenen, häßlichen Bild geformt. Wer damals die Hortobágy noch gesehen hat, erkennt sie jetzt kaum wieder: man findet nicht mehr die Seele der Puszta! Unsere letzte Hoffnung: daß die zum Nationalpark erklärte Hortobágy ein Stück ihrer Seele noch zurückbringen kann. . .

Inzwischen ist die Vogelwelt in der Hortobágy beträchtlich ärmer geworden, insbesondere die nordischen Gänse, hauptsächlich die Blässgänse. Besonders in der Herbstzeit gibt es noch welche, doch die Grassteppe, die Weidefläche der Gänse, schrumpfte auf ein Minimum zusammen. Anstelle der „Wilden Wässer" gibt es jetzt kleinere Fischteiche, wo die Gänse kaum mehr nächtigen, weil sie sich zwischen den Dämmen auf den kleinen Wasserflächen nicht in Sicherheit fühlen. Die Hortobágy wurde geändert, damit änderten sich auch die Jagdmethoden auf sie, solange man sie überhaupt noch bejagen konnte. Im Herbst äst der Großteil der Gänse heute auf den weit entfernten Saaten und nicht mehr auf den noch gebliebenen kleinen Grasflächen. Die Gänse kommen tagsüber zur Tränke und verbringen die Nächte auf den „großen Fischteichen", die mitten in der Hortobágy gelegen eine Riesenfläche von etwa fünftausend Hektar einnehmen. Dahin ziehen sie abends in unerreichbaren Höhen und morgens wieder so hoch hinaus, wenn nicht der Jäger besonderes Glück hat, daß es Nebel gibt, der die ziehenden Gänse in Schußnähe hinunterzwingt.

Alle Gänse der Hortobágy massieren sich also jetzt hier, ihnen folgten auch die Jäger. Doch konnten sie der klugen Gänse nicht Herr werden. Denn sie flogen in unerreichbarer Höhe über Dämme und Schilfpartien, so daß sie der Schrothagel kaum erreichte, und sie setzen nur über der großen Wasserfläche zum Landen an. Viele Schüsse der auf den Dämmen stehenden Jäger. Vielleicht fällt eine von hundert beschossenen Gänsen geflügelt herunter. Sie flüchtet ins Schilf oder auf die offene Wasserfläche. Auch der beste Hund kann wenige der geflügelten Gänse apportieren, der Großteil wird die Beute von Fuchs und Seeadler.

Ich bin nie ein Freund solcher Jagden gewesen! Mir machte die mit großem Patronenaufwand geschossene Gans keine Freude, um so weniger, als der Großteil verloren ging. Warum soll ich sie schießen, nur vernichten, wenn ich kaum Hoffnung habe, sie auch zur Strecke zu bringen? Und dann kamen sie meistens nur spät abends auf die Fischteiche gezogen.

Man hörte sie eher, als daß man die Keile der Gänse schwingenrauschend über sich hinwegziehen sah. Man schoß nur gefühlsmäßig hinauf. Wenn man etwas von ihnen in dieser Finsternis noch sehen konnte, dann waren sie auch meist in Schußentfernung. Und wenn der Schuß zufällig Leben faßte, dann sah der Jäger von seinem Auge blendenden Mündungsfeuer erst überhaupt nichts, und eräugte nur später die aus der Finsternis herabfallende Gans. Diese fiel aber oft ins Schilf oder noch lebend ins Wasser. Er schickte ihr den schon müden Hund umsonst nach; auch diese Gans ging verloren.

Anscheinend meiden die im Frühjahr gen Norden zurückziehenden Gänse die Hortobágy in letzter Zeit fast vollständig. Sie finden die weiten Grasflächen mit den vielen größeren und kleineren Tümpeln nicht mehr. Dennoch kommen in jedem Frühjahr einige Flüge an, vielleicht sogar einige Tausend, doch diese halten nur kurze Rast, ruhen kaum aus und ziehen in Kürze weiter gen Norden, zu ihren Brutstätten.

So gibt es keine Möglichkeit, keine Gelegenheit mehr, für eine der schönsten Jagdarten, zur frühjährlichen Gänsejagd in der Hortobágy, abgesehen davon, daß heute das Wasserwild im Frühjahr glücklicherweise schon Schonzeit genießt. Früher gab es noch viele, viele durchziehende Gänse – ihre Zahl ging in die Millionen nur in der Hortobágy – und die wenigen, die die Jäger erlegten, machten überhaupt nichts aus, wie auch das Verschwinden keiner einzigen Wildart aufs Konto der Jäger geschrieben werden kann! Den sagenhaften Reichtum des Wasserwildes Europas hat nicht der Jäger, sondern die sich immer mehr ausbreitende Zivilisation zerstört . . .

Der heutige Jäger kennt die Gänsegrube nurmehr vom Hörensagen. Die alten Jäger sind ausgestorben, jene, die in der Hortobágy geboren wurden und in der Puszta lebten. Sie verfolgten den ständigen Wechsel des Zuges der Gänse und wußten, wann, wohin und wie die Grube gegraben werden mußte. Mit ihnen und mit dem Wandel der Hortobágy starb auch die besondere Methode der Gänsejagd aus.

Es war gegen Mitte März, als der „Hortobágyer Express“ mit viel Pfeifen und Blasen an einer kleinen Station inmitten der Hortobágy mit uns endlich hielt. Die Station, ein Wächterhaus mit der Aufschrift „Gyökérkut“ auf einer großen Tafel, wurde von den ungarischen Staatsbahnen sehr wahrscheinlich nur wegen der Gänsejäger unterhalten, die als Reiseziel das Pusztawirtshaus

Frühjahrsrehe

So pürscht man oft in Ungarn auf den Bock!

Mit den langen, hellen Enden hatte er freilich stark geprahlt

„Meggyes“ hatten. Denn andere Sterbliche stiegen ja kaum hier inmitten der Puszta in das Züglein ein oder aus.

Der Zug wartete auch, wie es schicklich ist, bis wir den Berg des Gepäcks dreier Gänsejäger aus ihm herausgezerrt hatten. Erst dann setzte er seinen Weg mit vielem Pfeifen in Richtung Debrecen fort.

Als wir ausstiegen, mußten wir uns gleich gegen den Nordwind stemmen. Er kam vom nördlichen Hochland und ging durch Mark und Bein, weil der vielleicht nur in der Hortobágy ohne irgendwelche Hindernisse nach Belieben blasen konnte. Er trieb auch dickbäuchige, graue Wolken vor sich her, aus welchen winzige Regentropfen gegen unsere Gesichter peitschten. Eine nicht eben freundliche Begrüßung. Sie aber ist dem uns erwartenden „Bátschi“, Józsi Czinege nur recht. Eine große gegenseitige Freude mit vielem Händeschütteln, auf die Schulter schlagen begann. Hatten wir doch viele gemeinsame Jagdtage erlebt, zusammen gehaust, uns seit dem Herbst nicht mehr gesehen. Wir konnten aber auch stolz auf die Freundschaft mit Józsi Bátschi sein, mit der er durchaus nicht jeden Besucher auszeichnete. Józsi Czinege war ein richtiger, uriger Sohn des magyarischen Steppenlandes! Seine Brüder, sein Vater, Großvater und sicherlich auch schon sein Urgroßvater waren Hirten in der Hortobágy gewesen. Auch er, bis er sein Domizil in der Meggyes-Csárda aufschlug. Csárda, „ein Gasthaus an der Straße“. Es wurde auf der Kuppe einer flachen Erhebung inmitten der Puszta vor sehr langer Zeit erbaut. Denn bevor die feste Straße durch die Hortobágy Ende vorigen Jahrhunderts gebaut wurde, führte der Weg, die Hauptverbindung zwischen Debrecen und Füred an der Theiß hier vorbei. Es kehrten damals hauptsächlich Wanderer in der Csárda ein, die mit bespannten Wagen fuhren, hier übernachteten oder nur ihren Pferden den Hafer gaben. Der große Dichter Petöfi, Mitte vorigen Jahrhunderts, kam auch mal hier vorbei. Sein Andenken bewahrt heute noch eine Steintafel, die in die Wand der Csárda eingelassen ist. Die breite Fahrbahn vor der Csárda existiert heute noch, zur Regenzeit im Frühjahr und Herbst versinken die Wagenräder bis zu den Achsen im tiefen Dreck des alkalischen Bodens. Doch heute ziehen Wagen und Wanderer dort nicht mehr entlang, kehren nicht mehr in den Meggyes ein. Nur ein Hirte ist es manchmal, der auf ein Glas Wein oder einen Schnaps und ein paar Worte über die Schwelle tritt. Auch die Post, wenn es zufällig welche gibt, kommt nur wöchentlich zweimal hierher. Vom weit gelegenen Tiszafüred bringt sie ein berittener Bote durch Schnee und Schlamm.

Was seine Beschäftigung betraf, war Józsi Czinege also Wirt in der Meggyes-Csárda. Da er aber davon kaum existieren konnte, bebaute er ein kleines Feld von einigen Morgen mit einem Paar Füchsen und einem Bauernwagen. Vor allem verstand er sich auf etwas Besonderes: das Grubengraben. Das war jedoch nicht nur, daß er eine Gänsegrube vorschriftsmäßig ausgraben konnte.

Dies konnte auch ein „Laie“, dem es gezeigt wurde, wie man’s macht. Sein besonderes Wissen war jedoch, wohin man in dieser, dem Meere ähnlichen Puszta die Gruben graben mußte, gerade dahin, wo eben die Gänse zogen!

Sobald diese in der Hortobágy angekommen waren, war Józsi Batschi Tag für Tag auf den Beinen. Er beobachtete das Verhalten der Gänse, auf welchem Tümpel sie in großer Zahl übernachteten, wo sie auf der Grassteppe am liebsten ästen, wo und bei welcher Witterung ihre Luftwechsel entlangführten. Nur dann, wenn er all dies festgestellt hatte, machte er sich ans Ausgraben der Gruben. Gemäß der ungeschriebenen Gesetze der Hortobágy waren diese seine Gruben. Dahin durften nur seine Gäste. Es gab viele Jäger in der Hortobágy, auch einige Grubengräber, doch keiner brachte seinen Gast in die Grube des anderen. Wenn irgendein Jäger in eine fremde Grube ging, der Gast des „Grubenbesitzers“ erschien, so übergab er sie wortlos und machte sich auf den Weg, um eine andere Grube zu suchen. Doch er fand selten eine. Er konnte an dem Tag getrost heimgehen; denn es war wirklich nicht leicht, eine Grube zu finden und ohne diese, ohne jegliche Deckung, kam er sicherlich nicht zu Schuß!

Nachdem die Gänse angekommen sind, erscheinen auch immer wieder die Gäste von Józsi Bátschi. Viele sind es nicht, aber Stammgäste, passionierte Gänsejäger, die sich nur in der urwüchsigen, wirklichen Einfachheit der Meggyes-Csárda wohl fühlen.

Jeden Morgen, sehr früh vor Tagesanbruch, bringt sie Józsi Bátschi zu den weit entfernten Gruben mit seinem Wagen und den zwei Füchsen. Im Morgengrauen hört man den dumpfen Schall der Schüsse, am Abend die schönen alten ungarischen Lieder in der Trinkstube der Csárda.

Wir besteigen den Pferdewagen. Józsi Bátschi in seiner hohen Pelzmütze, in dem umgedrehten, mit dem Lammfell nach außen getragenen Schäferpelz der „Guba“, sieht wie ein dicker Backofen aus und nimmt den ersten Sitz fast völlig ein, so daß neben ihm nur einer von uns noch Platz hat. Unser Gepäck türmt sich in der Mitte des Wagens zwischen den zwei Sitzen und hinten in der Kelle. Man braucht schon viel Gepäck für eine mehrtägige Gänsejagd! Außer den Gewehren pro Kopf mindestens 800 Patronen, in Patronenkoffern und Rucksäcken, die auch sonst mit den verschiedensten Sachen bepackt sind, Gummistiefel, Glas, Kamera, Sturmjacke und warme Kleidung. Wenn uns in der Csárda die Frau von Józsi nicht mit kulinarischen Genüssen der magyarischen Küche verwöhnen würde, wir auch noch Verpflegung mitzuschleppen hätten, so wäre sicherlich nicht genug Platz auf dem Wagen!

Endlich ziehen wir los. Zunächst die Bahnlinie entlang, dann verliert sich der Weg in der Grassteppe, wir fahren quer durch die Puszta Richtung West. Soweit das Auge reicht, erstreckt sich die kaum noch grünende, brauntrockene

Grassteppe, überall Tümpel, kleine Teiche darin. Weit vor uns einige windzerzauste verkrüppelte Akazien, unter ihnen eine Lehmhütte mit Schilfdach, auf die wir Richtung nehmen. Wind und Regen schlägt in unsere Gesichter. Man kann kaum sehen, ein ekelhaftes, unfreundliches Wetter, eine unangenehme Fahrt.

Es dauert fast eine Stunde, bis wir die unbewohnte, tür- und fensterlose Hütte erreichen, die nur zur Sommerzeit den Hirten als Unterschlupf dient. Jetzt stellen wir den Wagen an die windgeschützte Seite, damit die Pferde in der Geborgenheit etwas ausruhen.

Die Hütte steht auf einem kleinen Hügel. Von hier hat das Auge auch in diesem diesigen Wetter einen weiten Blick. Wohin wir schauen, sehen wir Gänse! Überall sitzen sie verstreut in verschiedenen starken Flügen auf dem Gras, aber es gibt auch Flüge, die ständig in der Luft ziehen. Es geht mal dieser, mal jener Flug hoch, formiert sich zur Kette, zum Keil und streicht gegen den Wind, kämpft mit dessen Macht einem unbekannten Ziel entgegen. Doch warum streichen sie, für den menschlichen Verstand ziel- und zwecklos, wenn kein Mensch und auch sonst nichts sie stört?

Der Strich der Gänse ist völlig unberechenbar! Bei windstillem, sonnigem Wetter ziehen sie tagsüber meist sehr wenig und äsen längere Zeit. Manchmal streichen sie jedoch auch häufiger; wenn sie einen Wetterumschlag spüren, erfaßt sie die Unrast schon Tage vorher. Deswegen kann es der Gänsejäger nie erahnen, wenn ihm ein guter Strich zuteil wird. Doch wann der Wind über die Puszta tobt, Regen und Schlack vor sich her treibt, muß der Gänsejäger draußen in der Grube sein. Bei dem Wetter sind die Gänse unruhig, bewegen sich ständig, ziehen niedrig über dem Boden gegen den Wind. Der Jäger hat Aussicht auf gute Strecke!

Heute ist besonders viel Bewegung unter den Gänsen! Wenn man da drüben am Rande des Tümpels in der Grube säße, hätte man überreiche Ernte! Es sieht so aus, als ob die Flüge der Gänse nacheinander in bester Schußhöhe über den gleichen Platz zögen. Dem ist aber nicht so; denn wenn man dort säße, würden viele Flüge rechts und links außer Schußweite vorbeiziehen. Doch ist es eigenartig, daß die Gänse über dieser unendlichen, gleichen Weite genau solche „Wechsel“ halten, wie Rotwild oder Sauen in den Gebirgswäldern. Nur daß „Luftwechsel“ breiter sind. Und noch viel unberechenbarer!

Das ist gerade die Kunst des Grubengräbers, daß er diese, gemäß der Witterung und Windrichtung ständig wechselnden, sich auch nach dem Wasserstand und den Äsungsverhältnissen richtenden Luftwechsel kennt und beobachtet, um dann seine Gruben an den richtigen Stellen zu graben.

Die Dämmerung beginnt. Wir fahren nach kurzer Rast weiter zu der noch weit entfernten Meggyes-Csárda.

Als wir am nächsten Morgen geweckt werden, bläst der Wind nicht mehr. Es regnet aber, es ist empfindlich kalt. Wir bepacken wieder den Pferdewagen, nunmehr mit weniger Zeug, aber man braucht auch allerhand in der Grube! In pechschwarzer Nacht fährt unser Gefährt wieder in die Puszta hinaus. Außer den Pferden und Józsi Bátschi weiß keiner, wohin wir eine Stunde lang fahren, über weichen Grasboden, in den die Räder tief einschneiden, ohne Weg, ohne eine Wagenspur, durch Tümpel und Gewässer, die manchmal den Pferden bis zum Bauch reichen. Keine Dämmerung zeigt den Osten an, keine Sterne, es gibt rundum nichts als Finsternis und Regen.

Plötzlich hält der Alte die Rösser an und sagt uns im natürlichsten Ton der Welt, in stoischer Ruhe: „Hier ist die Grube!" Wie er den Weg hierher gefunden hat, weiß außer ihm niemand. Ich erkenne sie nur, als ich schon fast in sie hereingefallen wäre. Denn ich bin an der Reihe, ich bleibe in der ersten Grube. Der Wagen aber klappert mit den anderen weiter und ist sofort von der Finsternis verschlungen. Wenn der Strich um die Mittagszeit beendet ist, wird er mich abholen.

Es ist immer noch vollständig Nacht, überhaupt nichts zu sehen. Ich weiß nur, daß auf kaum drei, vier Schritte von der Grube entfernt ein größeres Gewässer liegt: die „Helle See", eine jetzt mit Wasser gefüllte weite Niederung. Und weit draußen auf der Wasserfläche ist der Chor des Geschnatters von ungezählten Gänsen zu hören.

Doch die Zeit des Striches ist noch längst nicht da, darum mache ich es mir in der Grube bequem. Die gute Gänsegrube muß auf dem Erdboden eng, drinnen und unten jedoch weit sein. Die obere Öffnung darf nicht breiter als Schulterbreite, etwa 70 cm haben und nicht länger als höchstens einen Meter sein. Denn wenn die Öffnung größer wäre, würden die Gänse sie von oben eräugen. Doch wenn die Öffnung auch noch mit Rasenplatten belegt wird, gleicht sie sich so ihrer Umgebung an, daß man sie nur aus nächster Nähe sieht. Die Gänse erst, wenn sie schon über der Grube sind.

Freilich muß der Rasen in der Umgebung der Grube genauso aussehen wie anderswo. Das heißt, daß das Erdreich, welches aus der Grube herausgeschaufelt wird, nicht ringsherum verstreut werden darf! Auf keinen Fall bleibe dort auch nur ein Erdklumpen! Was macht der Grubengräber mit der Erde, wie läßt er sie verschwinden? Sehr einfach: wenn es irgend möglich ist, so gräbt er die Grube direkt am Wasserrand und schaufelt das Erdreich mit einem Schwung hinein ins Wasser! Doch sickert dann das nahe Wasser oder das Grundwasser nicht in die Grube? Bestimmt nicht, denn diese harte, alkalische Erde ist so wasserundurchlässig wie ein Fels. Sie läßt das Wasser bestimmt nicht durch. Doch wenn es regnet, dann reicht der Dreck dem sitzenden Jäger bis Knöchel oder Waden. Viel mehr Arbeit gibt es, wenn kein Wasser in der Nähe ist. Da bleibt nichts anderes übrig, als die auf eine Zeltplane geschaufelte Erde mit dem Wagen oder mit einem Korb fortzubringen. Die Grube weitet sich nach unten aus. Man hat genügend Platz, den wasserdichten Patronenbeutel, den Rucksack mit Verpflegung, Glas, Kamera und andere Sachen so zu ordnen, daß man nicht ständig darauf herumtritt, und besitzt auch genügend Bewegungsfreiheit.

Auf einer schmalen Seite der Grube, gegenüber der Richtung, woher das Gros des Striches erwartet wird, beläßt der Grubengräber eine treppenartige Sitzgelegenheit. Mit deren Hilfe kann man in der Grube von Schulterhöhe bequem ein- und aussteigen. Der Sitz ist so hoch, daß das Auge des Jägers von mittlerer Größe der Erde gleichkommt. Es ist wirklich wahr, es sieht der Gänsejäger die Welt aus der „Froschperspektive"!

Stroh wird auf den Erdsitz und auf den Boden der Grube getan, damit es vor Nässe und Dreck schützt. Doch bald ist das Stroh unten und der Dreck oben!

In die rechte Ecke gegenüber dem Sitz stecke ich einen mitgebrachten Stekken mit gegabeltem Ende und lehne die Läufe meiner guten alten, engschießenden Sauer Cal. 12 gegen die Astgabel. Denn wenn ich sie einfach in die Ecke lehnen würde, so könnte Dreck von den Wänden der Grube in die Läufe hineinfallen und Unheil stiften. Ebenso kommt die Kleinkaliberbüchse mit dem kleinen Zielfernrohr in die linke Ecke. Diese ist sehr nützlich, um die geflügelten Gänse zur Strecke zu bringen. Einen Apportierhund mit in die Grube zu nehmen, wäre eine Quälerei für den vierbeinigen Helfer. Er wäre auch beim Schießen in der engen Grube im Wege.

Es regnet und regnet. Endlich wandelt sich das Schwarz der Nacht, ein heller Strich zeigt sich am östlichen Horizont. Das Schnattern der Gänse auf der Wasserfläche vor mir verstärkt sich, doch gehen sie noch nicht hoch. Nur das Sausen von Entenschwingen über mir wird immer häufiger. Doch ist vorläufig noch nichts von ihnen zu sehen. Dann sind sie schemenhaft zu erkennen, doch kommen sie von Westen her, wo der Himmel noch vollständig schwarz ist. Nach Osten zu könnte ich schon schießen, doch bin ich in der engen Grube nicht wendig genug dazu. Und außerdem ziehen besonders die Stockenten schon paarweise. Obwohl sie noch Jagdzeit haben (im Jahre 1944!), möchte ich zur Frühjahrszeit nur Erpel schießen. Doch diese kann ich im schlechten Licht noch nicht ansprechen.

Dann versuche ich es doch mit den pfeilschnell heranstreichenden Kricken. Bei zwei Enten liegen meine Schrote dahinter, erst die dritte fällt mausetot in großem Bogen weit hinter mich. Ich weiß es nicht, wieviel ich vorgehalten hatte, aber sehr viel war es, drei, vier Meter sicherlich.

Doch jetzt kommen die Gänse. Man hört sie in weiter Front rufen, rechts und links ziehen die Flüge außer Schußweite vorbei. In der Ferne höre ich die Schüsse der beiden Freunde.

Endlich nimmt ein Flug Richtung auf mich, doch ziemlich hoch. Ich ziehe auch meinen Kopf in die Grube und verfolge mit dem Gehör ihr Näherkommen. Als sie über mir sind, stehe ich ruckartig auf und schieße auf die erschrokkenen hochsteilenden Gänse. Die erste fällt mit lautem Klatschen in meiner Nähe ins Wasser.

Es ist schon ziemlich hell, als ich aus weiter Entfernung ein Getöse vernehme, das dem Dröhnen eines Sturmes gleicht. Wer nie das rauschende Schwingenschlagen der vielen, wie auf ein Kommando hochgehenden Gänse gehört hat, wie sie mit den Flügeln auf die Wasserfläche schlagen, der würde glauben, daß ein Schnellzug über eine Eisenbrücke fährt. Genau so hört es sich an! Dann ist die Luft mit ohrenbetäubendem Geschnatter erfüllt, einem zusammenfließenden Geschrei, das ständig stärker wird, wenn sich die Flüge der Gänse nähern. Ringsherum, soweit das Auge reicht, ist der Himmel von zehntausenden, nein, vielleicht von hunderttausenden von Gänsen voll! Wenn sie hoch gehen, scheint es ein fürchterliches Durcheinander zu sein, doch die Scharen ordnen sich in Minuten. Sie ziehen hinaus auf die Grassteppen zur Äsung.

Von dieser gewaltigen Menge kommen viele Keile auch über meine Grube gezogen, doch die meisten viel zu hoch, daß es schade um Pulver und Blei wäre. Auf solche, die in der Grenze der Schußhöhe zu sein scheinen, schieße ich mit großem Patronenverbrauch, doch nur wenige Gänse fallen. Einige schlagen doch die Schwingen zusammen. Zwei fallen mit gebrochenen Schwingen. Die erste Geflügelte erreicht das Kleinkalibergeschoß, die andere verliert sich in der Dämmerung, bevor sie zu Boden kommt. Drei werden von den Schüssen aus der Kette geschleudert. Ich verfolge sie mit dem Glas und versuche, die Richtung zu merken, wo sie zu Boden kamen, um sie später finden zu können.

Es wurde eine riesige Menge Gänse hoch, daß ich zunächst glaube, es sind keine mehr auf dem Wasser, der erste Morgenstrich sei zu Ende. Doch es verbleiben immer noch Gänse; denn noch zwei, der ersten Welle ähnlich stark, ziehen vom Wasser. Es ist schon viel heller. Sie ziehen noch höher als ihre Vorgänger, als sie meine Grube erreichen. Auf einige, die niedriger zu sein scheinen, versuche ich es. Aber nur eine kommt wie ein Stein herunter.

Die Gänse sind zu den Weideflächen gezogen. Es gibt nun meistens eine Pause verschiedener Länge. Der Strich wird in den Vormittagsstunden meistens wieder lebhafter. Die Pause benutze ich zum Einsammeln der Gänse. Doch bevor ich die Grube verlasse, stelle ich meinen großen Patronenbeutel, der 150 Stück Munition faßt, auf den Rand der Grube. Ich kann ihn dann aus jeder Entfernung sehen und so zur Grube zurückfinden. Die Gänse, die in der Umgebung der Grube liegen, auch die mit dem Kleinkaliber geschossenen, finde ich leicht. Doch kann ich die zweite Geflügelte nirgends entdecken.

Die, welche angeschossen weit entfernt zu Boden gingen, suche ich mit dem Glas. Man kann sie dann auf sehr weite Entfernung sehen, wenn sie auf dem Rücken liegen. Die eine finde ich besonders leicht; denn dort sitzt ein großer Vogel auf dem Boden. Das Glas zeigt mir den riesigen alten Seeadler mit strohgelbem Schnabel und schneeweißem Stoß. Er rupft etwas, das ist meine angeschossene Gans, an der er sich gütlich tut! Die Hauptnahrung der hier zur Zugzeit in der Hortobágy häufigen Seeadler sind die angeschossenen oder verendeten Gänse. Die Adler finden sie eher als der Jäger. So auch mein Adler! Er hatte die Brust der Gans schon verzehrt, darum belasse ich ihm auch den Rest. Die zweite Gans finde ich auch. Die dritte entdecke ich, als sie außer Schußweite abstreicht, offensichtlich krank, doch mit schnellem Flug.

Die Federn der Gänse werden an der Grube schön geordnet, glattgestrichen. Dann werden sie rund um die Grube aufgestellt. In guter Voraussicht habe ich nämlich in die Hortobágy einige gegabelte Stecken mitgebracht. Man setzt die geschossene Gans auf den Boden und drückt ihren Hals in die in den Boden gestochene Astgabel. So sieht sie mit erhobenem Kopf aus, als ob sie Wache hielte. Es wird dann noch ein Wachposten aufgestellt. Den anderen Gänsen drücke ich den Schnabel so in den Boden, als ob sie äsen. Nun sieht die kleine Schar sehr natürlich aus. Sie werden die vorbeikommenden Gänse, insbesondere die einzelnen und die Paare anziehen. Man muß nur darauf achten, daß sie gegen den Wind sitzen. Es ist bekannt, daß dies ihre Gewohnheit ist, damit ihnen der Wind nicht das Gefieder zerzaust. Ich werde schnell mit meiner Arbeit fertig, dann beeile ich mich, in der Grube zu verschwinden.

Es regnet immer noch. Windstill ist es auch, die Gänse fliegen vormittags kaum. Doch sieht man rundherum stets einige in der Luft, aber kein Flug kommt schußgerecht. Auch die Flinten meiner Freunde sind still. Außer den Gänsen sieht man viele Entenarten streichen, vor allem Stock , Krick und Knäkenten, aber auch Löffel-, Spieß- und Tafelenten. Besonders die Erpel sind wundervoll in ihren prächtigen Brautkleidern! Es gibt auch Unmengen anderer Vögel, besonders Kampfläufer, Kiebitze, Brachvögel mit ihrem melancholischem Flöten, das so gut in die Stimmung der Puszta paßt.

Plötzlich höre ich ein sausendes Zischen von Schwingen hinter mir: ein kleiner Wanderfalkenterzel, der eleganteste aller Greifvögel, verfolgt eine Krickente in unheimlicher Fahrt. Ein Schauspiel, das einem den Atem verschlägt! Der Falke versucht immerfort, Höhe zu gewinnen und über die kleine Ente zu kommen, um sie im Sturzflug herunterzustoßen, doch weiß dies auch die Ente und strebt nach oben. Als sie ein wenig Vorsprung hat, stürzt sie sich aufs Wasser, schlägt mit großem Klatschen auf die Oberfläche und ist sofort getaucht. Peregrinus, der Wanderer, jedoch steilt in die Höhe, zieht elegant einen Halbkreis, streicht flach über den Boden mit schnellen Schwingenschlägen und sitzt schon steil aufgerichtet, als ob nichts geschehen wäre, auf einem Maulwurfshügel.

Drüben verfolgen sich zwei Hasen, sie spüren schon den Frühling. Ich bin so in das Beobachten der Hasen vertieft, daß ich auf zwei sich mir nähernde Gänse nur auf ihr leises „Gespräch" hin aufmerksam werde. Ich ziehe den Kopf ruckartig in die Grube und greife zur Flinte. Als sie über mir sind, stehe ich blitzschnell auf und schieße auf die erste. Ich sehe nur im Winkel meines Auges, daß sie fällt und suche sofort die zweite, die in die Höhe steilt. Doch es ist zu spät, ich bin schneller, der linke Lauf bringt auch diese herunter. Ich ziehe mich instinktiv zusammen, weil sie direkt auf mich zufällt, doch klatscht sie dann neben mich auf den Boden.

Ich freue mich über die gut gelungene Dublette, den Höhepunkt des heutigen Striches. Damit ist er auch zu Ende. Stundenlang kommt keine Gans mehr schußgerecht. Nur der Regen fällt pausenlos und verwandelt meine Grube in ein regelrechtes Schlammbad, ich bin bis zu den Ohren dreckig und durchnäßt. Meine Patronen sind geschwollen (damals waren Plastikhülsen noch weit unbekannt), ich kann sie kaum in meine Flinte hineinbekommen. Es wäre gut, diese nasse Grube zu verlassen. Doch bin ich bis zur Rückkehr des Wagens ihr Gefangener.

Endlich, es ist schon gegen Mittag, sehe ich unseren Wagen am Horizont. Am Rande der Erde sieht er wie ein wandernder Käfer aus. Dann nimmt er meine Freunde auf, schließlich kommt er zu mir. Józsi Bátschi grüßt vom Bock des Wagens aus dem Schafspelz: „Anzig-manzig!"

„Was soll denn das bedeuten?", frage ich ihn überrascht, denn das ist der magyarischen Sprache vollkommen fremd.

„Ich weiß es auch nicht, aber ich habe es von deutschen Jägern gelernt, die vor drei Jahren hier jagten. Die begrüßten sich so irgendwie!" Damit habe auch ich die hortobágyer Version von „Waidmannsheil" gelernt!

Auch die Strecke meiner Freunde war nicht größer, dennoch hatten wir den Wagen voller Gänse und kamen durchgefroren und naß im Meggyes an, um uns zu trocknen und zu wärmen.

Am nächsten Tag versuchten wir es wieder in der Gegend des „Fényestó", doch schossen wir auch nicht mehr Gänse. Der Regen fiel ununterbrochen, der Wind blies scharf; es war ein Wetter, bei dem man keinen Wachhund hinausgeschickt hätte. Doch Gänse waren viele da, „wie der Rauch", wie der in der Hortobágy Geborene zu sagen pflegt. Und zwar deswegen sagt er dies, weil, wenn am Rande des Horizontes ein Schwarm von Gänsen hochgeht, es aussieht, als ob Rauch aufstiege.

Zur Mittagszeit, als wir die heiße Gulaschsuppe löffelten, sagte Józsi Bátschi, daß die Gänse jetzt auf den „See des Kun György" viel besser zögen. Er hatte dies den ganzen Vormittag lang beobachtet, da wäre viel mehr los. Wir sollten unser Quartier in das Haus des Straßenwächters verlegen, von da wäre der Gänsestrich bequemer zu erreichen. Wir machten uns auch sofort auf den Weg, als wir den letzten Happen geschluckt hatten. Wir waren schon öfters dort, da hatten die Gäste und die Pferde von Józsi Bátschi stets ein Quartier.

Am Abend kamen wir an, vor Morgengrauen saßen wir schon an diesem großen Wasser, wo Józsi vorher Gruben gegraben hatte. Es gab Frost, die kleinen Tümpel waren von einer dünnen Eisschicht überzogen. Der schneidende Nordwind peitschte Wellen auf dem Wasser des großen Teiches. Ich habe in meinem Leben selten so viel und so lange gefroren wie an den beiden Morgen und Vormittagen, die wir in den dortigen Gruben verbrachten. Es gab viele Gänse; wir waren mitten in der Zugzeit, vielleicht wurden es auch von Tag zu Tag mehr. Wir schossen Gänse, der eine vier, der andere sogar zwölf an einem Morgen und Vormittag. Aber es gelang uns nicht, einen guten Strich zu erwischen. Nun ist es so, daß je schlechter der Strich und je höher die Gänse ziehen, man zu viele Patronen verschwendet. Unser Patronenvorrat ging ziemlich zur Neige, der Schnapsvorrat war gänzlich hin! Deswegen entschlossen wir uns nach zwei Tagen, in die Csárda im Meggyes zurückzukehren. Dort gab es auch nicht weniger Gänse, aber viel Schnaps, die feine Kost der Frau von Józsi fehlte uns auch sehr . . .

Vor Dämmerung des fünften Morgens glänzen die Sterne im riesigen Himmelszelt. Der Windhauch vom Süden bringt warmes Frühlingswetter und Schnepfenstrich-Stimmung. Doch wo sind heuer noch die Langschnäbel, obwohl der Kalender schon den 20. März anzeigt? Jedenfalls ist das Wetter zum Schnepfen- und nicht zum Gänsestrich geeignet!

Wir besetzen wieder unsere alten Gruben ringsum den „Hellen See“ und erleben den Strich der Gänse, wie sie bei Tagesanbruch vom Wasser zur Äsung ziehen. Doch auch heute machen wir keine bessere Strecke als unlängst; ich selber gebe nur vier, fünf Schüsse in große Höhen ganz ohne Erfolg ab.

Dann erlebe ich eine der prächtigsten Farbenspiele der Natur, den Sonnenaufgang in der Puszta.

Doch die Lerche steigt jetzt trillernd in den Himmel und versetzt mich im Nu zurück in die Wirklichkeit. Denn drüben, aus östlicher Richtung, also aus der entgegengesetzten, als frühmorgens, kommt ein Flug Gänse nach dem anderen niedrig über den flachen Damm des Arkus-Kanals in südwestliche Richtung gestrichen. Diese unerwartete Chance muß genutzt werden, nur schnell hin, damit ich nicht zu spät komme.

Ich fülle meine Taschen mit Patronen, lasse alle Sachen in der Grube, vergesse jedoch nicht, den Patronenbeutel auf den Grubenrand zu stellen, und renne, so schnell ich kann, zum flachen Damm des Kanals. Die Gänse streichen immerfort, ein Flug nach dem anderen, doch einige hundert Schritte seitlich von mir. Ich laufe geduckt in der spärlichen Deckung des Dammes, um ihren Wechsel abzuschneiden. Plötzlich höre ich deutlicher das Geschnatter heranziehender Gänse. Ich werfe mich auf den Bauch, sie sind schon über mir. Ich springe auf, sie steilen erschrocken empor, beng-beng! Doch keine fällt, als wenn die Patronen nicht mit Schroten geladen gewesen wären.

Doch kommt schon der nächste Flug, etwas seitlich, ich laufe vor und erwarte sie knieend. Bei der ersten halte ich eine Ganslänge vor. Auf den Schuß wirft sie den Kopf auf den Rücken und fällt. Die erschrockenen Gänse schwenken nach oben und seitlich. Also mit dem linken Lauf weniger vorhalten und mehr nach der Seite hin. Die zweite Gans fällt im Schuß.

Dann kommen neue Flüge, einer nach dem anderen. Ich laufe ihrem sich nähernden Geschnatter gemäß hin und her. Ducke mich dann plötzlich, schieße, dann wieder rennen. Da ist der nächste Flug schon über meinem Kopf, ich treffe eine mit dem linken Lauf, der rechte Schuß lag dahinter. Aus dem nächsten Flug fallen zwei, dann wieder nur eine – auf Gänse ist eine Dublette keine so sehr einfache Sache!

Dieser unerwartete Strich dauert kaum eine halbe Stunde. Ich weiß nicht, wieviel Gänse ich geschossen, nur, daß ich diesmal keine geflügelt oder angebleit habe. Überall liegen sie auf dem Gras herum, die eine auf dem Bauch, die andere auf dem Rücken: ihre hellen Brüste leuchten weithin im Sonnenschein. Auf einer Strecke entlang des Dammes von etwa fünfhundert Schritt sammle ich elf Gänse auf und trage sie zusammen.

Es kommen keine Gänse mehr, so habe ich Muße, in der wärmenden Frühlingssonne sitzend eine Zigarette zu rauchen. Es war ein wunderbares Erlebnis! Die Gänse kamen herangestrichen, als ob sie auf ein Kommando losgelassen worden wären! Ich beobachte nun mit meinem Glas die Weite der Puszta, den Strich der Gänse. Sie ist flach wie die See, man sieht in dieser klaren Luft sehr weit. Überall sind Gänse in der Luft. Kleinere und größere Flüge, in Keilformation oder Kette. Dann wird ein großer Flug hoch. Es scheint wahrlich, als ob am Horizont eine riesige Rauchfahne aufsteigt. Dann gehen sie wieder auf der Steppe nieder. Wer könnte sagen, wie viele es in solcher Schar sind?

Ein großer Flug ruht südlich von mir um einen Hügel herum, einer von den vielen, die vor einem Jahrtausend von den Nomadenhirten im Tiefland östlich der Theiß als Wachhügel erbaut wurden. Scheinbar ist dort das Gras saftiger, die Weide besser. Jetzt wird westlich von mir eine gewaltigen Schar hoch, doch sehr weit. Erst in einem anscheinend ungeordneten Haufen, dann sich formierend, ziehen sie näher, um endlich einzufallen. Die Entfernung zwischen den beiden Scharen könnte kaum drei Kilometer betragen.

Nun beginnt ein emsiges Kommen und Gehen zwischen den beiden Scharen. Da weiß ich ja eine Grube, unter ihrem Luftwechsel! Dieser Tage bin ich in ihr gesessen, kann sie auch finden, denn sie ist auf einer kleinen Erhebung neben einem Tümpel. Józsi Bátschi hatte mir sein „Zeichen", eine umgedrehte Erdscholle vierzig Schritt in östlicher Richtung gezeigt. Außerdem führt auch unsere damalige Wagenspur daneben vorbei. Ich packe meine erlegten Gänse mit beiden Händen an den Hälsen und beeile mich, in die Grube zu kommen. Die elf Gänse sind verdammt schwer, mehr als dreißig Kilo. Wie schlecht es ist, sie so zu tragen! Mal rutscht die eine weg, mal die andere. Ich habe weder einen Galgen, noch einen Bindfaden; denn ich war ja nicht auf das Schleppen der Gänse vorbereitet. Doch komme ich endlich dort an. Die Grube liegt gerade unter ihrer Fluglinie. Ich habe das Glück, sie sofort zu finden, wie gut, daß ich mir alles genau eingeprägt habe, werfe die Gänse hinein und verschwinde selber auch von der Oberfläche der Erde, denn es kommen schon Gänse auf mich zu.

In meinen Taschen habe ich nur noch einige Patronen, die anderen sind im Patronenbeutel bei der anderen Grube. Die Gänse streichen niedrig. Zwar streichen viele seitlich, außer Schußweite vorbei, doch kommen auch viele über die Grube. In kaum einer Viertelstunde sind meine Taschen leer, acht Gänse liegen um die Grube herum. Die andere Grube mit meinen Patronen ist etwa einen Kilometer entfernt. Es nützt nichts, ich muß hin! Ich springe heraus, sammle schnell die Gänse, werfe sie auch in die Grube und laufe los.

Endlich bin ich wieder da. Ich nehme alle Gänse aus der Grube, ordne mit Hilfe der gegabelten Stöckchen die Gänse schnell um die Grube herum. Dann schnell zurück. Mit einem Sprung bin ich vom Erdboden verschwunden, als hätte mich die Erde verschluckt!

Neue Gänseflüge kommen. Ich muß mich ständig in der engen Grube drehen, mich ducken und drücken. Die meisten streichen niedrig, sie kommen ja nicht von weit her, weshalb sollten sie hoch streichen, wenn kein Hindernis, keine Deckung, keine Gefahr vor ihnen ist. Nur, wenn sie über die Grube kommen, das dunkle Loch eräugen, stieben sie erschrocken zur Seite, doch dann ist es schon zu spät! Die größeren Flüge kümmern sich kaum um meine Lockgänse. Jedoch die kleineren Flüge, besonders die einzelnen, Anschluß suchenden Gänse werden angezogen. Doch wenn mehrere kommen, ist es schon fast eine Kunst, aus der Grube eine Dublette zu schießen. Meistens kommen die Gänse seitlich, man muß sich in der Grube ducken, die so eng ist, daß sie den Schützen in seinen Bewegungen arg behindert. Wenn man geduckt den ersten Schuß abgibt, so ist dieser leicht und meistens auch sicher; denn die Gänse haben den Jäger noch nicht eräugt und die Flugrichtung nicht gewechselt. Auf den Schuß werfen sie sich so blitzschnell zur Seite und in die Höhe, daß die

Wand der Grube ihn beim zweiten Schuß behindert. Man muß also aufspringen und mit dem linken Lauf schnell und flink schießen, aber mit gänzlich anderem Vorhaltemaß. Die Gänse steilen und drehen zu gleicher Zeit. Vor allem ist es besonders schwierig, aus dieser ungewohnten Perspektive unter dem riesigen Himmelsgewölbe, wo man keinen Stützpunkt hat, die Entfernung und Fluggeschwindigkeit der Gans, und damit das Vorhaltemaß zu schätzen. Wenn sie mit dem Wind kommt, fegt sie über den Jäger hin, er muß viele, viele Meter vorhalten. Wenn sie aber gegen den Wind ankämpft, dann scheint sie in der Luft zu stehen, und dann hält man viel zu viel vor und schießt vorne vorbei. Der allerschwerste Schuß ist, wenn der Wind die Gans seitlich drückt, weil man dann nicht nur vor-, sondern auch zur Seite vorhalten muß! Wenn der Jäger vor dem Schuß in der Grube aufsteht, damit er sich frei bewegen kann, werfen sich die Gänse sogleich zur Seite, oft geht dann auch schon der erste Schuß vorbei. Wer es noch nicht versucht hat, wird es mir kaum glauben: Ich halte das Schießen der Gänse aus der Grube für die hohe Schule des Schrotschießens!

Mittag ist vorüber, der Strich der Gänse läßt nach. Weit am Horizont kriecht der Wagen und klaubt meine Freunde auf. Ich zähle die Gänse, nachdem ich einige in der Nähe gefunden habe. Achtundvierzig Gänse sind meine heutige Strecke, fast alle Blässgänse, doch sind auch einige kleine Zwerggänse dabei. Das Gefieder gleicht fast genau dem ihrer größeren Verwandten. Auffallend für die Zwerggans ist der leuchtendgelbe Augenring, ein zitronengelber Hautring, der die Augen umgibt. Es lag keine Saatgans zur Strecke, ich habe auch keine einzige hier in diesen Tagen gesehen. Meine Freunde machten auch gute Beute, der eine schoß fünfzehn, der andere sogar zwanzig, ich hatte wohl den besten Anflug bei diesem großen Gänsestrich.

Vor der Abfahrt zum Strich am nächsten Morgen teilen wir noch brüderlich den Rest unseres Patronenvorrates. Es sind genau fünfundsiebzig Stück pro Jäger. Alles Schrot Nummer fünf, drei Millimeter. Diese Patronen benutzen wir meistens nur auf Gänse. Wenn man damit nicht sehr hoch schießt, so sind sie am besten. Sie verursachen einen größeren Schock. Mit dickerem Schrot schießt man auch bei näheren Schüssen viel zu Holze. Die angebliche Jägerweisheit, daß man die Gans nicht von vorn beschießen darf, denn die Schrote dringen nicht durch den dichten Federpanzer, ist ein Irrtum. Ganz im Gegenteil! Man muß die anstreichende Gans im Stich, in die Brust schießen. Dann treffen die Schrote viel eher lebenswichtige Organe. Die von hinten beschossenen Gänse, wenn sie nicht ganz nahe waren, streichen meist schwer angebleit ab und verludern.

Das Wetter hat sich heute wieder gründlich geändert, es bläst wie am Tage unserer Ankunft. Es geht ein fast stürmischer, durch die Knochen dringender Nordwind. Vielleicht schon ein Hauch des Frühlings, wir haben Ende März.

Heute sitzen wir alle in den Gruben am Rande des „Hellen Sees“, in guter Sichtweite voneinander, was hier jetzt 400 bis 500 Schritt bedeutet. Der Frühmorgenstrich vom See heraus ist gleich Null. Es waren kaum Gänse auf dem See, was nicht verwunderlich ist, da ja der Sturm einen ständigen Wellengang auf der Wasseroberfläche verursacht. Die Gänse jedoch übernachten nur auf stillen Gewässern gern.

Wir denken schon, daß der heutige Strich beutelos vergeht und unsere letzten Patronen übrigbleiben, als gegen sechs Uhr früh aus südliche Richtung, gegen den Sturm, die Gänse ziehen! Ein Keil nach dem anderen kommt, soweit der Blick reicht. Auf unsere Schüsse steilen sie hoch, geraten durcheinander, ordnen sich wieder und setzen ihren Weg fort, den anderen Flügen nach.

Die Läufe meiner Flinte werden in einigen Minuten heiß. Meine beiden Freunde schießen auch, ich sehe ihre Gänse fallen, weit vorher, bevor ich den Knall ihrer Flinten vernehme.

Der erste Schuß ist leicht auf die gegen den Sturm ankämpfenden Gänse. Fast muß man darauf bedacht sein, daß man nicht gewohnheitsmäßig vorhält. Man muß ihr nur auf den Kopf halten, und sie fällt wie ein Stein. Doch der zweite Schuß! Wenn sie im Schreck nach oben steilen und ihre Bäuche dem Wind voll zugewandt sind, dann drückt er sie gleich nach hinten zurück. In diesem Augenblick erreichen sie die Schrote schon nicht mehr! Man muß sich sehr mit dem zweiten Schuß beeilen und gut über und hinter die Gans halten! So verschieße ich auch eine Menge Patronen erfolglos, bis mir die eine oder andere Dublette gelingt. Dann geht es besser, ich weiß nun, wohin ich mit dem linken Lauf halten muß.

Der Patronenvorrat nimmt erschreckend ab, die Gänse kommen unentwegt. Ich habe nicht einmal Zeit, die geschossenen zu sammeln, sie liegen rings um die Grube. Das scheint heute die anderen nicht zu stören!

Es ist kurz vor acht Uhr, ich habe alle meine Patronen verschossen! Meinen Freunden scheint es auch so gegangen zu sein. Sie schießen nicht mehr, ich sehe sie aus der Grube steigen und ihre Gänse einsammeln. Ich tue es auch. Zweiunddreißig beträgt meine Strecke.

Dann gehe ich hinüber zu den Freunden. Der eine hat dreiunddreißig, der andere ebenfalls zweiunddreißig wie ich.

Wir sitzen dann gemeinsam am Rand der einen Grube auf den Wagen wartend und beobachten erstaunt den gewaltigen Gänsestrich. Ungefähr bis zehn Uhr, also vier Stunden lang zogen die Gänse ohne Unterlaß. Dieses einmalige faszinierende Schauspiel der Natur wird uns immer in der Erinnerung bleiben!

Sauhatz

Ich möchte der Geschichte dieses Keilers diese Überschrift geben, obwohl weder Sauhunde noch blanke Waffen zum Einsatz kamen, diese Jagd dennoch eine einmalige wilde Hetze wurde, die mir unvergessen geblieben ist.

Ich habe immer viel Freude und Spaß am Folgen von Fährten gehabt. Jagdlich kann man dadurch ein Revier bestens kennenlernen, sei es bei dem Folgen von Schweißfährten oder auch der Gesundfährten, wenn man beispielsweise irgendwo einen starken Keiler in seinem Lager geweckt hat, der aber schlauer war als die vorgestellten Schützen, und man nun versucht, im Schnee seiner Fährte zu folgen, um ihm wieder irgendwo einkreisen zu können. Vorweg möchte ich bemerken, daß dies in den seltensten Fällen gelingt. Denn wenn hochgemachte oder gar beschossene Sauen, insbesondere alte Keiler, dann auf Reisen gehen, dann hängt einem die Zunge abends zum Hals heraus, die Sau aber ist noch immer unterwegs.

Man lernt aber die Wechsel und insbesondere die Fernwechsel im Revier kennen. Und schließlich weiß man dann erst Bescheid, wo bei Nachsuchen oder Treibjagden die Schützen anzustellen sind, oft mit verblüffendem Erfolg. Verblüffend für jene, die von diesen Dingen wenig Ahnung haben.

Insbesondere die Fernwechsel sind ein mysteriöses Phänomen: oft seit Jahrhunderten oder Jahrzehnten benutzt, von vielen Generationen der betreffenden Wildart. Woher kennen oder wissen dies die einzelnen Stücke, zumal inzwischen oft Wälder gerodet, Straßen, Bahnlinien gebaut wurden? Aber solche Fernwechsel werden doch immer wieder angenommen.

Als ich die Verwaltung des großen Reviers übernahm, gab es nur östlich einer Straße, die etwa in der Mitte die Nord-Süd-Achse bildete, in dem sandigeren, mehr mit zusammenhängenden Waldungen bedeckten Revierteil Schwarzwild. Im westlichen Teil mit überwiegend Lehmboden und kleinen, verstreuten Wäldern war es nicht Standwild. Ich hatte auch die feste Absicht, es dort nicht heimisch werden zu lassen. Erstens wegen des Wildschadens, den das hier überall stehende Rotwild schon verursachte, und zweitens, weil diese Revierteile geradezu ideal für Niederwild waren. Bekanntlich aber verträgt sich Niederwild nicht mit Schwarzwild, weil es jedes Fasanengelege und jeden Junghasen als besondere Delikatesse frißt.

Es war Winterzeit, ich weiß nicht mehr in welchem Jahr. Aber damals hatte ich noch gewiß keine grauen Haare im Schnurrbart. Der Revierjäger eines dieser „Lehmbodenreviere", ein hagerer, ungemein zäher alter Mann, meldete, daß ein einzelner Keiler mit sehr starker Fährte in seinem Revier öfters eine Gastrolle gäbe.

Das Revier hatte eine größere Waldpartie mit mehreren schon durchforsteten Eichendickungen, die aus in Reihen gesetzten Pflanzungen hervorgegangen waren, viel Hochwald und darin verstreut einige Dickungen. Diese Waldpartie verband eine zwischen Feldern verlaufende schmale Waldzunge, die in etwa 200 Meter Länge nur von einem Streifen von Buschwerk – ich glaube, das ist dasselbe, was man in Holstein „Knick" nennt – gebildet wurde mit einem kleineren Wald, in dessen einer Ecke eine noch sehr dichte Fichtenpflanzung stand.

Wir kannten die Sauenwechsel in diesem Revier nicht, zumal wir ja noch nie hier eine Sau bejagt hatten.

An einem schönen Januarmorgen mit nur 2 bis 3 Zentimetern Neuschnee, der auf eine dickere Schicht älteren Schnees gefallen war, fuhren wir mit dem von zwei Braunen gezogenen und dem passionierten Jagdkutscher Pista gefahrenen Schlitten und dem Revierjäger in die besagte Ecke. Eigentlich hatten wir nicht die Absicht, den Einzelgänger-Keiler zu bejagen, sondern überhaupt nur zu sehen, was im Revier los war. Denn gelbkehlige Baummarder gab es in diesem gesegneten Jagdbann auch.

Aber es kam anders: plötzlich und unerwartet kreuzten wir die nagelfrische Morgenfährte des Keilers über eine Schneise. Ihre Richtung zeigte zu der größten Eichenpflanzung, etwa 20 Hektar im Rechteck, die schon ziemlich hoch, doch noch nicht durchforstet, somit einigermaßen Deckung bot, aber auch teilweise schon sichtig war. Wir umfuhren sie: die Sau steckte drin. Nun postierte ich den Jäger auf den vermutlichen Wechsel, den Schlitten auf die längsseitige Schneise zum Beobachten. Ich selber ging die Fährte aus.

Damals führte ich als Dienstwaffe einen Drilling. Zum ersten und sicherlich auch zum letzten Mal in meinem langen Jägerleben. Gewehre mit verschiedenen Läufen sind natürlich sehr praktisch, besonders für einen Berufsjäger, der ein Hoch- und Niederwildrevier betreut, sie bleiben aber zwangsläufig ein Mittelding. Ich konnte mich jedenfalls nie mit ihm richtig befreunden. Es war ein Vorkriegsgewehr aus bester Hand, in Ferlach gebaut, jedoch noch nicht Leichtmetall und deswegen sehr schwer, ein hervorragend schießender 8x60 R. Büchsenlauf und zwei Schrotläufe Kal. 16. Ich hatte ein kleines $2^1/_2$fa-ches Zielfernrohr montieren lassen und muß zugeben, daß ich mit dem Kugellauf mit oder ohne Glas sehr sicher schoß. Auch die Wirkung des Geschosses mit Kupfermantel und Bleispitze war hervorragend. Als ich dann von meinem Freund seligen Gedenkens, Hubert Behr, einen Einstecklauf Kal. .22 l.f.B. bekam, hatte ich die richtige Universalwaffe, wenn ich auch zwei Schachteln Patronen dazu brauchte, bis das Läufchen erst einmal auf 75 Meter eingeschossen war. Aber es schoß dann Kugel auf Kugel. Besonders über dem Uhu habe ich dann geradezu Hekatomben von Nebelkrähen und Elstern damit ins Jenseits befördert.

Dies waren die Vorzüge des Drillings. Die Nachteile: zunächst, daß ich Sicherung und Umschaltung des öfteren durcheinanderbrachte, besonders wenn es schnell gehen mußte. Schlimmer war es, als ich das Kleinkalibergeschoß einem geringen Hirsch zwischen die Rippen schickte. Er nahm überhaupt keine Notiz davon. Einige Baumreihen weiter konnte ich ihm dann die richtige Kugel antragen.

Was mich aber am meisten ärgerte: mit den Schrotläufen traf ich überhaupt nichts, nicht einmal vor mir hochgehende Fasanen, die man ansonsten mit dem Hut herunterschmeißen kann. Die Flinte war schwer und kurzläufig – vollständig aus der Balance meiner sonst langläufigen und kopfschweren Flinten. Nach einigen Versuchen auf gemeinsamen Niederwildjagden, wobei alle meine Mitjäger nur schmunzelten, gab ich es dann auf und führte den Drilling nie mehr auf Jagden.

Doch zurück zur Saufährte. Der Drilling ist ja Nebensache, aber auch nicht unwichtig, wie wir sehen werden.

Wenn man eine Saufährte ausgeht mit der Hoffnung, die aus ihrem Lager hochwerdende Sau beschießen zu können, so ist man vollständig auf den Dusel angewiesen. Schon deswegen, weil man ja der Fährte folgen muß und so auch auf den Wind keine Rücksicht nehmen kann. Wenn man zufälligerweise beim Folgen der Fährte guten Wind hat, so kann man die tagsüber fest schlafenden Sauen im Kessel im Schlaf überraschen, das kommt nicht selten vor. Oder aber, wenn man langsam geht und versucht, das von einem ziehenden Stück Hochwild verursachte Geräusch nachzuahmen, die im Lager liegende einzelne Sau nicht abspringt, sich nur auf die Vorderläufe stellt oder hochwerdend neben dem Kessel bleibt, und dem Jäger nun die Gelegenheit zu einem schnellen Schuß gibt. Das sind die Chancen für den Jäger. Kommt man aber mit schlechtem Wind, so findet man nichts als das dampfende Lager.

Ich schob mich also sehr vorsichtig der Fährte nach durch die Reihen der

Die Gänse ziehen wie der Rauch

Solche „Wege“ gab es oft damals in der Hortobágy

Gänsegrube in der Hortobágy – das gibt es auch nicht mehr

Die Schar der Lockgänse neben der Grube

noch belaubten Eichenpflanzung. Alle Nerven waren zum Bersten gespannt, weil man ja nie weiß, wann und wie schnell es knallen muß. Es kamen einige Widergänge des Keilers. Jetzt wurde es ernst, der Kessel konnte nicht mehr weit sein. Die Augen schweiften ständig in der Dickung umher. Da – eine schwarze Masse – verschwommen zwischen Laub und Schnee, kaum zehn Schritt weit! Es konnte nur die Sau sein. Ich wußte nicht, wo vorn und hinten war, jedenfalls den blanken Drilling hoch. Schon sprang sie ab, schon knallte es. Aber im Knall spürte ich schon, zu weit hinten. Es ging zu verteufelt schnell, von Vorhalten war keine Rede, außerdem drehte der Keiler im Schuß.

Am Anschuß Schnittborsten, auch Wollhaar und schon roter Wildbretschweiß. Aber wenig, nur ab und zu ein Tropfen. Ich wußte genau, daß die Sau einen reinen Keulenschuß hatte. Sie ging auch hochflüchtig ab, ja freilich, ich bin zu weit hinten abgekommen.

An der Längsschneise verließ sie die Dickung. Kutscher Pista sah sie auf weite Entfernung. „Herr Chef, diese Sau ist so gesund wie ich!" sagte er.

Als die verstreute Mannschaft von insgesamt drei Mann auf dem Schlitten zusammengeklaubt war, machten wir uns an die Verfolgung der Fährte. Mit dem Schlitten ist dies in einem von einem Schneisensystem durchkreuzten Wald eine Leichtigkeit. Man muß nur in Richtung der Fährte immer eine Schneise vorgreifen. Da es hier keine anderen Sauen gab, war dies ein Kinderspiel, um so mehr, als auf der Fährte des Keilers jede 10 bis 15 Schritt ein kleiner Spritzer von Wildbretschweiß war. Meine Kugel hatte offensichtlich nur die eine Keule hinten gefaßt.

Der Keiler zog durch eine große Partie Hochwald, ohne sich zu stecken, was wir ja von ihm auch nicht erwarteten. Er nahm aber Richtung auf eine kleine, allerdings sehr verfilzte Dickung, die unmittelbar neben einer kleinen Jagdhütte lag.

Diese Hütte hatten wir an ein wunderschönes Platzerl, auf einen kleinen Hügel gebaut, nur ein 3x3 Meter großes Zimmer mit zwei Betten und daneben eine kleine Küche. Die Hütte lag mitten im Revier, in der Brunft konnte man ringsherum die Hirsche schreien hören. Die Hütte wurde eigentlich nur als Unterkunft für uns diensttuende Berufsjäger gebaut. Aber mein lieber Freund und ständiger Jagdgast, Walter Keilberg, fand solchen Gefallen an ihr, daß er jede Hirschbrunft dort verbrachte. Sie wurde deshalb auch nach ihm „Keilberg-Hütte" benannt.

Der Keiler hatte sich neben der Keilberg-Hütte eingeschoben. Wir kreisten ihn da in großem Bogen ein und machten nun den Schlachtplan: ich sollte mit dem Schlitten zur Hütte fahren, mich dort an die Ecke stellen, von der ich die Schneise in Richtung Hochwald und Dickung, vermutlich die Fluchtrichtung der Sau, aber auch die Feldkante beschießen konnte.

Die Dickung war klein, kaum 300 Meter im Durchmesser, zwei Treiber genügten, um den Keiler – auch wenn sie nicht der Fährte folgten – herauszudrücken. Ich fuhr mit dem Schlitten zur Hütte, nahm die Stränge ab, um unbedingt sicher zu gehen. Eine alte Regel, auch wenn die Pferde noch so ruhig sind, und warf ihnen einen Armvoll Heu vor. Dann postierte ich mich vor der Hütte auf dem Buckel, von wo aus ich die Senke neben der Dickung, aber auch das freie Feld gut überblicken konnte.

Kaum waren die Treiber angegangen, als, ohne daß ich vorher etwas gehört oder gesehen hätte, die Sau hochflüchtig schon mitten auf der Schneise war. Es war ein Keiler des kurzen „runden" Typs. Sie sind schwächer im Wildbret als die „langen". Ich kann mich noch genau daran erinnern, daß mir dies auffiel.

Die „Schrecksekunde", bis ich das Gewehr hoch hatte, es ging sehr schnell, aber der Keiler war doch schon am anderen Schneisenrand. Durchs Zielfernrohr war ich gut „drauf", die Höhe war richtig, aber viel, viel zu weit hinten! Entfernung gute 100 Schritt. Es gab Schnitthaar, auch etwas Wolle und Wildbretschweiß am Anschuß, aber wieder sehr wenig. Die Diagnose: Keule, aber ganz weit hinten, vielleicht nur gestreift. Die Sau fiel auch nach wenigen Fluchten wieder in Troll. Hatte sie lange Schritte! Jedenfalls hatte sie schon zwei Keulenschüsse, so eine riesenhafte Schlamperei! Schaden würden die ihr bestimmt sehr wenig. Wir hatten von jetzt an nur den Vorteil, daß sie doch etwas mehr schweißte, es war leichter, ihr zu folgen.

Kein Wunder, daß sie jetzt weit reiste. Etwa drei Kilometer ging es durch Hochwald, in dem es auch keine Chance gab, daß sie sich hier eingeschoben hätte, dann in Richtung auf eine mit Schilfniederungen durchzogene Pappelschonung am Nordrand des Waldes. Wir umschlugen sie: der Keiler steckte wieder. Er konnte einfach nicht weiter, größere Waldungen lagen in dieser Richtung vieler Kilometer weit.

Jetzt mußten wir dieselbe Sache machen. Aber wo sollte ich mich anstellen? Die Schneise, die diese Schonung begrenzte, war etwa tausend Meter lang, sehr schmal. Es hätte kaum Sinn gehabt, mich hier anzustellen. Wir kannten keine Wechsel, auch das Gelände war so, daß die Sau praktisch überall hätte kommen können. Aber dahinter war gut sichtiger Eichenhochwald ohne Unterwuchs mit einem regulären Netz von Schneisen.

Ich machte nun folgenden Plan. Der Jäger und der Kutscher gehen die Schonung durch. Sie dürfen schießen, wenn sie die Chance dazu haben. Ich würde mich an die Schneisen-Kreuzung am Rückwechsel postieren, und zwar „hoch zu Schlitten", die Pferde fahrbereit. Wenn die Sau schußgerecht käme, konnte ich ihr von oben gut die Kugel antragen. Käme sie aber zu weit, was anzunehmen war, mußte ich mit dem Schlitten ohne Zeitverlust vorgreifen und den Keiler eventuell auf irgendeiner der nächsten Schneisen abfassen.

Dies war ein sehr schlauer, sicher auch guter Plan, aber die Ereignisse kamen anders. Kaum hatte ich den dritten Zigarettenstummel weggeworfen, als mein Keiler im „Schweinsgalopp" weit drinnen, einige hundert Gänge von mir entfernt die Schneise überquerte.

Ich schlug mit der Peitsche zwischen die Pferde, die sofort auf vierten Gang schalteten und die mit der Fluchtrichtung der Sau parallel verlaufende Schneise in gestrecktem Galopp hinunterrasten. Der Schlitten pendelte dahinter wie ein Lämmerschwanz. Der Drilling hing mir jederzeit griffbereit am Hals vor der Brust.

Wir waren schon so einige hundert Schritte wie beim Wagenrennen in einer römischen Arena gefahren, mit dem rechten Auge schielte ich auf die Sau, die ich hin und wieder zwischen den Stämmen schwarz aufblitzen sah. Dann kam sie in eine Senke, die sich schräg zu meiner Schneise hinzog. Aha, jetzt nutzt sie natürlich diese Deckung aus und kommt in der Senke vor mir durch! Ich muß nur eher da sein!

Aber es gelang nicht. Wir fuhren noch immer in gestrecktem Galopp, was die Pferde hergeben konnten, als wir über den Buckel an der Senke kamen und ich sie einsehen konnte. Der Keiler war kaum mehr als dreißig Schritte rechts und schickte sich an, die Schneise vor mir in windender Fahrt zu überqueren. Ich mußte halten, um schießen zu können. Aber wie? Ich versuchte die Pferde durchzuparieren, indem ich mich mit aller Kraft in die Zügel legte. Aber das war mit dem rutschenden Schlitten noch viel schwieriger als mit dem Wagen. Ich lag fast waagrecht nach hinten gebeugt in den Zügeln, als der eine aus meiner rechten Hand rutschte, ich mit der linken Hand noch eine Schrecksekunde lang krampfhaft zog, dadurch die Pferde nach links ins Altholz drehten. Sie beruhigten sich und galoppierten mit gemäßigterem Tempo zwischen die Bäume. Weit ging die Fahrt nicht!

Am ersten Baum brach die Deichsel mit großem Krach, aber sie war aus gutem Birkenholz, das nicht splittert und die Pferde nicht verletzt. Gott sei Dank passierte den Pferden auch jetzt nichts. Nur ich fiel durch den gewaltigen Ruck fast vorn zwischen die Pferde, konnte mich aber noch festhalten und sogar noch das Gewehr vom Halse reißen, eine Patrone hineinstecken und dem jetzt schon im diesseitigen Hochwald flüchtenden Keiler, der es natürlich sehr eilig hatte, einen Salutschuß nachschicken.

Das war eine schöne Bescherung! Als Kutscher Pista angestampft kam und sie, aber nicht den Keiler sah, ließ er eine Litanei seiner ausgewähltesten magyarischen Redewendungen los. Er nahm dann die Axt aus den Ringen, die an der einen Schlittenseite zu diesem Zweck als Axthalter angebracht waren (weil man ja ohne Axt nie in den Wald fahren darf). In kürzester Zeit fabrizierte er eine neue, wenn auch nicht strichgerade Deichsel und andere Ersatzteile. In solchen „Improvisationen“ sind nicht bloß ungarische Fahrer und Monteure, sondern auch Kutscher wahre Meister.

Da es schon Mittagszeit war, hatten wir inzwischen auch ein Feuerchen im Gange und rösteten unsere Speckstücke über der Glut. Der Sau konnten wir nunmehr einen kleinen Vorsprung geben, die würde jetzt sicherlich eine weite Reise unternehmen.

Und das tat sie auch. So oft wir an den Schneisen mit dem Schlitten vorgriffen, war sie schon immer durch. Das Fährtenbild zeigte, daß sie in gestrecktem Trab mit langen Schritten Richtung nach Osten nahm, also aus diesem großen Waldteil heraus, hinüber in den sogenannten „Roten Wald“, in dem große Kieferndickungen lagen und der durch den schmalen Waldstreifen und dazwischen dem „Knick“ mit dem größeren Wald verbunden war.

Wo würde sie hinüberwechseln? Sicherlich entlang des Knicks in Deckung, doch nicht auf freiem Feld? So war es auch! Wo der Feldrand an den Knick stieß, in der Ackerfurche war der Keiler neben den Büschen entlanggewechselt, hinein – natürlich – in die große Kieferndickung.

Die Fährte auszugehen, versprach uns kaum Erfolg. Denn die Dickung war zu dicht und zu wenig sichtig. Darum stellte ich mich vor. Aber nicht auf den Rückwechsel, weil ich vermutete, daß die Sau, nun auch hier wieder angerührt, in die großen Waldungen und Haupt-Sauenreviere, die weiter in östlicher Richtung lagen, hinüberwechseln würde.

Aber das tat sie nicht! Als es ihr zu dumm wurde, daß ein Jäger sie ständig in der Dickung verfolgte, wechselte sie schließlich aus. Doch natürlich nicht da, wo wir sie erwartet hatten, sondern sie nahm den Rückwechsel in ihren ersten Einstand von heute früh und zog selbstverständlich in ihrer eigenen Fährte in der Furche am Knick zurück!

So dumm sind wir drei uns selten vorgekommen. Es ist doch dies der reinste „Mußwechsel“, und wir postierten uns irgendwo abseits! Aber wir hatten nicht damit gerechnet, daß der Keiler dahin zurückwechselt, wo er einen ganzen Tag lang so viel belästigt wurde und wo man ihn sogar mit zwei Kugeln in die Keule gezwickt hatte.

Es war Abend geworden. Wir mußten für heute die Hatz aufgeben. Wenn es aber über Nacht nicht schneit oder taut, wir die einzelnen Saufährten mit einem verwaschenen Tröpfchen Wildbretschweiß auf jede 10 bis 12 Schritt noch verfolgen können, so sind wir in der Früh des nächsten Tages wieder dahinter.

Der Wettergott hatte ein Einsehen! Die Fährte stand am Morgen genauso im Schnee wie gestern. Der Keiler war aber in der Nacht viel herumgezogen, offensichtlich kaum krank, da er nach Eicheln gebrochen und draußen im Kukuruzfeld nach zurückgebliebenen Kolben gesucht hatte. Wir konnten seine Fährte nur mit Müh’ und Not halten, denn oft vermischte sie sich auch noch mit der gestrigen. Endlich schien er in einem mit viel Unterwuchs unterstandenem Hochwald fest zu sein. Aber als wir uns anstellten, war er schon heraus. Er kannte jetzt den Rummel zu gut. Natürlich ging er wieder auf Reisen, und wohin? Wieder in die große Fichtendickung des „Roten Waldes" und benutzte seinen Wechsel entlang des Knicks.

Warte, Alter, jetzt werde ich der Schlauere sein, wenn du hier wieder zurückkommst! Da mußt du mir ja schnurgerade in die Büchse laufen! Nur war dieser Platz, wo der Knick so locker mit Büschen bestanden war, daß man hindurchsehen konnte, gute zwei Kilometer von der Fichtendickung entfernt, in der sich die Sau eingeschoben hatte. Ich kam mir irgendwie zu schlau vor!

Heute hatten wir allerdings mehr Hilfskräfte dabei, noch einen Berufsjäger und zwei scharfe Foxterrier, mit deren Hilfe wir hofften, die Sau aus der schon gestern zertrampelten Kieferndickung herauszubekommen.

Und so geschah es auch! Ich blieb im Knick hinter einem Baum stehen, zwei Jäger stellten sich auf die Schneisen am Dickungsrand, Kutscher Pista wirkte mit den Hunden als Treiber.

Ich hatte meinen Stand auch schon wegen der mir bevorstehenden langen Wartezeit mit aller Sorgfalt ausgesucht und auch gut eingerichtet, den Schnee unter meinen Füßen weggescharrt, damit man „wärmer" steht und sich, wenn nötig, geräuschlos bewegen kann. Ich stand hinter einer dicken einzelnen Eiche in der Mitte des Knicks, vor und hinter mir lockeres Strauchwerk. Aber rechts und links wuchs nur Gras, und ich hatte auf zwei, drei Meter Schußfeld. Da der ganze Knick keine fünf Meter breit war, der „Mußwechsel" an deren Rand in der Furche vorbeiführte, mußte ich, wenn der Keiler tatsächlich kam, auf nächste Nähe, aber schnell schießen. Vor mir – auf keine zwanzig Schritt – fing der Hochwaldstreifen an, den ich etwas einsehen konnte.

Es dauerte sehr, sehr lange, bis ich in weiter Ferne, Richtung Kieferndickung verschwommen das wütende Kläffen der die Sau hetzenden Hunde hörte. Dann ein schneller Doppelschuß aus der Flinte, der eine Jäger schoß mit Flintenlaufgeschoß. Aber ich traute ihm kaum zu, auf der engen Schneise die flüchtige Sau auch zu treffen. Also aufgepaßt, jetzt wird's feierlich.

Ich nahm den Drilling, den ich an einen Baum gelehnt hatte, schußfertig in die Hand – schnell nochmals die Läufe heruntergeklappt, ob sie auch geladen sind – und horchte bewegungslos. Lange Zeit Stille, eine ganze Ewigkeit. Dann das Knacken eines Astes im Hochwald. Aha, jetzt kommt er angereist! Und er kam auch! Ich sah seine dunkle Figur von vorne, sehr verschwommen im Hochwald mit starkem Unterwuchs. An Schießen war gar nicht zu denken. Aber wozu auch, er würde mir ja in die Büchse laufen.

Dann war er plötzlich da, in seinem gestreckten Troll, eine runde, mausgraue Sau, ein dicker Kasten, so nah rechts von mir, daß ich ihn fast mit den

Läufen des Drillings hätte berühren können. Ich war natürlich im Anschlag hinter dem Baum, als er erschien. Er eräugte mich auch nicht, ich war am Teller drauf und zog und zog am vorderen Abzug des Kugellaufes, aber nichts geschah. Bevor er noch auf Nimmerwiedersehen verschwand, setzte ich ihm das Flintenlaufgeschoß aus dem linken Schrotlauf hinter den Teller. Er war keine drei Schritt von mir, als er zusammensackte.

Damit hatten wir ihn endlich nach fast zwei Tagen Hatz zur Strecke gebracht. Meine ersten beiden Schüsse saßen tatsächlich ganz hinten auf den Keulen, waren mehr Streifschüsse als Wildbretschüsse und schweißten am zweiten Tag kaum mehr. Der Keiler war aber über und über mit vernarbten und auch noch eiternden Schmissen bedeckt. Nicht nur beide Waffen waren an der Austrittstelle aus dem Unterkiefer abgebrochen, sondern auch sogar die beiden Haderer beschädigt. Weil er sich in seiner Sippe nicht mehr hatte durchsetzen können, war er wahrscheinlich in dieses sauenfreie Neuland abgewandert. Wenn mich auch keine Trophäe an der Wand an diese „Sauhatz“ erinnert, so sind die Geschehnisse dieser beiden ereignisreichen Jagdtage doch tief in der Erinnerung verwurzelt.

Winterliche Pürschfahrten in Somogy

Somogy ist das größte der Hirschkomitate im Südwesten Ungarns, im Balaton-Donau-Drau-Dreieck. Achtzig Prozent der in Ungarn alljährlich zur Strecke gebrachten starken Hirsche kommen aus dieser Gegend. Ebenso die jeweiligen Weltspitzenhirsche altvergangener und jetziger Zeiten. Es ist mit Ausnahme des Mecsek-Gebirges nördlich von Pécs eine gewellte Landschaft mit mehr Feld- als Waldanteil. Nicht bloß die Felder bieten dem Wild hier überall hervorragende Äsung, sondern auch die üppigen Laubwälder mit viel Unterwuchs.

Vier Komitate liegen in diesem berühmten Dreieck: Tolna, Baranya, Somogy. In der Südwestecke, an Österreich und Slovenien zu Zala. Heute ist auch schon fast jede Feldmark Rot- und Schwarzwildgebiet, wenn vielleicht auch nicht alle als Einstand, weil der Wald fehlt, sondern als Äsungsgebiet. Das Rotwild insbesondere wandert und wechselt hier sehr viel. Man trifft ständig neue, ungesehene und unbekannte Hirsche. Eine Ausnahme ist es daher, wenn derselbe starke Hirsch in irgendeinem Revier jahrelang bekannt ist.

Das Komitat Somogy erstreckt sich vom Südufer des Balaton nach Süden bis zur Drau. Der nördliche, größere Teil ist hügelig bis hinunter zum Hügelland und den großen Waldungen südlich von Kaposvár, der Hauptstadt des Komitates. Nach Süden und Südwesten folgten sanft gewellte, sandige Gebiete, einst der Boden des Pannonischen Meeres. Auch hier gibt es seit jeher hervorragende Rotwildgebiete mit starken Hirschen, große Wälder, in denen das auch schon vor dem Kriege sorgsam gehegte Rotwild die Kriegswirren zu gutem Teil überstehen konnte. Sie wurden später dann Kerngebiete seiner großflächigen Verbreitung.

Somogyszob, Kaszópuszta, Szenta, Berzencze, Zsitfa . . . sind für den Rotwildjäger, der sich in Ungarn auskennt, wohlklingende Namen. Das Ende des „Landes Somogy", wie der Einheimische seine ausgedehnte Heimat nennt, ist, was das Rotwild betrifft, sein Herz: ein einmaliges Rotwildgebiet. Große zusammenhängende, fast unbewohnte Waldungen, deren wenige Ortschaften weit weg von den Waldrändern liegen, mit einer Ausnahme, Kaszó-puszta, einer Förster- und Jägersiedlung ohne andere Bewohner. Es ist dies ein gewaltiger Waldkomplex, der sich in verschiedener Breite auch heute noch sozusagen ununterbrochen vom Balaton im Norden bis zur Drau im Süden hinunterzieht. Hier ist genügend Platz für das Wild; es gibt vor allem einen großen Rotwildbestand, weniger Sauen und seltener Rehe, wie das in guten Rotwildrevieren meistens der Fall ist.

Schon als Kind war mir Somogyszob ein Begriff. Denn zu dieser Zeit wurde in Budapest im Landwirtschafts- und Jagdmuseum in jedem Frühjahr vom früheren Ungarischen Jagdschutzverband eine Trophäenausstellung veranstaltet. Herbert Nadler vermaß und bewertete die Geweihe höchst eigenhändig. Er war der erste, der zur Bewertung der Trophäen absolute Werte suchte und hierzu die ersten brauchbaren Formeln schuf. Seine Hirschgeweih-Bewertungsformel ist die Grundlage der heute überall angewandten Internationalen Formel. Der Unterschied besteht im wesentlichen darin, daß die Nadler-Formel den östlichen, lang- und dickstangigen Typ des Hirschgeweihes bevorzugt, während ihre „verbesserte Ausgabe", die Internationale, der starken und vielendigen Kronenbildung den Vorrang gibt.

Seine Formel war jedoch bedeutend strenger als die heute verbreitete Internationale, so daß seinerzeit immer nur zwei, drei Goldmedaillenhirsche die alljährlichen Ausstellungen zierten. Wahr ist aber auch, daß es damals viel weniger Rotwild in Ungarn gab als heute, denn von dem allgemeinen Altwerdenlassen der Hirsche konnte in jener Zeit noch keine Rede sein. Es gab infolgedessen viel weniger Kapitalhirsche als heutzutage! Doch unter den mit der Goldmedaille prämiierten wenigen Hirschgeweihen von über zweihundert Nadlerpunkten stammten in jedem Jahr mit einer naturgegebenen Regelmäßigkeit Geweihe von Somogyszob, Kaszó-puszta und Szenta.

Dieses Jagdrevier, das dem Fürsten Hohenlohe-Öhringen gehörte, war zur damaligen Zeit ein Begriff, seine Hirsche waren unschlagbare Spitzenklasse.

Wir wissen so wenig von der Geschichte unserer Jagd, weil uns so wenig Überlieferungen und Dokumente erhalten geblieben sind. Es ist auch schon zur Jagdgeschichte geworden, was ich erzählen möchte.

Noch zur Zeit der Jahrhundertwende waren diese Waldungen gewaltigen Flächenausmaßes im geschlossenen Komplex Besitz der Familie Festetics von Keszthely. In meiner Kindeszeit habe ich es von den Alten gehört, daß damals der Graf (erst später, Ende des vorigen Jahrhunderts erhielt dieser Zweig der Familie den Fürstentitel) von Keszthely, an der Südecke des Balaton, bis hinunter zur Drau auf einer Strecke von fast hundert Kilometern auf eigenem Grundbesitz fahren konnte, hauptsächlich durch Waldungen. Vor der Einführung der intensiven Forstkultur und den großen Aufforstungen gegen Ende des vorigen Jahrhunderts, bestanden diese Somogyer Waldungen hauptsächlich aus fruchttragenden alten Eichen und wurden als Waldweide genutzt. Denn der Haupterwerb der Bevölkerung dieser Gegend war Schweine- und Schafzucht. Die letzten Reste dieser Waldweiden sind heute auch noch vorhanden: in dieser Gegend besteht jede Gemeindeweide aus wundervollen alten Eichen, wie ein riesiger englischer Park. Leider fallen ständig einige andere alte Eichen der Axt zum Opfer, oder vergehen mit der Zeit.

Als die neuen, geordneten Wälder angepflanzt wurden, auch diese bestehen zum großen Teil aus Eichen, kam einem Ingenieur eine gescheite Idee: das ganze Schneisensystem wurde so angelegt, daß von Nord nach Süd eine etwa zwanzig Meter breite Hauptschneise durch die Waldungen läuft, die „Rabenbaumschneise". Jeder Waldläufer der Gegend kennt sie. Auch heute noch besteht ein Stück von mindestens vierzig Kilometern Länge: ein pfeilgerader Weg, den man bis zur Drau hinunter entlangblicken kann. Als die Schneise diesen klangvollen Namen erhielt, horsteten sicherlich Kolkraben auf einer der an seiner Seite stehengelassenen alten Überhältereiche. Seitdem vergingen die Eichen, es vergingen auch die Raben, nur der Name blieb erhalten.

Vor sehr langer Zeit kam mir ein alter Kupferstich in die Hände. Das Original wurde von Franz von Pausinger, dem sehr bekannten österreichischen Jagdmaler der zweiten Hälfte des vorigen Jahrhunderts, gezeichnet. Dieses Bild war ein Stück einer Serie von zehn Stichen, die viel besprochene jagdliche Geschehen der damaligen Zeiten verewigten. Unter jedem Bild eine Miniaturzeichnung, Kopf eines Auerhahnes, Bild eines Jägers oder ein Wappen mit Straußenfedern. Ein kurzer deutschsprachiger Text erläutert das Geschehen auf dem Bild.

Auf dem Stich, der meine Phantasie so erfaßt und sich unauslöschlich meinem Gedächtnis eingeprägt hatte, stehen im Vordergrund im Morast ein Rehbock mit einem starken Achtergehörn und zwei Ricken. Im Hintergrund macht sich ein vollbärtiger Jäger neben einer knorrigen Weide zum Schuß bereit, während sich rechts im Hintergrund ein mit zwei leichten Pferden bespannter Jagdwagen entfernt. Ich konnte mich auch daran erinnern, daß dieser Stich eine Rehbockjagd in Berzencze, im Somogyer Komitat, verewigte. Unlängst habe ich dann zufälligerweise diesen Stich wiedergesehen. Die Zeichnung war mir ganz genau im Gedächtnis geblieben, den Text habe ich abgeschrieben: „Vom Morgen des 27. bis zum Abend des 30. April 1887 erlegte Weiland Kronprinz Rudolf von Österreich im Revier Berzencze des Grafen Tassilo Festetics 53 Rehböcke auf der Pirsch."

Freilich ist heute bei dieser Sache in erster Linie nicht interessant, daß ein Jäger, auch wenn er der Thronfolger einer mächtigen Monarchie gewesen ist, auf viertägiger Jagd dreiundfünfzig Rehböcke hat erlegen können. Zur damaligen Zeit war die Zahl in erster Linie wichtig, nicht die Qualität! Heute könnte man in fast allen Revieren der Ebenen Ungarns, mit Leichtigkeit diese Anzahl von Rehböcken in vier Tagen erlegen. Man könnte dabei auch noch sogar eine gewisse Auswahl treffen. Doch in Berzencze? Beim heutigen Rehwildbestand sicherlich nicht mehr! Der Grund dafür, daß es in diesen Waldungen heute viel weniger Rehwild gibt, dürfte der wesentlich stärkere Rotwildbestand sein!

In der damaligen Zeit gab es viel weniger Rotwild als in unseren Tagen. In vielen Gegenden fehlte es ganz oder es war nur in sehr geringer Stückzahl vorhanden, wo heute hervorragende Rotwildreviere entstanden sind. Seine Zunahme ist der verständnisvollen, intensiven Hege zu verdanken. Die Schwankungen seiner Bestände fallen mit den Besatzschwankungen der Fasanen zusammen; denn diese vermehrten sich ungefähr in der gleichen Epoche, um die Jahrhundertwende, und erweiterten ihre Lebensräume.

Von den Rotwildbeständen dieser Waldungen hörte ich durch den vor einigen Jahren leider verstorbenen Altmeister, Wildmeister Heinrich Vogl. Er war hierzu berufen; denn er verbrachte die größte Zeit seines Lebens, sicherlich dreißig Jahre, in jenen Revieren. Mit seinem Namen verband sich der damalige Ruf von Somogyszob. Er war es, der diesen hervorragenden Rotwildbestand heranhegte.

Der Brotherr von Heinrich Vogl, Christian Fürst zu Hohenlohe-Oehringen, hatte die Waldungen im Gebiet um Somogyszob – Kaszópuszta – ungefähr zehntausend Hektar – in den Jahren unmittelbar nach dem ersten Weltkrieg vom Fürsten Festetics käuflich erworben, weil er diesen Komplex für das Heranhegen eines hervorragenden Rotwildbestandes für geeignet hielt. Wildmeister Vogl übernahm die jagdlichen Belange. Jahrzehntelang durften in den Revieren nur Hirsche erlegt werden, die er reif für die Kugel oder für abschußnotwendig hielt. Er hatte jagdlich vollständig freie Hand und nutzte sie auch.

Unter anderem erzählte er mir, daß zur Zeit seiner Revierübernahme die wirren Zeiten nach dem ersten Weltkrieg im Wildbestand solche Breschen geschlagen hatten, daß er zur ersten Brunft insgesamt nur zwei Platzhirsche vorfand. Von diesen schoß er auch den einen, damit er sein unerwünschtes Geweih nicht seinen Nachkommen vererben könne. Es war einer jener enggestellten, ewigen Eissprossenzehner, die wahrscheinlich nie eine Krone schieben.

Der Wildmeister, wir Berufsjäger nannten ihn unter uns nur „Onkel Heino", war des Glaubens, daß er den kronenlosen Urahnen schießen müsse, damit der andere, der Kronenhirsch, dann seine gute Anlage mehr Nachkommen weiter vererben würde.

Es ist möglich, daß der alte Heino schon damals, als bei uns noch kein Mensch den Begriff des „Wahlabschusses" kannte, eine gute Hege mit der Büchse betrieb. Doch blieb entweder auch noch ein anderer Eissprossenzehner in den Revieren am Leben, oder aber, was Gott behüte, vererbt auch das Mutterwild unerwünschte Geweihformen seinen Nachkommen. Ich möchte mich beileibe nicht in die Materie der Vererbungslehre in Verbindung mit den Geweihformen unserer Hirscharten verstricken. Auch gelehrte Männer, Professoren der Vererbungslehre, trauten sich nicht an dieses heikle Thema heran. Ich möchte bloß feststellen, daß wir, obgleich Wildmeister Vogl seinerzeit in den Anfängen der jetzigen Rotwildbestände den kronenlosen Urahnen schoß, seitdem in diesen Wäldern und ihrer Nachbarschaft viele, viele mittelalte und alte Achter und Zehner zur Strecke gebracht haben. Dennoch sind sie nicht verschwunden. Im Gegenteil! Ich traue mich sogar festzustellen, daß es in den Rotwildrevieren des südlichen Somogy immer viele Hirsche vom ewig kronenlosen Geweihtyp gab und heute noch, nach vielen Jahrzehnten „Hege mit der Büchse", genauso gibt. Und dasselbe gilt, wenn auch vielleicht in kleinerem Maße, für die anderen Wildbahnen Ungarns. Ich behaupte sogar, daß in den Südsomogyer Hirschrevieren heute noch ungefähr zehn Prozent der Hirsche ewig kronenlose Geweihträger sind. Es ist uns im Laufe von fünfzig Jahren Wahlabschuß nicht gelungen, diesen Geweihtyp auszurotten; wir konnten ihn nicht einmal vermindern.

Messen wir nicht etwa immer noch dem auf vererbungstheoretischen Hypothesen fußenden, sogenannten Wahlabschuß ein zu schweres Gewicht zu? Ist es denn jemals gelungen, allein durch ihn einen Rot- oder Rehwildbestand grundlegend zu verbessern? Ich glaubte, niemals! Wenn ein Bestand sich gleich wo wirklich verbessert hat, so spielten sehr viele andere Gründe mit: Äsung, günstige Lebensräume, ein schwacher Bestand, viel Platz für das Einzeltier, das genügende Altwerdenlassen der Trophäenträger und anderes mehr. Jedenfalls ist die qualitätsmäßige Besserung immer schon in kürzerer Zeit eingetreten, bevor sich die Auswirkungen des „Wahlabschusses" in frühestens der zweiten, dritten Generation hätten zeigen können.

Der übertriebene Trophäenkult hat den Begriff des „Ausmerzens unerwünschter Vererber" geboren. Damit sind wir nicht zum Ziel gekommen. Es gibt in jedem Bestand schwache, kranke, zurückgebliebene Stücke, sogar auch solche, deren Geweihe oder Gehörne nicht unserem Geschmack entsprechen. Diese schießen wir nach Möglichkeit, damit sie den Gesunden nicht Platz und Äsung wegnehmen, daß sie Parasiten und Krankheiten nicht auf die anderen übertragen, daß die Gesunden alt werden können. Das nenne ich praktischen Wahlabschuß!

Doch kehren wir lieber zu Heinrich Vogl zurück. Ich konnte mich viel mit ihm unterhalten. Er verriet mir vieles, was heute überhaupt kein Geheimnis ist. Es waren allbekannte Tatsachen, die in der alltäglichen Jagdpraxis nicht genügend zur Geltung kamen. Das Allerwichtigste war die Erkenntnis über das Altwerdenlassen der guten, erwünschten Geweihträger. Was ihm nicht gefiel, schoß der Jagdherr, ein Gast, oder er selber. Sie ließen die lang- und dickstangigen, die damals für die Gegend typischen Hirsche mit einer geraden Geweihstellung wie ein großes V und meistens nicht vielendigen Kronen, alt und schwer werden. Wenn das Geweih ganz ausgetrocknet und mit kleinem Schädel seine zehn Kilo wog, der Hirsch zwölf Jahre oder noch mehr hatte, dann erst wurde er erlegt.

Aus den Zeiten zwischen den Kriegen kann ich mich an keinen einzigen der damals prämiierten Hirsche erinnern, der verhältnismäßig kurze Stangen und so starke, vielendige, verzweigte Kronen gehabt hätte, wie die Mehrzahl der Láboder Kapitalhirsche dreißig Jahre später. Dabei liegen die beiden Reviere unmittelbar nebeneinander! Vielleicht ist dies ein Einschlag des vielendigeren Drauhirsches oder jenes aus dem westlich gelegenen Komitat Zala. Wer kann das wissen? Fest steht aber, daß wir nur allzu wenig vom Wandern und Wechseln der Rudel und einzelnen Stücke gerade unseres mit Abstand besten Rotwildschlages der südwestlichen Komitate wissen.

Der damals dort sehr verbreitete Typ des langstangigen und endenarmen „Urhirsches" scheint aber aus den Wäldern dieser Gegend zu verschwinden. Es ist sehr schade um ihn!

Im Reiche Vogls war die Bewirtschaftung der Wildäcker besonders hervorragend. Jede Lichtung und Senke ließ er umpflügen und sie mit Weißklee-Gräsermischung, Markstammkohl, Rüben, doch vor allem mit Mais bestellen. Freilich nur in eingegatterten Äckern. Sonst hätte sie das Wild schon vorzeitig abgeäst und kaputtgetreten. Zur Brunftzeit wurden dann diese Wildäcker geöffnet. Besonders der Mais übte zu dieser Zeit eine magische Anziehungskraft auf das Rotwild aus.

Auf diese Wildäcker zogen dann die Rudel heraus, mit ihnen auch die Platzhirsche. Hier konnte man sie und ihre Beihirsche genau ansprechen und bestätigen. Hier unterkam dem Hirschjäger fast nie ein „Druckfehler". Freilich brauchte man dazu im großen Revier auch ein dichtes Beobachternetz. Auch das organisierte Vogl vorbildlich.

Ich erzähle das alles, weil wir von dem, was man seinerzeit gut gemacht hat, noch manches lernen können. Wir wissen zwar, daß fruchttragende Wildäcker in Hochwildrevieren unbedingt notwendig sind, und wir wissen auch, daß sie nicht nur zur Verminderung der Wildschäden beitragen, sondern auch die Jagdausübung erleichtern, wenn sie sachgerecht bestellt sind, doch daran hapert es eben in vielen Fällen. Viele Wildäcker sind nicht richtig bewirtschaftet, nicht ausreichend und den Bodenverhältnissen entsprechend gedüngt und erfüllen so nicht ihren Zweck.

Somogy wurde meine Wahlheimat. Die Wald-Feld-Gegend, das liebliche Flachland mit viel Wasser und Grün boten Abwechslung. Seele und Auge ergötzen sich daran, ob im Sommer oder Winter. Es wurde mir auch später ermöglicht, jeden Winter in meine Wahlheimat jagend zurückzukehren. Das war einer meiner bleibenden Erfolge der Welt-Jagdausstellung. Ich werde jetzt noch jährlich eingeladen, in den Wäldern um Kaszópuszta und Berzencze zu jagen, zu photographieren, einige Stück Kahlwild zu erlegen. Wenn ich besonderes Waidmannsheil und ein wenig Schnee habe, jage ich auch Sauen oder einen Hirsch, den auch die Berufsjäger erlegen dürfen. Ich habe im Laufe der Jahre zwei Hirsche dort geschossen, jedoch nicht die Stärkeren ausgewählt, sondern von den Schlechten die Schwachen, an denen ich Freude habe. Man soll das Gastrecht nicht zu sehr ausnutzen, außerdem bin ich längst kein Trophäenjäger mehr. Ich freue mich über ein mit gerader Kugel erlegtes schwaches Kalb genauso wie über einen aus einem winterlichen Hirschrudel ausgesuchten schlechten Sechser.

So komme ich in der Winterzeit besonders nach Szenta, schon zum vierten Male. Dieser Revierteil liegt etwa in der Mitte des riesigen Waldkomplexes. Denn ein alter Freund und Berufskollege lebt dort in dem etwa viertausend Hektar großen Waldteil als Revierjäger. Meine alljährlichen Besuche haben mehrfache Ziele: Kreuz- und Querfahrten in den wundervollen Wäldern, der Anblick vielen und starken Wildes, das Aussuchen einiger geeigneter Stücke, das Photographieren, aber nicht zu allerletzt auch die Pflege der Freundschaft.

Am Abend des sechzehnten Januar 1974 schreibe ich diese Zeilen im Szentaer Wald, in der kleinen Jagdhütte, die an der „Oberen Filagorie“ steht. Zum besseren Verständnis will ich aber vorerst erklären, was das Wort „Obere Filagorie“ bedeutet. Dies weiß jeder Waldläufer im ganzen Südsomogy. Es ist auch ein Stück Tradition; die „Obere“, weil nördliche, liegt im Szentaer Forst, die „Untere“ acht Kilometer weiter südlich im Wald von Berzencze. Eigentlich sind beide große Hochstände, ein Auslug. Sie liegen im Schnittpunkt von sternförmigen Schneisenkreuzungen, doch nicht von vier, sondern von acht Schneisen. Das heißt, wenn man am Kreuzungspunkt steht, so sieht man acht schnurgerade breite Schneisen entlang, im Winkel von fünfundvierzig Grad beginnt je eine. Da diese „Sterne“ inmitten der Waldungen liegen, hat man von hier weite und gute Einsicht und kann das Wild beobachten, das notgedrungen irgendeine Schneise kreuzt.

Ich glaube, daß diese runden, filagorienähnlichen Hochstände schon vor sehr langer Zeit gebaut wurden (Filagorie = um die Jahrhundertwende sehr modisches, aus Holz gebautes rundes Gartenhaus, kleines Lusthaus nur mit einem Dach aus Brettern oder Schilf und keinen Wänden, nur mit einem Lattengeländer versehen). Diese Hochsitze sind auf dicken Pflöcken stehende achteckige Gebäude, von deren Geländer man ringsum alle acht Schneisen entlang blicken kann. Die „Untere“ im Wald von Berzencze steht heute noch, eine neue, doch nach dem Muster der alten gebaut. Es standen neben ihnen auch kleine Jagdhütten mit Küche und Schlafraum, ferner auf Säulen stehende Scheunendächer als Lagerplatz für das Wildfutter. Die Hütten wurden in letzter Zeit jedoch neu errichtet. Es stehen heute bequeme, moderne kleine Jagdhütten auf altem Fundament.

Hier wohne ich also bei der „Oberen Filagorie“ im Szentaer Wald in der Jagdhütte. Hier gibt es die Filagorie nicht mehr, nur die dicke Mittelsäule und das Dach sind geblieben. Sie ist aber jagdlich auch nicht mehr notwendig; denn den „Schneisenstern“ gibt es eigentlich auch nicht mehr. In der letzten Zeit wurde nämlich der Hochwald hier zwischen vier Schneisen geschlagen, so daß eine große Lichtung mit Jungwuchs entstand. Dort stehen jetzt mehrere Hochsitze. Doch der Name ist nicht in Vergessenheit geraten. Er wird sehr wahrscheinlich noch viele Jahrzehnte lang von Förstern und Waldmenschen im Munde geführt, wie bei den Namen für Waldteile im allgemeinen üblich. Sie bleiben viele Generationen lang bestehen.

Das Hausen hier gefällt mir ganz besonders: ich bin mutterseelenallein im Walde, das ist die Hauptsache. Die Hütte ist bequem, trocken und warm, wenn man den Blechofen ständig nachlegt. Und das muß man besonders oft tun; denn hier, inmitten des gewaltigen Waldes mit bestem Holz, ist ausgerechnet Birkenholz zum Heizen aufgestapelt. Der Ofen also spendet nur dann Wärme, wenn ich ständig nachlege. Ich habe kalte Verpflegung, einige Konserven und Tee, auch einen guten Tropfen Plattenseewein. Denn ohne diesen jagt und schreibt es sich nicht gut!

Mein Freund Sándor, der Revierjäger, wohnt in der weit entfernten Ortschaft. Von da kommt er morgens mit dem Jagdwagen zur Hütte, einem mit zwei schweren Pferden bespannten Pürschwagen, um mich abzuholen. Bis zum Abend fahren wir dann kreuz und quer im Wald umher.

Nach dem Frühstück fahren wir heute zunächst in die nördlichen Waldteile. Dort ist Ruhe, es wird nicht gearbeitet. In dieser Gegend, in der Gemeindefeldmark von Szenta, gibt es noch ein großes Maisstoppelfeld. Nachts wechselt das Wild dorthin aus. Deswegen hat es sich in dieser Gegend zusammengezogen.

Wir haben kein Glück mit dem Wetter! Nicht nur, daß kein bischen Schnee liegt, sondern es hatte abends auch noch geregnet, er fror an Strauch, Zweig und Blatt fest, es ist niesig, neblig. So kann vom Photographieren keine Rede sein, ich habe die Ausrüstung nicht mit herausgebracht.

Es regnet zwar nicht mehr, aber der Nebel wird immer dicker, fast undurchdringlich. Nirgends sieht man weiter als hundertfünfzig, zweihundert Schritte.

Wir fahren durch den Wald, drehen an Schneisenkreuzungen mal nach rechts, mal nach links. Ich muß gestehen, ich weiß nicht, wo wir sind, wo das traute Heim, die Jagdhütte liegt, im Norden, im Süden? Ich kann mich sonst immer gut orientieren. Während meiner langen Jägerlaufbahn konnte und mußte ich einen Sinn dafür entwickeln. Doch jetzt, in diesem eintönigen Hochwald, im Nebel, wo alles gleich ist oder sich zu wiederholen scheint, weiß ich nicht mehr, in welche Richtung wir fahren. Ich wäre ratlos, wohin ich mich wenden müßte, wenn ich jetzt alleine heimgehen sollte.

Doch mein Freund Sándor betreut schon seit sechs Jahren dieses Revier, und Kutscher János ist hier geboren. Sie kennen den Wald, jeden Strauch, jede Suhle und viele Wildwechsel.

Nach eineinhalb Stunden Kreuzfahrt, ohne Wild gesehen zu haben, kommen wir auf einen Hügelrücken, auf dem Kiefernhochwald mit Brombeerenunterwuchs steht. Hier sehen wir das erste Wild: weit drinnen im Hochwald stehen Hirsche beiderseits der Querschneise. Auch mit bloßem Auge kann man erkennen, daß sie jüngeren Jahrgangs sind.

„Wir wollen sie umfahren. Von der anderen Schneise aus werden sie näher sein, direkt können wir sie nicht anfahren!", sagt Sándor. Doch er hatte den Satz noch nicht beendet, als halblinks vor uns einige Stück Kahlwild abspringen.

Wir fahren nun parallel mit ihnen die Schneise entlang. Dann erblicken wir sie wieder, sie stehen kaum hundertfünfzig Schritte entfernt zwischen den Baumstämmen. Sie ziehen weiter, doch jetzt nur langsam und sind fast ständig verdeckt. Lediglich für kurze Augenblicke sind sie zwischen den Stämmen sichtbar. Ich schaue schon nicht mehr durchs Fernglas, sondern durch das auf sechsfache Vergrößerung gestellte variable Zielfernrohr. Beiden von uns fällt auf, daß das mittlere Stück mit krummem Rücken zieht. Dieses sollten wir schießen! Jetzt sind sie aber viel zu weit entfernt, und je weiter sie sind, um so mehr Baumstämme sind im Wege. Sie erreichen den Kiefernhochwald, wir müssen näher heranfahren. Hier verhoffen sie, und wir kommen in ihre Nähe. Doch sie ziehen schon wieder weiter, ihnen behagt die Nähe des Wagens nicht. Jetzt ist das letzte Stück das Krumme! Sie verhoffen, es sind so etwa hundertzwanzig Schritt bis dahin. Mit schußfertiger Büchse passe ich auf das letzte Stück. Es steht halbspitz von vorne und sichert auf uns zu; wenn ich mich auf dem Wagensitz etwas nach vorn beuge, kann ich es durch einen schmalen Abstand zwischen zwei Stämmen sehen. Doch nur ein kleines Stück seines Halsansatzes. Ich lasse die Kugel ruhig fliegen.

Auf den Knall wirft sich das Stück rücklings nach hinten, dann schlegelt es einige Male, bis es Fuß faßt und wieder auf einen Moment wankend auf die Läufe kommt. Doch bricht es gleich wieder zusammen. Als wir herantreten, ist es schon verendet. Einschuß links am Halsansatz, Ausschuß andererseits auf dem Blatt. Die Kugel saß genau dort, wo ich abgekommen war, sonst hätte sie ja nur einen Baum treffen können!

Sándor ist ein Meister des Aufbrechens, jeder Griff ist berechnet, die Arbeit ist schnell getan. Inzwischen läßt Kutscher János die Kelle des Wagens hinten herunter, macht mit einer kleinen Hacke zwei spannentiefe Gruben vor die Hinterräder, dann gibt er den Pferden das Kommando zum Anziehen, und die Räder rollen in die Gruben. Dadurch steht nun der Wagen viel tiefer. Wir müssen das Wild, das aufgebrochen immerhin fast neunzig Kilo wiegt, nicht so hoch auf den Wagen heben. Ein Strang mit einer Schlinge kommt über die Hinterläufe, János steigt mit dem anderen Ende in der Hand auf den Wagen hinauf, er zieht an, wir heben unten den Rücken an, „Hau-ruck!" und das Stück ist schon oben in der Kelle.

Das Stück war wahrhaftig ein Schmaltier, es wechselte gerade die seitlichen Schneidezähne. Zu dieser Zeit ist dies das sicherste Merkmal des Schmaltieres. Obwohl es das Stück mit dem krummen Rücken war, fanden wir beim Aufbrechen keinerlei Veränderungen. Es war auch in guter Kondition, doch verhältnismäßig schwach im Wildbret und hatte auch nicht inne, was in Ungarn bei Schmaltieren selten vorkommt. Wenn wir beim Verminderungsabschuß des Kahlwildes immer das schwächste Stück des Rudels wegschießen, so können wir keinen großen Fehler begehen.

In der grünen Praxis kann man bei uns ja auch kaum anders einen „Wahlabschuß" betreiben. Zur Winterzeit erfüllt man ihn eigentlich nur durch Pürschenfahren, sei es beim Rotwild von Somogy oder beim Rehwild in den Feldern der weiten Puszta. Man hat fast niemals die Möglichkeit, das Wild vom Ansitz aus ruhig unter die Lupe zu nehmen und genau anzusprechen, um das Stück auszusuchen, das die Kugel verdient. Bei Büchsenlicht steht das Wild meistens im Bestand und zieht höchstens im Dunklen der sehr langen Nächte auf freie Flächen zur Äsung. Doch sowohl das Rot- als auch das Rehwild ist zu dieser Zeit wenig vertraut, „roglig" wie der Gebirgsjäger sagt, es hält den Wagen schlecht aus. Insbesondere das Kahlwild – Hirsche sind meist vertrauter. Es ist auch äußerst schwierig, das sich im Bestand bewegende Wild auf große Entfernung mit dem Glas anzusprechen, das richtige Stück, das schwächste, auszuwählen und dann mit sauberer Kugel zur Strecke zu bringen. Meistens muß man sich sehr beeilen. Es steht nur für einen Augenblick frei, wird dann wieder von Baumstämmen oder den anderen Stücken des Rudels verdeckt.

In den Flachlandrevieren erfüllt man den Abschuß fast ausschließlich mit der Wagenpürsch. Die Fußpürsch im raschelnden Fallraub führt kaum zum Er-

Hochflüchtig

Wie bei fast allen alten Keilern in Lábod waren die Waffen abgebrochen

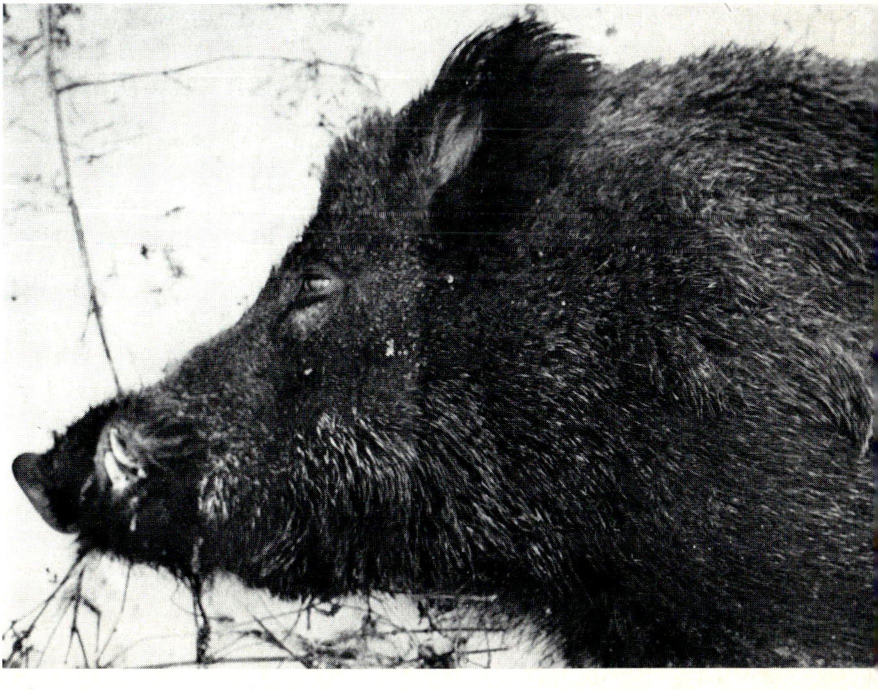

Welches Stück könnte man schießen? Das einzige, das frei steht, ist ein starkes Alttier!

folg. Es gibt zur Winterzeit nur selten Äsungsflächen, auf die das Wild austritt, wo man es am Ansitz erwarten könnte. Es ist außerdem auch praktisch, mit dem Pürschwagen zu jagen, weil man das erlegte, aufgebrochene Wild gleich auflädt und mitnimmt. So hat man keine Last mit dem Abtransport. Es gab Winter in meiner Berufsjägerzeit, in denen ich auf diese Art zweihundertfünfzig bis dreihundert Ricken, Kitze und Kahlwild erlegte.

Das Erlegen von Kahlwild macht mir immer noch große Freude, doch kann ich nicht behaupten, daß ich Ricken und Kitze mit Begeisterung schieße. Dies ist aber auch eine der Aufgaben des Berufsjägers, denn dafür bekommt er kaum Gäste.

Bei unseren jetzigen, teils optimalen, zum größten Teil jedoch schon überhegten Wildbeständen dürfen wir beim Abschuß nicht zu wählerisch sein. Denn wir müssen, um den jährlichen Kahlwildabschuß erfüllen zu können, eine meistens viel größere Anzahl schießen als lediglich schwache, „abschußnotwendige" Stücke sich finden lassen. Wir müssen uns zufrieden geben, wenn wir immer die schwachen Stücke auswählen, mehr können wir kaum tun.

Doch zurück zu unserer Pürschfahrt. Wir fuhren an diesem Tage noch viel kreuz und quer durch den Wald. Wir sahen viele Hirsche, insgesamt etwa achtzig, deren größter Teil jedoch der jüngeren Altersklasse angehörte. Mit einem großen Rudel von etwa vierzig Stück trafen wir auch zusammen. Es sah aus, als ob sich der Wald selbst bewegt hätte, als sie weiterzogen. Sie waren sehr unruhig und gaben uns kaum Gelegenheit zum Ansprechen.

Der Rotwildschlag des südlichen Somogy ist etwas Besonderes! Sehr stark, nicht nur im Geweih, sondern auch im Körperbau. Es rangiert deshalb mit vollem Recht an erster Stelle unter den allerbesten Beständen. Jetzt spreche ich allerdings nicht von den „Kapitalhirschen"; denn wir sahen heute bloß einen, dessen Geweih etwa zehn Kilo auf die Waage gebracht hätte, er zog immer noch am Ende eines Kahlwildrudels. Er hatte keine allzu starken Kronen, jedoch dicke, schwarze Stangen.

Ich spreche vielmehr jetzt von den jüngeren Jahrgängen, vom Jährlingsspießer bis zum mittelalten Hirsch! Diese sind hier sozusagen der eine besser als der andere. Für ihr Alter haben sie fast ohne Ausnahme Geweihe mit starken und langen Stangen. Fast alle Jährlingshirsche tragen vierzig bis sechzig Zentimeter lange Spieße, Spießer von zweitem Kopf und Augsprossengabler sind fast unbekannt. Sechser sind auch nicht allzu häufig.

Die Kraft haben sie oben, in den Gabeln und Krönchen. Dies ist aber sicherlich ein Zeichen guter Veranlagung. Enggestellte, schlecht veranlagte sahen wir kaum unter den Hirschen, die wir uns heute ansehen konnten. Im Ansprechen sind wir schnell, mein Freund Sándor und auch ich. Wenn wir das Glas am Kopf haben, der Hirsch zwischen zwei Baumstämmen durch die Lücken zieht, erfassen wir blitzschnell, gefühlsmäßig, wenn mit dem Geweih etwas nicht in Ordnung ist, wenn es aus dem Rahmen fällt, gerade Augsprossen hat, eine schwache Krone oder Gabel, oder wenn es, seitlich gesehen, in das berühmte Dreieck paßt. Zwei derartige mittelalte Hirsche sahen wir auch heute. Der eine war ein Zehnender mit sehr schlechten Gabeln, der andere ein gleicher Achter. Auch dieser hatte oben keine Wucht. So übel waren sie aber doch nicht, daß man ihnen nicht noch zwei, drei Jahre hätte gönnen können, um zu sehen, wozu sie es noch bringen.

Im vorigen Jahr fanden wir einmal auch einen ähnlichen, der uns als Abschußhirsch äußerst gefiel. In einem sumpfigen Erlenjungwuchs hatten wir damals ein Hirschrudel angetroffen. Es war ein starkes Rudel, sicherlich fünfundzwanzig, dreißig Hirsche. Doch war der Bestand so dicht, ein Ansprechen unmöglich. Soviel war jedoch zu sehen, daß es durchweg stärkere mittelalte Hirsche mit dunklen Geweihen waren. Die jungen, zwei- bis vierjährigen Hirsche kann man dort im Winter auf den ersten Blick an ihren hellen, strohgelben Stangen erkennen. Es ist nämlich bei den Hirschen dieses Gebietes die Regel, daß die Geweihe der jungen Hirsche vom zweiten bis vierten Kopf schon bis zum Beginn des Winters von Witterungseinflüssen ausgelaugt oder vielleicht auch an Strauch und Ast glatt abgeschabt werden, weil die Stangen noch porös und weich sind. Hingegen werden die Geweihe mittelalter Hirsche im Winter nicht mehr hell. Es wäre deshalb ein gewaltiger Fehler, wenn wir diese gutveranlagten jungen Hirsche nur deshalb schießen würden, weil ihre Geweihe glatt und hell sind!

Da die Hirsche älteren Semesters waren, interessierte es uns um so mehr, sie anzusprechen. Dies ist hier, in diesen von Schneisen kreuz und quer zerschnittenen Wäldern am leichtesten, wenn das Hirschrudel über eine Schneise zieht. Wenn man dann auch jeweils nur kurze Zeit zur Verfügung hat, so kann man doch ein flüchtiges Inventar des Rudels aufnehmen. Wir manövrierten auch jetzt so, umfuhren das ganze Jagen und näherten uns dem Rudel auf der Schneise der anderen Seite. Der Wind spielt ja beim Pürschenfahren überhaupt keine Rolle, das Wild ist des Gefährtes, der Pferde und Menschen gewahr. Wenn man jedoch mal von dieser, mal von der anderen Seite kommt, so wird es unruhig, und man veranlaßt es dadurch, den Standort zu wechseln. Auch in diesem Falle zog das Rudel weiter, als wir von der anderen Seite kamen. Wir beeilten uns, ihm auf der nächsten Querschneise zuvorzukommen. Dies gelang! Als unser Wagen an der Kreuzung ankam, standen die ersten Hirsche des Rudels auf der breiten Schneise, ungefähr zweihundert Schritte entfernt.

Schnell die Gläser hoch! Die ersten fünf, sechs Hirsche sind vom vierten, fünften Kopf, mit noch schwachen Kronen. Nur einer ist Eissprossenzehner. Dann kommen, als sich die ersten in Bewegung setzen, die anderen hinter ihnen über die Schneise, jedoch nun schon im Troll. Die meisten Hirsche sind Kronenhirsche verschiedener Stärke, doch kein alter und wirklich starker ist dabei. Es wechselt aber zwischendurch auch einer hinüber, bei dessen Anblick wir beide im gleichen Moment in Aufregung geraten. Lange Augsprossen, darüber kurze Eis- und Mittelsprossen und dann nichts anderes, als lange, blanke, helle Dolche.

Ich gebrauche das Wort „Mörder" höchst ungern. Man ist nur allzu leicht geneigt, auch einen jungen Hirsch oder Rehbock mit fehlenden Enden als Mörder zu bezeichnen, in dem noch kaum ein Geschlechtstrieb, geschweige denn eine Mordlust lebt. Dieser Hirsch, den wir ansprechen, ist bestimmt kein Mörder, sondern nur ein Achter, der anstatt oben einer Gabel eine Eissprosse geschoben hat. Es ist ein Hirsch vom fünften, sechsten Kopf, einer also, der auch dann nicht in diesen Bestand guter Kronenhirsche passen würde, wenn er nur dreijährig wäre. Es liegt auf der Hand, daß ein Hirsch, der es nicht einmal zur Gabel gebracht hat, niemals ein Kronenhirsch wird. Er soll also seinen Platz den besseren Artgenossen überlassen, er ist reif für die Kugel.

Wir wollen ihn erlegen, aber wie? Das Rudel ist auf der anderen Seite in einen Alteichenbestand eingezogen, in dessen Mitte sich ein Hügelrücken mit dichtem Unterholz entlangzieht. Hier stellen sich die Hirsche ein. Als wir mit dem Wagen in dieselbe Höhe mit ihnen kamen, stehen sie so dicht gedrängt auf der Kuppe, daß wir, obwohl die Entfernung gepaßt hätte, beim Vorüberfahren den ausgewählten nicht in Anblick bekommen. Die Hirsche ziehen dann weiter, wir ihnen ständig nach. Wir können die Hirsche noch dreimal anfahren, sehen auch den Achter, doch immer gedeckt oder in Bewegung, oft auch zu weit. Dann ziehen sie in eine Niederung mit hohem Schmielengras, in der viele Salweidenbüsche und am Rande Erlen stehen. Hier aber teilt sich das Rudel, der größere Trupp zieht zum oberen Ende der Senke weiter.

Wir fahren erst die näher stehenden Hirsche an, um zu sehen, ob unser Hirsch dabei ist. Diese halten nunmehr bestens, äsen und ziehen unbekümmert im Erlenhochwald hin und her, obwohl unser Wagen kaum weiter als achtzig Schritt von ihnen steht. Wenn man sie nämlich öfters in kurzen Abständen mit dem Pürschwagen anfährt, so beruhigen sie sich meistens und halten besser aus als bei den ersten Versuchen. Mit dem langen Tele kann ich sogar eine Serie von Aufnahmen machen. Unsere Anwesenheit kümmert sie nicht im geringsten!

Doch unser Hirsch ist nicht in diesem Rudel. Versuchen wir also die anderen Hirsche anzufahren! Wir haben Glück; denn es schlängelt sich ein schmaler Holzabfuhrweg den Hügelrücken entlang. Auf beste Büchsenschußentfernung, so etwa hundertzwanzig, hundertfünfzig Schritt sehen wir dann auch die Hirsche unter uns zwischen den Salweidenbüschen stehen. Es sind mehr als zehn Stück. Es ist nicht einfach, den Gesuchten herauszufinden.

Sie kommen aber in Bewegung, ordnen sich in eine Reihe und ziehen vorwärts, schön langsam, gemächlich. Auf einen Augenblick werde ich zwischen zwei Salweidenbüschen des Eissprossenachters im Glas gewahr. Nach der Form seines Geweihes, dem Mangel an Enden fällt er schon auf den ersten Blick auf.

Jetzt richte ich aber die Fernrohrbüchse auf die nächste Lücke zwischen zwei Büschen, die jedoch nicht breiter als ein Meter ist. Der Hirsch tritt auch hinein, doch neben ihm noch ein anderer, der ihn verdeckt. Ich kann nicht schießen. In der dritten Lücke gelingt es, den ziehenden Hirsch freizubekommen: er tritt eine halbe Körperlänge vor dem anderen hier aus, ich kann ihm die Kugel auf den Trägeransatz setzen.

Wie vom Blitz getroffen, bricht er zusammen, ein sieben-, achtjähriger Hirsch, älter, als wir ihn geschätzt hatten.

Wir waren schon auf dem Heimweg, als ein Kahlwildrudel in einem Eichenaltholz von uns absprang. Wir sahen, daß sie gleich langsamer wurden und bei der nächsten Schneise verhofften. Als unser Wagen die Kreuzung erreichte, standen sie auf der Schneise, auf der Anhöhe einer Kuppe, etwa hundertachtzig Schritt von uns entfernt. Etwa zwanzig Stück dicht gedrängt in einem Pulk, links am Schneisenrand aber, am Ende des Rudels zwei Kälber frei. Das eine bedeutend schwächer, die Keulenpartie vom anderen verdeckt, doch waren Blatt und Rippen frei. Dahin konnte ich die Kugel mit ruhigem Gewissen setzen.

Auf den Schuß ein Satz in die Höhe und nach vorne, es zeichnete vorschriftsmäßig. Dann wendete es und ging zusammen mit dem Rudel ab. Ich wußte nicht nur vom Zeichnen, sondern auch aus meinem Gefühl des Abkommens, daß das Stück einen Kammerschuß hatte. Am Anschuß fanden wir blasigen Lungenschweiß. Wir warteten nicht, wir konnten der Wundfährte sofort nachgehen. Das Kalb schweißte jedoch kaum und war immer weiter gezogen. Wir mußten mit Mühe und Not immer den nächsten Schweißspritzer einige Schritte entfernt suchen und dachten schon daran, die Nachsuche abzubrechen, um den Schweißhund auf die kalte Fährte zu setzen.

Doch gab es dann wieder etwas mehr Schweiß. Wir konnten nun leichter folgen und fanden dann nach gut zweihundertfünfzig Metern das schon verendete Kalb. Ich hatte mit der 7x64, dem leichten Geschoß von 9 Gramm geschossen. Wenngleich es mehr ein Rehwildgeschoß ist, hätte es auch auf das Rotwildkalb eigentlich eine bessere Wirkung haben sollen. Das Geschoß war jedoch beim Einschuß zwischen zwei Rippen durchgerutscht und hatte so undeformiert die beiden Lungenflügel durchschlagen. Der Ausschuß war auch fast nur kalibergroß, ein Hauptgrund dafür, daß die Schweißfährte so schwach war.

Obwohl ein Hirschkalb, war es nicht schade darum, weil es außerordentlich schwach im Wildbret war. Freilich hatte auch keiner von uns es als Hirschkalb ansprechen können. Um so mehr als es nicht einmal ein Anzeichen des dunkleren Bauchfleckes hatte, mit Hilfe dessen Hirschkälber mitunter angesprochen werden können. Bei uns fehlt nämlich einem guten Teil der Hirschkälber dieser dunkle Bauchfleck, „an dem kürzeren, gedrungenen Kopf" sind sie in der Praxis des Wahlabschusses auch nicht anzusprechen.

Als ich am nächsten Tag erwache, regnet es! Und das Mitte Januar! Jedoch nicht irgendein schwacher, fadelnder, sondern ein waschechter Schnürlregen. Schnee sollte zu dieser Jahreszeit fallen, nicht der verflixte Regen. Das wäre herrlich, wenn wir Neuschnee hätten. Dann könnten wir sehen, was im Walde seine Fährte zieht, könnten abfährten, wo sich etwa Sauen eingeschoben haben. Besonders diesem Wild kann man in den riesigen Waldungen mit wenigen Dickungen im Schnee sehr gut folgen, wenn man Glück hat, sie im Kessel erlegen. Eigentlich habe ich bei meinen Jagdausflügen in diese Reviere nicht ein einziges Mal richtigen Spurschnee gehabt. Ich habe auch nicht mehr als insgesamt zwei Sauen hier geschossen. Die Erlegung beider Sauen ist nicht uninteressant. In diesem Kapitel war von Sauen noch nicht die Rede. Sie sind ein wichtiger Bestandteil der Somogyer Waldungen.

Früher wurden Sauen hier überhaupt nicht geduldet, was zur Folge hatte, daß nur vereinzelt mal hier, mal da eine auftauchte. Wenn das passierte, wurde sie so lange gespürt, gekreist, verfolgt, bis sie zur Strecke kam. Der Grund dafür war, daß man der Überzeugung war, daß die Sauen das Rot- und Rehwild störten. Das ist auch richtig. Das Rotwild stören sie nur mit ihrer Gegenwart, mit ihren vielen Bewegungen in den gemeinsamen Einständen. Die Sauen sind meistens auch gezwungen, die nächtlichen Fraßplätze mit dem Rotwild zu teilen. Die Sauen sind aber ausgesprochene Feinde des Rehwildes. Mit ihrem hervorragend scharfen Geruchssinn spüren und finden sie die jungen Rehkitze, die ihnen nicht entkommen können. Wo es viele Sauen gibt, da nimmt das Rehwild ab.

In den Jahren nach dem Kriege, in denen den Sauen kaum nachgestellt wurde, hat sich das Verhältnis geändert. Die Sauen nahmen beträchtlich zu, das Rehwild jedoch ab. Freilich spielte der Umstand auch eine Rolle, daß es vormals viele Wiesenlichtungen im Walde gab, die auch ständig zur Heugewinnung gemäht wurden, ebenso die Schneisen. Das Rehwild fand im Walde damals viel mehr ihm zusagende Äsung als heute. Jetzt aber wird nirgends Waldheu gewonnen. Die Lichtungen sind zum größten Teil aufgeforstet, das Gras altert auf den Schneisen.

Die Sauen jedoch fanden hier ein Paradies vor. Sie vermehrten sich auch nicht nur in den großen Waldungen, sondern verbreiteten sich überall in Somogy, auch in den gemischten Wald-Feldrevieren, wo sie vormals gänzlich unbekannt waren. Hier in den großen Waldungen hat ihr Bestand in letzter Zeit abgenommen. Möglich, daß dies die Folge der ständigen starken Bejagung war, jedoch glaube ich, daß der Großteil in die mit Wäldern bestückten Feldgemarkungen der weiten Gegend ausgewandert ist. Dort gibt es nämlich heute mehr Schwarzwild als noch vor einigen Jahren. Sie finden dort auch einen besser gedeckten Tisch. Ihre Zahl nimmt kaum ab, so sehr sie auch verfolgt werden.

Vor zwei Jahren fuhren wir Ende Januar im Walde pürschen. Wir wollten den Kahlwildabschuß erfüllen, auch freilich Sauen schießen, wenn sie uns vor die Büchse kämen. Schnee hatten wir auch damals keinen.

Wir kamen an eine, einen guten Büchsenschuß breite Niederung, die sich links neben der Schneise entlangzog. An der gegenüberliegenden Böschung standen zwei große Schlehdornbüsche. Kutscher János hielt die Pferde an, zeigte mit der Peitsche in die ungefähre Richtung der Büsche und sagte nur das eine Wort:

„Sau!“

Auch ich sah den länglichen, schmalen, schwarzen Fleck in einem Busch, doch nur durch die Vergrößerung des Pürschglases. Ich konnte die Borsten am Kamm ausmachen. Kutscher János hingegen kannte sich im Revier so genau aus, daß er wußte, daß der schwarze Fleck sonst nicht unter dem Busch zu sehen war! Wenn die Sau sich nicht bewegt, kann man sie auf Entfernung nur an den Borsten des Kammes ansprechen. Doch hatte ich jetzt noch größeres Glück: ich sah auch die Teller. Dies war deshalb mein Glück, weil ich jetzt wußte, wo das Haupt der Sau war. Mit aufgestütztem Ellbogen kann man sehr ruhig vom Wagensitz aus schießen. Auf den Schuß rollte die Sau aus dem Lager, schlegelte einige Male und war verendet! Leider war es nur ein dreijähriger angehender Keiler.

Im gleichen Winter, jedoch einige Wochen später, hatte ich noch ein interessantes Sauenerlebnis. Auch jetzt hatten wir keine zusammenhängende Schneedecke, sondern nur wenig Altschnee, der zum Spüren zwar nicht mehr, zum Folgen einer Schweißfährte aber genügte.

Dies scheint mir deswegen wert, es so ausführlich zu erzählen, weil ich damals eine Sau anschweißte. Wir fuhren eine Schneise in einem Mischwald von Kiefern und Eichen entlang, als wir weit rechts im Bestand Sauen sahen, eine gemischte Rotte mit vielen Frischlingen und Überläufern. Wahrscheinlich waren sie irgendwo rege gemacht, denn sie zogen im Gänsemarsch und scharfem Troll vormittags um zehn Uhr quer durch den Bestand. Wenn sie ihre Richtung beibehielten, so würden sie etwa hundertzwanzig Schritt von uns entfernt die Schneise überqueren.

Ich sprang vom Wagen, denn vom Boden aus schießt man auf Wild in Bewegung besser, drehte mein variables Zielglas auf die kleinste Vergrößerung von 1 1/2fach, kniete mich aufs rechte Knie und wartete, die Büchse auf die Schneise gerichtet.

Die Sauen kamen auch, jedoch so flink, daß ich, nachdem ich die starken Bachen durchgelassen hatte, auf das „Fußvolk" nur zwei Kugeln repetieren konnte. Ich hatte gemerkt, daß die erste Kugel in der Hast in die Gegend ging. Ich hatte den gestochenen Abzug zu zeitig berührt. Mit der anderen traf ich einen grauflankigen Überläufer. Der Kugelschlag war klar zu hören, nur etwas zu dumpf.

Am Anschuß fanden wir Schnitthaar und wässerigen Schweiß mit Darminhalt. Wir mußten ihm also Zeit lassen, dann geht er mit diesem Schuß ins Wundbett und verendet dort auch, wenn er nicht gestört wird. Wenn wir ihm jedoch gleich nachgingen, ging er über alle Berge!

Doch tat dies dieser schwache Überläufer auch, ohne gestört zu werden. Gegen jede Regel sogar! Wir stiegen am Anschuß auf den Wagen und setzten unsere Pürschfahrt fort, mit der Absicht, später zurückzukommen, um der Wundfährte nachzugehen. Auf der dritten Querschneise, bestimmt zwei Kilometer vom Anschuß entfernt, kreuzte die Schweißfährte unseren Weg! Als wir diesen quadratischen Bestand umfuhren, fanden wir auch die hier herausführende Schweißfährte.

Es war schon Nachmittag, als wir auf die Schneise zurückkamen, auf der wir die Fährte zuletzt gekreuzt hatten. Hier stieg ich vom Wagen, um ihr zu Fuß zu folgen. Der Überläufer konnte von hier, nachdem er sicherlich schon drei Kilometer gezogen war, nicht mehr weit sein.

Zum Glück konnte man auf den großen Schneeflecken der Schweißfährte ohne Schwierigkeit folgen. Freilich hatte der Überläufer, wie es schwer angeschweißtes Wild immer tut, die Rotte schon längst verlassen und zog nun einsam seine Fährte. Ich folgte der Fährte noch über zwei Schneisenkreuzungen, auf etwa eineinhalb Kilometer Entfernung, bis sie in eine kleine inselartige Kieferndickung hereinführte. In dieser wurde aber die Sau noch vor mir aus dem Wundbett hoch und zog weiter, ziemlich langsam, vier Stunden nach dem Anschweißen! Ich mußte ihr noch den Fangschuß geben. Ich hatte damals mit der 8x60 „Magnum" mit dem schweren Hochwildgeschoß von 12,8 Gramm geschossen, dessen Wirkung sonst sehr verläßlich war. Und doch war dieser schwache Überläufer mit Pansen- und Waidwundschuß fast fünf Kilometer weit, ohne verfolgt zu werden, gezogen und wurde nach vier Stunden noch aus dem Wundbett hoch.

Es ist manchmal unglaublich, wie zäh angeschweißte Sauen sein können! –

Um die Mittagszeit hörte es auf zu regnen. Wir konnten hinaus, Luft zu schnappen, eine Runde im Wald zu fahren. Der Nebel saß noch zwischen den Bäumen, man konnte auch heute nicht weiter als kaum zweihundert Schritt sehen. Stundenlang sahen wir überhaupt nichts, nur viel frisches Gebräch von Sauen. Obwohl es heuer keine Eicheln gab, durchsuchten sie ständig das Fallaub unter den Eichen. Wir fanden aber endlich doch Rotwild. Auf einer mit Altkiefern bestandenen Hügelkuppe bewegten sich einige Stücke. In gewelltem Gelände hält sich das Wild im Bestand fast immer auf den Hügelkuppen auf, weil es von dort eine bessere Sicht hat. Nur ihre gelben Spiegel waren zwischen den Kiefern zu sehen, sie zogen vom Wagengeklapper weg. Dann verhofften sie. In der Mitte des Rudels war durch eine enge Spalte zwischen zwei Stämmen ein Träger zu sehen, das kahle Haupt erblickte ich auch: Schmaltier oder Kalb? Sicherlich aber ist es ein schwächeres Stück. Doch wer kann hier mit Sicherheit ansprechen, ob schwaches Schmaltier oder starkes Hirschkalb? Das Stück schien aber für ein Schmaltier zu schwach zu sein, sogar vielleicht auch für ein starkes Kalb. Ich wollte den präzisen Schuß versuchen, mußte ein Stück wie eine Handfläche groß treffen, den Träger. Nach dem Schuß war das Stück verschwunden.

Wir gingen zum Anschuß. Es war ein Glückstreffer, das Stück lag in den Brombeeren. Es war tatsächlich ein Wildkalb, auch in dieser Beziehung hatte ich Glück gehabt.

Etwas weiter trafen wir dann mit einem Hirschrudel zusammen. Wir konnten jedoch bloß zwei von ihnen genau ansprechen, die beide im besten „Mannesalter“ waren und ungefähr neun Kilo schwere Geweihe trugen. Die anderen standen gedrängt im dichten Unterholz, dann setzten sie sich in Bewegung, für einen Augenblick war nur ein Wald von Geweihen sichtbar, dann sahen wir sie nicht mehr.

Am Heimweg erlegte ich noch ein Tier. Wir fuhren wie immer eine Schneise entlang, als hochflüchtig vom Hang des Hügels ein Tier oder Schmaltier vor dem Wagen auf die linke Seite hinüberpreschte. Jedenfalls war es ein stärkeres Stück. Ich hatte den Eindruck, als ob es verfolgt worden wäre. Doch unerwartet erblickten wir dort, woher das Stück gekommen war, am Hang ein breit stehendes anderes Stück Kahlwild. Es war nicht weiter weg als hundert Schritt. Von meinem Sitz aus sah ich auch die Flanke, doch nur die Partie von den letzten Rippen nach hinten. Wenn ich dicht neben dem Baum die Kugel hinsetzte, so würde sie wohl etwas hinten sitzen, doch auch noch die Lunge fassen.

Das Stück zeichnete den Schuß, machte einen schwerfälligen Satz nach vorn, ging hochflüchtig ab, wurde dann schnell langsamer, verhoffte nach etwa achtzig Schritten und – wir sahen es nicht mehr. Es lag dann dort verendet. Das Geschoß hatte den einen Lungenflügel und die Leber durchschlagen, auf der Wundfährte lag sehr viel Schweiß. Sowohl Geschoßwirkung als auch Menge des Schweißes waren völlig anders als bei dem Kalb von gestern, obwohl ich aus der 7x64 dasselbe leichte Geschoß von 9 Gramm verschoß.

Im Jahr zuvor hatte ich im selben Revier mit der gleichen Büchse, jedoch mit dem schweren Geschoß von 11,2 Gramm einen Hirsch erlegt. Einen jungen Hirsch vom vierten Kopf mit einem noch strohgelben Geweih, ein Eissprossenachter. Ihn darf man nicht laufen lassen, aus diesem Hirsch wird mit größter Wahrscheinlichkeit niemals ein guter Kronenhirsch. Er stand so auf hundert Schritte im Kiefernbestand. Ich setzte ihm vom Wagen aus die Kugel aufs Blatt. Der Hirsch stand etwas schräg, so daß der Anschuß, wenn es ihn überhaupt geben sollte, hinten an den letzten Rippen sein mußte, denn er zeichnete gut, ging aber hochflüchtig ab.

Mein Freund Sándor ist nicht nur Berufsjäger, sondern auch Schweißhundführer. Leider sind solche Berufsjäger immer noch eine Seltenheit bei uns! Hunde hätten wir schon genügend, aber nur wenige Jäger, die sich die Mühe mit ihnen machen. Auch der Hochwildjäger ohne Hund ist ein halber Jäger, nicht nur der Niederwildjäger.

Wir brachten also „Panni", die dreijährige Hannoveranerin Sándors auf die Wundfährte, nachdem vier Stunden vergangen waren. Der Hirsch sollte krank werden, aber man darf auch den Hund nie an die warme Fährte setzen; denn dann wird er die kalte, die des vorigen Tages nicht mehr sicher halten, leicht auf die sie kreuzende, frische, warme Gesundfährte „changieren".

Wir hatten sehr gut daran getan, den Hirsch krank werden zu lassen. „Panni" hatte leichte Arbeit, der Fährte mit ziemlich viel Schweiß etwa vierhundert Meter weit zu folgen, doch der Hirsch lebte noch im Wundbett. Hochkommen konnte er jedoch nicht mehr und erhielt den Fangschuß. Das Geschoß hatte einen Durchschuß durch beide Lungenflügel mit Ausschuß ergeben: ein typisches Beispiel schlechter Geschoßwirkung.

Für den letzten Jagdtag hatte der Wettergott endlich Einsicht mit uns. Aus Wolkenlücken schien die Sonne auf uns hernieder und ließ auch den Morgennebel verschwinden. Wir stiegen mit großer Freude auf den Jagdwagen, ich nahm auch die Photoausrüstung mit.

Rotwild fanden wir nach kurzem Fahren. Weit drinnen im Hochwald sahen wir linker Hand einen jungen Hirsch und den Spiegel eines anderen Stückes. Schon am Spiegel konnte ich ansprechen, daß dies kein Hirsch war. Als sie dann einige Schritte weiterzogen, sahen wir noch einige Stücke Kahlwild im Rudel. Wir fuhren auf die nächste Querschneise vor, um ihren Wechsel abzuschneiden und erblickten sie. Sie verhofften plötzlich, als sie unseren Jagdwagen eräugten. Wir versuchten, sie in den Lücken zwischen den Stämmen anzusprechen. Nach einigen Sekunden zogen sie aber weiter durch einen dichten Erlenjungwald. Weit hinten verhofften sie wieder. Die Flanke eines Kalbes war von meinem Wagensitz aus zwischen einem wohl sehr schmalen, doch klaren Spalt zwischen zwei Jungstämmen frei zu sehen. Schnell hin mit der Kugel, bevor das Stück wieder unsichtbar wurde. Es war ein Glückstreffer: die Kugel rutschte tatsächlich durch die schmale Lücke und traf das Stück an der richtigen Stelle. Es lag kaum dreißig Schritte vom Anschuß. Auch dieses Stück war ein Wildkalb, doch mehr ein purer Zufall!

Als wir anschließend auf eine breite Schneise einbogen, sahen wir ein Rudel Hirsche. Es waren junge und mittelalte Hirsche, einige mit schwachen Kronen. Sie verhofften in gutem Licht, bis ich die Kamera mit dem Teleobjektiv eingestellt hatte. Das Glück war uns an diesem Tage noch einmal hold: als wir an eine andere Kreuzung kamen, stand auf der Querschneise auf Büchsenschußentfernung ein Kahlwildrudel, ganz hinten am Rande aber alleine, ein schwaches Schmaltier. Ich beeilte mich, die günstige Situation zu nutzen. Das Schmaltier zeichnete auf den Schuß mit einer hohen Flucht. Als es zu Boden kam, konnte es wegen des gebrochenen Schulterblattes nicht mehr auf die Läufe kommen, es rutschte, kam zu Fall, schlegelte einige Male und war verendet. Hier hatte das schwache Geschoß eine hervorragende Wirkung gezeigt.

Es lohnt sich zu erwähnen, daß das Schmaltier auf der Ausschußseite lag. Es ist eine bekannte Erfahrung der Hochwildjäger, daß das Wild, gleich ob es im Feuer oder nach einer Todesflucht zusammenbricht, oder nach längerer Zeit im Wundbett verendet, fast ohne Ausnahme immer auf der Einschußseite liegt. Warum dies so ist? – ich weiß es nicht! Meines Wissens konnte dafür noch niemand eine plausible Erklärung geben. Doch die Tatsache besteht ohne Zweifel!

Interessant ist noch, daß weder dieses, noch das vorgestern erlegte Schmaltier beschlagen war. Dies fällt auf; denn in Ungarn wird die überwiegende Mehrzahl der Schmaltiere, also der „Schmalkälber“ von fünfzehn, sechzehn Monaten Lebensalter in der zweiten Brunft seines Lebens brunftig und setzt im nächsten Frühjahr, also im Alter von zwei Jahren zum ersten Mal. Doch ist dies nicht die Regel.

Ich habe das Jagen beendet. Mein Aufenthalt hier ist abgelaufen. Ich habe mit sieben Kugeln sechs Stück erlegt, die siebente Kugel war ein Fangschuß. Das sage ich beileibe nicht deswegen, weil ich stolz darauf bin. Ich habe auch schon viele meiner Fehlschüsse beschrieben. Aber ich habe mich über dieses saubere Schießen gefreut, weil ich „ gerade Kugeln“ verschoß, nichts anschweißte, das erlegte Wild keine Qualen zu leiden hatte. Alles ist so beschrieben, wie es sich ereignet hat. So ist das winterliche Pürschenfahren im weiten „Somogyer Land“.

Dubletten

Ich bin der Meinung und möchte hoffen, daß ich mit ihr nicht alleine bleibe, daß die Spitze der hohen Schule der Schießkunst eine schnelle, in gutem Tempo geschossene Dublette ist! Denn hierzu muß man schon schießen können, dies kann kaum ein Spiel des blinden Zufalls sein!

Ich meine, daß eine richtige Dublette nur mit einer Doppelläufigen Flinte oder Büchse geschossen werden kann. Von Automaten will ich gar nicht reden! Denn bis der Schütze die neue Patrone im Lauf seiner Repetierbüchse hat, hat er schon an Tempo verloren, der zweite Schuß kommt einen Atemzug später, die beiden Schüsse fallen nicht in der „gleitenden" Folge – Rums-Rums! Denn das ist das richtige Tempo der Dublette der Meister: auf beide Schüsse fallen die hohen, getriebenen Hähne, die ziehenden Enten oder zwei Hühner aus dem im Winde drehenden Volk, – vielleicht roulieren auch zwei Überläufer aus der hochflüchtigen Rotte.

Mit vielen wirklichen Sauen-Dubletten kann ich mich leider nicht brüsten, vielleicht nur mit drei, die ich insgesamt in Sauentreiben mit meiner, vom Großvater geerbten eleganten Sechzehnerflinte fertigbrachte, welche das Brenneke-Flintenlaufgeschoß sehr gerade schoß, mit beiden Läufen. Da ich der Jagdleiter war, nahm ich aus Prinzip zu den großen Jagden nie eine Büchse mit, nur die Flinte mit Brenneke – „falls im Notfall ein Fangschuß notwendig wäre". Wenn ich vor dem Trieb meine Schützen abgestellt hatte, stellte ich mich oft weit hinten an irgendeinen „langen Wechsel", denn bei unseren Treiben waren die Fernwechsel stets von Schützen besetzt. In den meisten Fällen kam mir allerdings nichts, doch hin und wieder verirrte sich ein Stück auch zu mir, oder es kam auch eine versprengte Rotte, ich konnte auch noch – in aller Stille und ohne aufzufallen – meinen Teil herauszwicken. Nur eine von diesen drei gelungenen war eine „Paradedublette"; denn nur bei dieser einen roulierten richtig beide Sauen wie Hasen, während bei den zwei anderen die Sauen mit Kammerschüssen noch weiter flüchteten. Die roulierenden Sauen schoß ich auch wie Hasen, nur so dem Gefühl nach auf eine Entfernung von kaum dreißig Schritt, die beste für die Brenneke. Sie hatten auch beide Kopfschüsse.

Ich bin kein Freund von Halbautomaten. Ich habe nie eine derartige Jagdwaffe geführt. Zwei Schuß müssen genügen, mit ihnen sollten wir sauber und sicher schießen. Was wir mit zwei Schuß fehlen, soll sich seines Lebens weiter freuen!

Ich habe nie eine Dublette auf trophäentragendes Wild geschossen, hatte auch keine Chance dafür. Einesteils, weil ich es schon als angehender Jungjäger gelernt hatte, daß es sich nicht ziemt, auf solches Wild flüchtig zu schießen. Dann hauptsächlich auch deshalb, weil wir auch schon in meiner Jugend Hirsche und Böcke vor dem Schuß genauestens ansprachen. Es wäre uns zum Beispiel nicht eingefallen, zwei kämpfende Böcke als Dublette auf die Decke zu legen. Auch damals wollten wir schon wissen, welcher für die Kugel reif sei. Bei Hirschen ist es teils anders, da ja diese über Winter meist in Rudeln stehen, zumindest die jüngeren. Es kam vor, daß sich in starken Rudeln eine Reihe von abschußnotwendigen Hirschen fanden. Dann habe ich auch öfters mehrere „Geweihträger für Messergriffe" nacheinander herausgeschossen. Doch nie als Dublette. Und zwar deswegen nicht, weil das Rudel allermeistens nach dem Schuß abspringt, das Ansprechen ist dann schwierig. Gelingt es doch, so ist der Auserwählte meistens von anderen Hirschen gedeckt, man kann nicht schießen. Man muß ihnen dann ruhig nachpürschen oder nachfahren. Oft beruhigen sich die Hirsche schon bald nach dem Schuß. Dann sucht man den mit dem schlechtesten Geweih oder schwachem Wildbret wieder aus, und wenn er frei steht, schnell mit der Kugel hin. Ich habe einmal im Winter sogar vier ganz schlechte Hirsche aus einem Rudel herausgeschossen; zwei des öfteren, doch erfordert dies nie eine besondere Schießkunst.

Beim Verminderungsabschuß des Kahlwildes sieht die Sache schon anders aus, weil wir hier schneller die Wahl treffen. Es ist doch wohl Angabe, wenn wir hochtrabend von einem „Wahlabschuß" des Kahlwildes sprechen! Freilich bemüht man sich ständig, das Schwache, Minderwertige zu schießen, aber es ist zumindest in unseren weitläufigen Revieren so, würden wir hier nur immer diese wählen, könnten wir niemals so viel weibliches Wild erlegen, wie uns der Abschußplan vorschreibt. Deswegen pflegte ich, wenn ich schon das schwächste Kalb oder Schmaltier des Rudels geschossen hatte, nun ein Stück auszusuchen, welches nicht führte. Damit habe ich mehrfach zwei, auch mehrere Stücke aus einem Rudel herausgeschossen, manchmal auch Gelegenheit zu einer schnellen Dublette gehabt.

An einem Wintertag fuhren wir in den weitläufigen, nur sanft gewellten Waldungen des südlichen Somogy auf Kahlwild pürschen. In einer Reihen-Kiefernpflanzung stand ein Kahlwildrudel auf beste Distanz für die Büchse. Ich stieg vom weiterfahrenden Wagen ab, denn in dieser Pflanzung ohne Unterwuchs war vom Boden aus der Kugel eine freiere Flugbahn gegeben, als von oben vom Wagen aus wegen der herabhängenden Zweige. In einer Reihe stand ein Schmaltier breit. Ich konnte das Blatt gut sehen, obwohl einige dünne Zweige auch jetzt davor waren. Ich schoß auch sofort, denn selten bekommt man in unseren Wäldern das Wild noch besser frei. Ich „war auch gut drauf", aber das Schmaltier sprang ohne Zeichnen ab. Es gab keinen Schnee, der Boden war in der Gegend des Anschusses von Fährten übersät, so daß es nicht leicht war, den Anschuß zu finden. Schließlich entdeckten wir Eingriffe, doch weder Schweiß noch Schnitthaar am Anschuß. Das passiert sehr oft beim Geschoß 7x64. Deswegen liebe ich auch dieses Kaliber nicht besonders!

Es blieb uns nichts anderes übrig, als mit meinem Freund Sándor, dem Oberjäger, eine „Schwarmlinie" zu bilden und im übersichtlichen Fichtenstangenholz in Fluchtrichtung zu suchen. Das Stück mußte nach kurzer Todesflucht verendet liegen. Doch wir fanden nichts, obwohl Sándor auch seinen Schweißhund am Anschuß ansetzte. Sicher hatte ein winziger Zweig die Kugel aus ihrer Flugbahn gelenkt.

Wir waren im Fichtenstangenholz schon etwa dreihundert Schritt vom Anschuß entfernt und wollten die Nachsuche abbrechen, als ich vor mir den Aufschlag von schweren Schalen hörte. Ein Rudel Kahlwild wurde vor uns flüchtig und brach nach hinten durch, etwa vierzig, fünfzig Schritt von mir entfernt, mit vorgestrecktem Träger, hochflüchtig in langen, gestreckten Sätzen. Zum Glück nicht in einem Pulk, sondern nach Art des richtig hochflüchtigen Rotwildes hintereinander. Ich hatte nicht einmal Zeit, das Zielfernrohr abzunehmen oder auf kleinere Vergrößerung zu stellen. Ich konnte es bloß gefühlsmäßig mit fünffacher Vergrößerung in schnellem Anschlag vor das Blatt eines breitflüchtenden Stückes richten. Im Schuß zeichnete es nicht, flüchtete weiter, ich repetierte blitzschnell. Jetzt hatte ich das Gefühl, so schnell geschossen zu haben, als wenn ich aus einer Doppelbüchse geschossen hätte. Es war sicherlich „Tempo" in den Schüssen, denn das nächste Tier, oder war es schon das dritte, zeigte wieder in hoher Flucht die Breitseite. Auf dieses schoß ich auch gefühlsmäßig, es flüchtete weiter. Beide lagen dann auch fast nebeneinander ungefähr achtzig Schritte vom Anschuß, beide mit Blattschuß. Dies war auch mit einem Repetierer eine richtige Dublette, weil ich mich sehr beeilt hatte und bei Abgabe der Schüsse sehr ruhig war.

Gemäß der Duplizität der Fälle gelang mir am nächsten Tag wieder ein Doppelschuß. Doch war dies keine richtige, dem flinken Schützen zur Ehre gereichende Dublette, sondern eine, die wir gerne als „Stümperdublette" bezeichnen.

Wir stießen in einem richtigen „Weidewald" mit jahrhundertealten, einzelstehenden Eichen- und Buchenüberhältern, darunter inselartig verstreute Dikkungen aus Hainbuchen-Anflug und stacheligen, immergrünen Brombeersträuchen auf ein großes Kahlwildrudel. Ein schwächeres Stück stand etwas abseits unter einer alten Buche auf hundertfünfzig Schritt Entfernung. „Schieß das Stück, das paßt!", sagte Sándor hinter seinem Glas. Ich dachte dasselbe, fackelte also nicht lange und setze ihm die Kugel hinters Blatt. Dann, ohne es weiterhin viel zu beobachten, richteten wir unsere Aufmerksamkeit auf die anderen Stücke. Vielleicht gelang es, noch ein Stück aus dem Rudel herauszuschießen. Doch sie sprangen ab, wir konnten nur ihre Spiegel sehen.

Wir gingen zum Anschuß! Nach links führte eine breite Schweißfährte mit schaumigem Lungenschweiß. Gleich darauf sahen wir auch das etwa fünfzig Schritt weiter liegende verendete Stück. Fast zur selben Zeit bemerkten wir jedoch ein vom ersten etwas seitlich liegendes anderes verendetes Stück! Zunächst konnten wir die Sache überhaupt nicht begreifen. Denn das beschossene Stück hatte ganz alleine frei gestanden, es war kein anderes in der Nähe, das auch hätte getroffen werden können. Dann fanden wir des Rätsels Lösung! Das erste Stück war ein schwaches Tier, das zweite ein ebenfalls schwaches Wildkalb. Das Kalb stand so unmittelbar hinter dem Tier, daß sich sogar die Läufe deckten. Drei Jäger mit geschulten Augen, der Oberjäger, der Kutscher und ich, keiner hatte das Kalb hinter der Mutter entdeckt. Die Kugel hatte die Kammer des Tieres durchschlagen, höchstens eine Rippe gefaßt und das Kalb erhielt ebenfalls einen Kammerschuß. Das Geschoß durchschlug den Wildkörper jedoch nicht mehr, ergab aber eine ausgiebige Schweißfährte.

Sauentreiben bieten die meisten Möglichkeiten zu Dubletten, schon deswegen, weil man – zumindest im Winter – meistens wenig darauf achten muß, welches Stück man schießt. Heute ist es üblich, jedenfalls bei Jägern mit waidmännischer Auffassung, die führenden Bachen nicht von ihren Frischlingen wegzuschießen. Denn diese haben die Mutter sehr nötig, um durch die Unbilden des Winters gebracht zu werden. Ich möchte hoffen, daß wir alle einmal den Grad der ethischen Jagdauffassung erreichen, auch im Treiben nicht die zwei- oder dreijährigen angehenden Keiler zu schießen und sie wie unsere Hirsche und Böcke heranreifen zu lassen. Auch diese schießen wir ja nicht im Alter von zwei, drei Jahren, weil sie dann noch zu jung sind und eine Chance haben, viel stärker zu werden. Genauso dumm ist es, die jungen männlichen Sauen tot zu schießen, denn wie sollten sich sonst die starken alten Keiler, der Wunschtraum jeden Jägers, entwickeln? Im Láboder Revier, in dem ich als Jagdleiter tätig war, schossen wir kaum jemals Sauen an Schütten, bei Pürsch und Ansitz ließen wir auch die jungen Keiler laufen, es gab auch starke Keiler in stattlicher Zahl. Doch bei Treibjagden konnte ich nicht verlangen, daß außer den führenden Bachen auch die angehenden Keiler geschont wurden.

Heute sind auch dort, wie überall in unserem Lande, die starken Keiler eine Seltenheit geworden! Vielleicht kommt auch bei uns noch die Zeit, in der die Sauen nicht mehr mit allen Mitteln kurzzuhaltendes Schadwild sind, sondern wir sie rationell hegen müssen, wie unsere anderen Wildarten. Denn wenn wir sie nur schießen, wie sie vor unser Rohr kommen, so muß dies in der heutigen bei uns bestehenden Situation resultieren: alte, richtig starke Keiler sind zur Rarität geworden, frischende junge Bachen gibt es so viele, daß sie laufend für reichen Nachwuchs sorgen. Und weshalb ist es so? Weil unsere Sauen immer noch vogelfrei sind, Schadwild, welches man ohne jeglichen Wahlabschuß zu dezimieren versucht! In der Jagdpraxis werden noch dazu immer die stärksten Stücke geschossen! Denn vielleicht ist das der langersehnte urige Basse, und vor allem ist die „dicke“ Sau leichter zu treffen als Frischlinge oder Überläufer. So werden, weil es keine stärkeren gibt, auch die jungen Keiler tot geschossen, zusammen mit ihnen die starken Altbachen. Es bleibt ständig die Jugend, das „Geraffel“ übrig, welches einen beträchtlichen, doch nicht erstklassigen Zuwachs bringt!

Wir müssen genau das Gegenteil tun, um auch unsere Sauenbestände rationell hegen zu können: in erster Linie die jungen Jahrgänge vermindern, damit würden wir die Bestände niedriger halten können. Die alten Bachen schonen, von denen wir die stärksten Frischlinge erwarten können und die sie auch am besten führen. Schonen hauptsächlich die jungen männlichen Stücke, denn wir wollen nicht schlechthin nur „Sauen“, sondern auch starke, alte Keiler erlegen! Ich hoffe sicher, daß einmal auch dies verwirklicht wird, es wird bestimmt beträchtlich zum guten Ruf des ungarischen Jagdwesens beitragen.

Wir haben bislang beim Schwarzwild keinen Wahlabschuß betrieben, obwohl es bei der Treibjagd, bei der Pürsch und beim Ansitz als Grundregel gelten sollte, stets nur das „Geraffel“ zu schießen. Und dann natürlich auch, als Frucht unserer Entsagung, die alten, grimmigen Keiler, wenn sie uns vor das Rohr kommen!

Es besteht oft die Chance, auch wenn man nur die schwachen Stücke schießt, zu Dubletten oder sogar auch zu mehreren Stücken aus einer Rotte zu kommen. Obwohl ich selber unzählige Saujagden geleitet habe, stand ich in dieser Eigenschaft fast immer auf „verlorenem Posten“, Diana lächelte mir nur äußerst selten zu. Es gelang mir auch nicht, mehr „richtige“ Dubletten zu schießen, obwohl ich zwei- oder dreimal drei Stück aus einer Rotte schoß, einmal sogar vier. Jedoch waren nicht alle flüchtig.

Als ich dann alterte und immer „satter“ an Sauen wurde, wurde ich auch immer wählerischer. Zum Anfang war es mir egal, ob ich die Sauen am Ansitz oder im Treiben schoß, sogar auch an der Schütte, es sollte nur mehr Schwarzwild sein! Später hielt ich dann sehr wenig vom Ansitz auf Sauen. Es machte mir keine Freude, viele Stunden lang auf dem Ansitz zu hocken und zu warten, ob eine Sau kommt. Man sieht sie meistens nur mit verschwommenen Umrissen im Mondschein, nur eine schwarze Masse, und man muß froh sein, wenn man sehen kann, wo vorne und hinten ist. Ist sie weit, kann man nicht schießen, weil man nicht deutlich Ziel fassen kann. Wenn es klar ist, so ist die Sau nahe und fast nicht vorbeizuschießen. Ich halte diese Form der Jagd für wenig sportlich.

Noch viel weniger Waidmannsfreude bietet das Erlegen von Sauen an der Schütte. Obwohl unsere waidmännische Auffassung das Erlegen von Hoch- und Rehwild an Salzlecken und an Fütterungen strengstens verbietet, ist dies im Falle der Sauen merkwürdigerweise erlaubt, weil die Sauen „Schadwild" sind. Ist es nicht fast immer nur ein reines „Totschießen", wenn der Jäger in einem gut getarnten Ansitzschirm, oder noch viel öfter in einer vom Wind und Wetter, und auch vor dem Verrat des Windes schützenden Kanzel, genau weiß, auf welche Stelle die Sauen austreten werden, wohin schon vielleicht seit Monaten zu ihrer Kirrung Mais oder andere Leckerbissen geschüttet wurden? Sehr oft wird dem Jäger auf unser letztes wehrhaftes Wild auch noch gemeldet, zu welcher Uhrzeit nachmittags die Sauen anwechseln, um den leeren Pansen zu füllen.

Nach all dem – wie Hochwürden, der Wasser predigt und Wein trinkt – muß ich nun gestehen, daß auch ich Sauen an der Schütte geschossen habe. Doch nicht viele. Ich könnte sie an den Fingern der einen Hand aufzählen. Es war in jenen „Pionierjahren" in der Hanság in Westungarn, als Mitte der fünfziger Jahre die Sauen dort so unerwartet ankamen und sich so schlagartig vermehrten. Die dortigen Jäger verstanden nichts von ihrer Bejagung, auch hatten sie eine starke „Achtung" von ihnen. Zu dieser Zeit verzeichnete ich auch noch keine beträchtliche Strecke von Schwarzkitteln, doch wußte ich, wie man sie bejagt. Darum ließ ich auch einige Schütten anlegen.

Ich hatte noch kein halbes Dutzend Sauen erlegt, als ich an einem schönen, hellen Mondscheinabend einen Hochsitz an einer kleinen Lichtung im Dschungel von Schilf und Salweiden bezog, wohin wir, da ringsherum beste Saueneinstände waren, seit einiger Zeit Kolbenmais gebracht hatten. So gegen neun Uhr kamen dann auch in der mondhellen, doch schneefreien Winternacht zwei starke Überläufer zum Mais. Ich ließ sie auf die Lichtung herauswechseln. Sie waren nicht weiter als fünfzig Schritt entfernt, als sie sich schon schmatzend am Mais gütlich taten, wobei der eine die Breitseite zeigte. Er bekam die Kugel, die ihn im Knall zusammenbrechen ließ. In Windeseile repetiert. Der andere

Hochsitz an der „Rabenbaumschneise", wo acht Gestelle sternförmig zusammenlaufen

Rudel von Junghirschen

Wenn sie über die Schneise ziehen, sind sie gut anzusprechen

Abschußhirsch – Eissprossenachter!

war abgesprungen, verhoffte jedoch auf einen Augenblick am Dickungsrand, um auf den anderen zu warten. Dies genügte, um auch ihm die Kugel auf die Rippen zu setzen. Ich war damals sehr stolz auf diese „jagdliche Spitzenleistung“, doch bin ich dann sehr schnell der Bejagung von Sauen an der Schütte überdrüssig geworden.

Meine – ich hoffe nur vorläufig – letzte Sauendublette ist mir unlängst geglückt. Ich erzähle sie, weil sie viel jagdlich Lehrreiches enthält.

An einem wunderbar sonnigen Wintertag fuhren wir in einem riesigen, zusammenhängenden Waldrevier des südlichen Somogy im Flachland auf Kahlwild. Wenn wir großen Dusel hätten, wollten wir auch auf Sauen pürschen. Es galt in diesem mit Hochwild reich gesegneten Revier als keine besondere Strekke, daß wir bis zur Mittagszeit schon vier Stück Kahlwild, schwache Kälber und Schmaltiere, erlegt und versorgt hatten. Auch eine starke Rotte Sauen war auf lange Büchsenschußweite vor unserem Pferdewagen über die Schneise gewechselt. Ich war auch sofort vom Wagen gesprungen; denn über die Köpfe der Pferde hinweg darf man nicht schießen. Die Sauen waren aber weit und kamen auch im Pulk, so daß ich nur auf den letzten Überläufer eine Kugel los wurde, mit der ich mich auch verspätet hatte. Sie streifte nur hinten die Keulen. Es lag nur Wildbretschweiß, auch der nur wenig und hörte nach einigen hundert Schritten völlig auf. Diese Sau hatte wenig abbekommen!

Am späten Nachmittag, als wir an einer vier bis fünf Meter hohen Kieferndickung vorbeifuhren, in der die unteren Zweige schon abgestorben waren, so daß man mindestens auf Schrotschußweite Sicht in sie hatte, ließ der neben dem Kutscher auf dem Bock sitzende Berufsjäger plötzlich halten, zeigte in die Dikkung und sagte: „Sau!“ Ich sah eine dunkle Masse, die Konturen einer Sau in der Dickung auf etwa vierzig Schritt Entfernung. Es war nicht festzustellen, wo Haupt und wo Keulen sich befanden, doch konnte ich einwandfrei sehen, daß die Sau breit stand. Darum entschloß ich mich im Augenblick zum Schuß und schoß mitten drauf: dann faßt die Kugel bestimmt Leben! Nach dem Schuß konnte ich nur sehen, daß die Sau nicht im Feuer zusammenbrach, sondern absprang. Kurz darauf, ich konnte gerade repetieren, erschien eine Sau auf einer kleinen Lichtung mit niedrigerem Kiefernwuchs auf einem flachen Abhang vor uns und verhoffte halb gedeckt schräg von uns. Gemäß der altbewährten Grundregel, daß man ein krankes Stück beschießen soll, so lange es sich noch bewegt, schoß ich die sehr verdeckte Sau. Auf den Schuß hin wurde sie flüchtig in Richtung auf die Schneise, auf der unser Fuhrwerk stand. Ich sprang vom Wagen, machte mich fertig. Als die Sau auf etwa sechzig Schritt die Schneise flüchtig überquerte, gelang es mir, sie mit einer „geraden“ Kugel roulieren zu lassen. Sie hatte aber nur zwei Kugeln: eine schräg von hinten hinter die Rippen, die zweite, der Fangschuß, hinter dem Teller. Wie war denn das möglich? War dies vielleicht eine zweite Sau? Also zurück zum ersten Anschuß! Dort erhielten wir sofort Antwort: es lag Schweiß, auf kaum dreißig Schritt die erste Sau mit der Kugel mittendrauf.

Und die Moral von der Geschichte: versäume niemals, lieber Waidkamerad, jeden Anschuß gewissenhaft zu untersuchen!

Die wirklich wildernd jagenden Hunde tun dies nicht einzeln, sondern stets zu zweit. Tagsüber bewachen sie treu Haus und Hof, nachts aber schlagen sie sich zusammen, durchstreifen Wald und Flur, bis sie an ein Stück Wild kommen, das so nahe vor ihnen flüchtig wurde, daß sich eine Hetze lohnt, besonders am Rehwild. Von zwei Seiten bestürmen sie dann lange das vor Müdigkeit immer langsamer werdende Wild, bis sie es endlich einholen und einer von ihnen sich an die Keule hängt. Der andere faßt nun an die Gurgel, und die Tragödie ist beendet...

Das unbändigste Jägerblut haben deutsche Schäferhunde und insbesonders ihre im Körper meistens leichteren Bastarde, die in unseren Dörfern leider immer mehr überhandnehmen; besonders gefährlich sind sie nicht nur deshalb, weil sie ausdauernder im Hetzen sind, sondern auch hauptsächlich dadurch, daß sie im Gegensatz zu anderen Hunden infolge des Wolf-Erbgutes nicht lauthals, sondern vollständig stumm hetzen. Deshalb ist ihr nächtliches Handwerk viel schwieriger zu entdecken, sie sind gar nicht leicht zur Strecke zu bringen.

Ich muß vorausschicken, daß ich ein großer Hundeliebhaber bin und es stets als eine mir sehr contre coeur gehende Pflicht des Berufsjägers hielt, die in der Feldmark streunenden und auch jagenden Hunde abzuschießen.

Die nächtlicherweise und im Morgengrauen zu zweit jagenden Schäferhund-Bastarde allerdings verfolgte ich mit großem Eifer, denn sie verursachten nicht nur gewaltigen Schaden im Wildbestand, sondern störten das Wild ungemein. Es wurde scheu, unstet, vergrämt.

Es gelang mir öfters, zwei nahe anwechselnde wilde Hunde mit Schrot ins Jenseits zu befördern. Jedoch war dies mehr die Pflicht des Berufsjägers als eine Leistung im Schießen. In meinen jagdlichen Erinnerungen haben jene beiden Schäferhund-Bastarde einen bleibenden Platz gefunden, die an einem sonnigen Maimorgen eine hochbeschlagene Rehgeiß in der kniehohen Weizensaat hetzten. Ich konnte in einem Graben geduckt vorwärtslaufen und ihnen den Weg abschneiden, so daß sie dann auf etwa sechzig Schritt die schon mit offenem Äser flüchtende, immer langsamer werdende Ricke breit an mir vorbei hetzten. Zum Glück hatte ich den Repetierer dabei, für Schrot wäre es zu weit gewesen. Ich konnte mit zwei schnellen Schüssen beide Hunde in die Saat legen.

Mit Füchsen jedoch hatte ich kaum solches Waidmannsheil. Ich konnte niemals eine Dublette auf sie schießen, hatte auch nie die Chance dazu. Es war stets der größte Wunsch in meinem Jägerleben, in einem winterlichen Treiben aus einer Dickung oder Schilfpartie gleichzeitig flüchtende Rotröcke mit einer ruhigen, bedachten Dublette beide hintereinander Rad schlagen lassen! Doch der Fuchs kommt meistens alleine.

Ich habe zahlreiche Füchse erlegt, besonders in den zwei Jahrzehnten nach dem Krieg, als sich noch kaum jemand um die Verminderung der plötzlich überhandgenommenen Füchse kümmerte, der Balg brachte auch jahrelang keinen guten Erlös. Nur die Berufsjäger in einigen gut verwalteten Niederwildrevieren bemühten sich um den Fuchs. Wir konnten ihrer damals kaum Herr werden, der Nachschub kam ständig aus allen Nachbarrevieren.

Fuchs und Sau sind die beiden Wildarten, deren Bejagung mit den verschiedensten Methoden möglich und deswegen auch am abwechslungsreichsten ist. Wir bejagten den Fuchs auch deshalb, weil aus den Erlösen der Bälge die Patronenkosten gedeckt werden konnten. Unsere Methoden: Sprengen aus dem Bau mit Erdhunden bis zum Locken mit der Hasenklage, zur Winterzeit Bejagung im Treiben. Im Laufe der Jahre habe ich viel Erfahrung im Organisieren von Fuchstreiben gesammelt, der Grundsatz, immer mit dem Wind zu treiben. Der Fuchs ist gerade das Wild, welches mit schlechtem Wind am besten zu treiben ist. Ich habe mich auch auf das Fuchs-Verhalten einstellen können und damit den Stand des Jägers im Treiben dementsprechend ausgewählt. Man muß sich nämlich immer dahin stellen, wo die Verbindung zwischen getriebener und benachbarter Deckung am kürzesten ist, wo der Fuchs womöglich in Deckung, ob Graben, Waldzunge oder Unkrautfeld, hinüberkommen kann.

Ich habe sicherlich bedeutend mehr als zweihundert Füchse erlegt. Es wäre interessant, zusammenzustellen, wieviele ich je mit der Quäke, beim Sprengen, auf der Pürsch und auf dem Ansitz erbeutete. Aber mein Schußbuch ging verloren. Ich bin jedoch sicher, daß ich die meisten Füchse im Treiben geschossen habe. Nie hatte ich eine Chance auf eine Dublette, auch zwei Füchse in einem Treiben kamen mir nur insgesamt dreimal in meinem fast fünfzigjährigen Jägerleben. Die zwei ersten Male kam der zweite Fuchs so ungünstig, daß ich ihn nicht schießen konnte. Nur auf den dritten Anhieb gelang mir dies und zwar, als wir eine kleine Dickung neben einem Flußlauf in Kleinasien trieben. So habe ich ziemlich weit reisen müssen, um endlich doch zwei Füchse in einem Treiben erlegen zu können!

Auch von „gemischten" Dubletten kann ich nicht viel erzählen. Vielleicht war die „gemischteste", die mir gelungen ist, eine auf Schnepfe und Fasan, die freilich auf herbstlichen Fasanenjagden keine große Seltenheit war. Und Hase-Rebhuhn-, Fasan-Ente- und Fasan-Rebhuhn-Dubletten sind, oder besser gesagt: waren so häufig, daß sie kaum erwähnenswert sind. Genauso wie Dubletten auf zwei aus dem Kessel flüchtende Hasen oder bei der Suche auf Hühner oder Fasanen.

Ich bin ein Leben lang viel mehr Schrot- als Kugelschütze gewesen, obwohl ich natürlich immer eine große Freude und Passion beim Bejagen und insbesondere im Anpürschen von Schalenwild fand. Das Jagdfieber schüttelte mich vorschriftsmäßig oft auch dann vor dem Schuß, wenn der Gast, den ich begleitete, schießen sollte und nicht ich! Beim Hochwild war mir nicht der Schuß selber wichtig, sondern das Drum und Dran, die Spannung, die Jagd!

Anders jedoch beim Niederwild. Hier bot mir stets der Schießsport, der Genuß am Schuß, die Entwicklung der Technik des Schießens auf das höchste Maß die größte Freude. Ausgenommen natürlich, wenn ich mit Hunden buschierte und ihre Arbeit bewunderte. Denn die Leistung des feinnasigen und gut geführten Hundes ist wundervoll.

Ich bin zwischen hervorragenden Schrotschützen aufgewachsen und hatte auch später die Möglichkeit, sie zu erleben. Vor vielen Jahrzehnten las ich in „Wild und Hund" eine Abhandlung über das Schrotschießen. Der eine Satz ist fest in meinem Gedächtnis haften geblieben: „Schrotschießen ist eine große Kunst, die nur ganz wenige wirklich beherrschen!" Wie recht der Autor hatte!

Drei Spitzenkönner zu treffen und sie viel schießen zu sehen, habe ich im Leben das Glück gehabt: Béla Gáspárdy in den alten Tagen, den unlängst verstorbenen Zsigmond Széchenyi und den in der Türkei lebenden und jagenden deutschen Freund Hans von Aulock. Diese schossen bzw. schießen mit einer fast unglaublichen, tödlichen Sicherheit. Denn der eminente Schrotschütze zeichnet sich auch dadurch aus, daß sein beschossenes Wild im Schuß „gebrochen wird" und nicht mit hängenden Ständern oder Schwingen weiterzieht oder flüchtet.

Freilich gab es nicht nur unter den „Alten", sondern es gibt auch unter den jungen Schützen heute hervorragende Könner. Doch das, was die Alten ihnen aus der Natur der Sache voraus haben, ihre große Routine im jagdlichen Schießen, das besitzen die Schützen der jüngeren Generation kaum, weil sie überwiegend nur die Möglichkeit haben, sich als Tontaubenschützen zu üben. Eben deshalb sind sie zwar meistens unglaublich schnell im Schießen, doch übereilen sie sich bei Wild sehr oft, weil ihnen die Routine fehlt, die günstigste Position des Wildes zu einem ruhig hingesetzten Schuß auszunutzen. Ich habe keine fünfzig Tontauben in meinem Leben geschossen. In meiner Jugend war dies auch noch nicht Mode.

Es ist mir nur dreimal gelungen, eine Schnepfendublette zu schießen, auch noch eine „Stümperdublette", als auf meinen ersten Schuß beide Schnepfen herunterfielen. Zweimal ist es mir passiert, daß eine Schnepfe der Dublette wieder vor meinem Hund hochging und auf Nimmerwiedersehen abstrich. Ein Schrotkorn hatte sie offensichtlich nur am Kopf gestreift. Mein Bruder hat es auf noch weniger gebracht. Es ist ihm nur unlängst gelungen, beide Schnepfen eines Zwick zu erlegen. Darüber hinaus kenne ich eine ganze Reihe von Schnepfenjägern, gute Schützen, denen dies niemals gelungen ist. Doch weshalb eigentlich nicht? Ist denn dies eine so große Schießleistung? Ich glaube, ja, obwohl in der Balzzeit, in diese Periode fällt der Durchzug der Schnepfen bei uns, sich beim Strich oft zwei, manchmal auch mehr Schnepfen verfolgen. Diese sind, wie ich durch Bestimmung des Geschlechtes von vielen geschossenen Schnepfen durch Öffnen der Bauchhöhle feststellen konnte, fast immer Männchen. Es kommt selten vor, daß ein Weibchen von einem Hahn verfolgt wird.

Die Schnepfen streichen während der Morgen- und Abenddämmerung, immer nur bei schlechtem Licht. Wenn sie sich gegenseitig verfolgen, so machen sie sehr oft unberechenbare Sturzflüge. Man kann sie nur gegen das Licht des hellen Himmels beschießen. Wenn der Vogel vor den dunklen Hintergrund eines Berges oder von Bäumen kommt, so verschwindet er sofort aus dem Gesichtsfeld, ein Schuß ist nicht mehr anzubringen. Vor allem ist der Jäger meistens, ich immer, so aufgeregt, daß er sich zumindest mit einem, oft sogar mit beiden Schüssen übereilt.

Schießt man eine Dublette auf ein sich verfolgendes Zwick, gehört außer der unumgänglich notwendigen Schießfertigkeit auch noch ein sehr großer Sack Dusel dazu. In erster Linie, daß die Schnepfen günstig schußgerecht kommen. Wenn nun, lieber Waidkamerad, Dir alle Jagdgötter so hold gewesen sind, dann sollst Du auch Deine Chance nutzen: Du mußt immer den hinteren Vogel erst beschießen! Wenn Du nämlich erst den vorderen Vogel herunterholst, wird sich der hintere totsicher mit einem eleganten „Kopfsprung“ in der Hitze der Verfolgung ihm nachstürzen, Du hast dann über ihn weggeschossen, oder aber er verschwindet vor dem dunklen Hintergrund, bevor Du hättest doppeln können. Wenn Du hingegen erst den hinteren Vogel schießt, so kannst Du berechtigte Hoffnung haben, daß der erste seine Flugrichtung beibehält und sich zum Schuß mit dem zweiten Lauf anbietet. Mir sind meine Schnepfendubletten mit Hilfe dieser Beobachtung gelungen.

Bei Gänsen und Enten habe ich viele Dubletten geschossen, insbesondere, wenn ich die auf hochgehende oder getriebene Enten mitrechne. Dies ist keine besondere Schießleistung. Es gehört sich auch für den mittelmäßigen Flintenschützen, von hochgehenden Enten Dubletten zu schießen, was keineswegs schwieriger ist als der Schuß auf den vor dem Hund im Feld aufsteigenden Fasan.

Doch anders die Situation bei streichenden Gänsen und Enten! Sie haben die gemeinsame Eigenschaft, daß sie auf den ersten Schuß hin auseinanderstieben, plötzlich Höhe gewinnen, blitzschnell die Flugrichtung ändern. Der Jäger muß jetzt seine Schußrichtung ändern, ganz anders vorhalten.

Besonders augenfällig war das, wenn man beim Gänsestrich aus der Grube schoß. Wenn der Jäger die Gänse in Schußhöhe die Ansitzgrube anfliegen sah, so mußte er sich in der oben engen, nach unten sich erweiternden Grube in diese Richtung wenden, allerdings ganz geduckt, damit er nicht auf der endlosen Fläche der Puszta aus der Grube „heraushing". Wenn dann die Gänse in Schußnähe herangestrichen waren, so gab es bei dem erfahrenen Gänsejäger zwei Methoden. Entweder schoß er zunächst geduckt, mit gebogenem Rückgrat aus unbequemer Stellung. Dieser Schuß war dennoch fast sicher auf die vertraut in gerader Richtung anstreichenden Gänse. Natürlich stoben die Gänse auf diesen Schuß hin auseinander, änderten die Flugrichtung, der Jäger konnte sie aus seiner geduckten Stellung nicht mehr beschießen. Deswegen mußte er nun in der Grube blitzschnell aufspringen, um den zweiten Schuß abzugeben. Ich selber bediente mich dieser letzteren Methode. Aber auch so glückte oft die Dublette nicht, manchmal ging sogar auch schon der erste Schuß vorbei!

Es gab aber auch Jäger, die darauf schworen, nicht mit einer unsicheren, verschränkten Haltung aus der Grube zu schießen, sondern in dieser unmittelbar vor dem Schuß aufzustehen. So bewegt man sich leichter, führt die Flinte ungehindert ins Ziel. Aber im Augenblick seiner Bewegung haben ihn die Gänse auch weg und werfen sich blitzschnell seitwärts und in die Höhe, so daß auch schon der erste Schuß ziemlich unsicher ist.

Eine Dublette auf Krickenten des von mir als den erstklassigsten Schützen erwähnten Zsigmond Széchenyi wird mir mein Lebtag in Erinnerung bleiben. Wir trieben einen großen Fischteich mit einigen Kähnen auf Enten und Bläßhühner. Die Schützen standen auf dem mit Schilf umsäumten Deich, der zwei Teiche trennte. Széchenyi war mein Nachbar, ich konnte also gut sehen, was er anstellte. Zunächst flog ihn ein kleiner Schof von Haubentauchern, damals waren sie bei uns als Fischereischädlinge noch nicht geschützt, niedrig an, jedoch mit windschnellem Flug. Er schoß mit schneller Dublette zwei heraus. Dann strich ihn ein Schof Krickenten sehr, sehr hoch an. Er umfaßte mit vollständig gestrecktem linken Arm die Läufe ganz vorn, schoß die erste mit dem rechten Lauf steintot, dann mit dem linken, als die kleinen Enten auseinander und noch höher stoben, auch die zweite.

Ich möchte noch eine eigene Entendublette einflechten, die mir sehr in der Erinnerung haften blieb, nicht um mich selber zu beweihräuchern, im Gegenteil.

Es passierte ebenfalls in Lábod, daß wir an einem warmen Augusttag mit einigen gut stöbernden Vorstehhunden einen Fischteich bejagten. Dies war ein mit Schilf und Binsen dicht bewachsener seichter Teich von etwa fünf Hektar Größe, doch mit nur ganz kleinen freien Wasserflächen. Ein wundervoller Platz für Breitschnäbel, die sich vor der Hitze des Sommertages verziehen wollen. Für die Jagd ist er auch hervorragend. Die Enten wurden vor den stöbernden zwei, drei Hunden meist nur einzeln oder in kleinen Schofen hoch und konnten nur in zwei Richtungen das Weite suchen, nach vorne und nach links; denn in den beiden anderen Richtungen wurde der Teich von Hochwald gesäumt. Zwei, drei Gäste stellte ich vorne an, meinen Bruder an die Ecke, und ich flankierte auf dem Damm, der den Teich nach links hin säumte.

Nun, es gehört zur guten jagdlichen Kinderstube, und das sage ich deswegen mit solcher Betonung, weil es heute schon von den meisten Jägern nicht befolgt wird, daß der seitlich flankierende Schütze nur auf solches Wild schießt, das auf ihn gerade zustreicht, also seitlich aus dem Trieb heraus will. Es ist eine jagdliche Ungezogenheit, ja Schießwut, Wild, das in das Treiben hineinstreicht, also vor die vorn stehenden Schützen zu schießen.

Es wurden drei dicke Stockenten im Treiben hoch und nahmen schräg Richtung zwischen mir an der Flanke und meinem Bruder an der Ecke. Ich glaubte zu sehen, daß sie die Flanke anfliegen wollten, mein Bruder hingegen, daß sie Richtung auf die Ecke nahmen. Nun weiß ich nicht, ob ich dachte, daß auch ihm noch Enten kommen würden, oder, ob mich im entscheidenden Augenblick die jagdliche Kinderstube verließ. Jedenfalls schoß ich auf die mir in bester Distanz breit streichenden Enten, worauf gleich zwei von ihnen herunterfielen, die gebliebene dritte jedoch emporsteilte, bis mein linker Lauf auch sei erreichte. In der Hitze des Gefechtes war die Passion mit mir durchgegangen, die Dublette war gut gelungen! Mein Bruder beglückwünschte mich etwas sauer und sagte nur: „Wenn Du zumindest nur eine zu mir weitergelassen hättest!“ Vor allem ist mir diese Dublette wegen des kleinen Gewissensbisses so gut in Erinnerung geblieben!

Zum Abschluß möchte ich noch vom Fasan plaudern. In erster Linie deswegen, weil er heute unser zahlreichstes Niederwild in Ungarn geworden ist, aber auch, weil er zu den besten „Paradeschüssen“ Gelegenheit gibt. Hasen werden bei uns schon kaum bejagt, meistens lebend gefangen, die Hühner gehen seit der Einführung der großflächigen Landwirtschaft leider beträchtlich zurück. So bleiben für den ungarischen Jäger vornehmlich Fasanenhähne. Wenn man bei seiner eigenen Jagdgesellschaft jagt, so bekommen die Mitglieder sogar drei Patronen pro erlegten Hahn, und außerdem pro Jagdtag einige Hahnen als Jägerrecht, die man als gerne angenommene Gabe an seine „Gläubiger“ verschenken kann.

Der Schuß auf den hohen, schnellfliegenden getriebenen Fasan ist schwierig, da jeder Fasan anders fliegt! Nicht so sehr im Waldtreiben, wo die Bäume meistens doch den Wind auffangen und die Fasanen die auf den Schneisen stehenden Schützen meistens nicht sehen können. Hier ist das Fasanenschießen leichter, weil sie gleichmäßiger fliegen und über den Bäumen auch in der gleichen Höhe.

Doch ist es ganz anders draußen auf der freien Fläche, wenn die Fasanen aus kleineren Remisen, Schilfpartien, Unkrautflecken getrieben werden, was bei uns heute meistens der Fall ist. Wenn er hier hochgeht, so faßt ihn sofort der auf der weiten Ebene wehende Wind, der in seiner Richtung den verhältnismäßig großen Vogel nach vorne beschleunigt oder aber in seiner Fluggeschwindigkeit hemmt, meistens jedoch seitlich drückt. Auch eräugt der Fasan sofort die im Freien stehende Schützenlinie, die der Jagdleiter weitab von der Deckung ins Feld gestellt hat, beileibe nicht unmittelbar neben die Deckung, damit sich die Vögel hoch erheben und eine möglichst gute Schießleistung verlangen. Doch sie erheben sich nicht bloß hoch in die Lüfte, wenn sie die Schützen sehen, sondern sie drehen auch! Es ist eine Lust zu beobachten, wie diese hoch getriebenen Fasanen den Schroten auszuweichen suchen: Höhe gewinnend, vom Winde getrieben seitlich fliegend.

Von den vielen Erinnerungen möchte ich jetzt nur zwei Fasanengeschichten erzählen. An einem windigen Wintertag jagten wir mit fünf Freunden, gut schießende Schützen, in einem Flachlandrevier Südungarns, um die Hähne zu dezimieren. Unser dortiger Freund, der Jagdleiter, besitzt die lobenswerte Gewohnheit, seine Freunde ab und zu zu solchen jagdlichen Veranstaltungen einzuladen.

Wir trieben eine kleine Dickung im Felde mit Seitenwind. Das Treiben war wegen der „Fluchtrichtung“ der Fasanen zur nächsten Deckung nur nach dieser Seite möglich. Vier Schützen standen vorn frei auf einer Weide. Die Fasanen kamen nicht allzu hoch, jedoch stieß sie der Wind unberechenbar hin und her. Manchmal schienen sie in der Luft still zu sehen, wenn sie einen Gegenwindstoß bekamen. Dann wieder wurde der nächste Fasan seitwärts geschoben. Insgesamt kam ich auf acht Hähne in diesem Treiben zu Schuß und konnte nur drei davon mit Ach und Krach treffen. Bei den anderen schien es so, als ob keine Schrote in den Patronen gewesen wären. Sie knallten nur ohne jegliche Wirkung!

Die zweite Geschichte ist erquicklicher. Wir jagten im Osten in der Tiefebene in einem fast deckungslosen Feldrevier. Es gab nur hier und da ein Reisfeld oder ein verfallenes, mit Unkraut umgebenes Gehöft als Deckung und doch so viele Fasanen, wie ich es nie zuvor erlebt habe! Es war das Revier einer Jagdgesellschaft. Wir waren also über dreißig Schützen und nur einige Treiber.

Die einzige erfolgreiche Jagdmethode unter diesen Umständen: kreisen, wie auf der Hasenjagd. Nur liefen die Schützen in größeren Abständen von 150 bis 200 Schritten zu beiden Seiten aus. Diese Menschenkette bewegte die Fasanen möglichst in Richtung irgendeiner kleinen Dickung, doch wenn es solche nicht gab, wurde der Kessel auf blankem Feld geschlossen. Man sah dann die zusammengetriebenen vielen Fasanen in der Mitte zusammengedrängt. Dann ging einer der alten Hähne hoch, drehte eine Runde im weiten Ring der Jäger und Treiber, dann erhob sich die ganze Menge mit hörbarem Schwingenschlagen, nur einige blieben zurück, und verließ, sich hoch in die Lüfte hinaufschraubend, dem „Leithahn" folgend den Kessel. Freilich kam meistens das Gros über nur drei, vier Schützen, die anderen, denen nur zufällig ein oder zwei Hähne kamen, hatten nur den Anblick, wie Schützen nicht mit der Fasanenmenge fertig wurden. Allerdings war diese Methode nicht besonders ergiebig; denn zur Strecke kam immer nur ein Bruchteil der Hähne.

Wir liefen den letzten Kessel des Jagdtages aus, es war deckungsloses Feld mit verhältnismäßig wenigen Fasanen. Schließlich kam in der Mitte doch eine ganz hübsche Menge zusammen. Ich hatte Glück, denn ein Teil nahm Richtung auf mich, als sie hochgingen. Obwohl der Wind sie eben jetzt nicht trieb, erhoben sie sich in solche Höhe, daß auch die Hähne wie kleine Vögelchen erschienen. Ich mußte nach links schießen, was ein Vorteil war, da ich bei den auf mich gerade anstreichenden richtig hohen Kopfhähne viel unsicherer im Schießen bin. Auf den ersten schnellen Doppelschuß fielen alle beide. Noch heute steht es mir genau vor Augen, daß sie im Fallen die Köpfe hoch hielten. Dann lud ich wieder, die Wolke der Fasanen strich immer noch über meinen Kopf. Die Flinte wieder geladen, schaute ich hinauf und sah genauso halblinks zwei Hähne sehr hoch, ganz oben im Himmel segeln. Es gelang mir auch die zweite Dublette auf sie. Es ist eigenartig, daß im Fallen auch die Köpfe von diesen hoch gehalten waren, doch keiner von ihnen war geflügelt, alle vier tot, als sie zu Boden kamen.

Vom Hasen

Ich begann meine Augen in hervorragenden Hasenrevieren zu öffnen, wurde dort zum Jäger erzogen, hatte dort die Möglichkeit, viele große Hasenjagden mitzumachen. Dann wurde ich im gleichen erstklassigen Hasenrevier Berufsjäger, verdiente jahrelang den Großteil meines täglichen Brotes mit dem Lebendfang von Hasen. Schließlich beaufsichtigte ich die besten staatlichen Niederwildreviere des Landes und war auch als Wildbiologe mit der Lösung der „Hasen-Frage“ beschäftigt. Ich fing mit dem Hasen an, er verließ mich in meiner ganzen jagdlichen Laufbahn nicht.

Als ich in den dreißiger Jahren noch Jungjäger war, gab es in meiner Heimat, der Kleinen Ungarischen Tiefebene in Westungarn, Unmengen von Hasen. Allerdings nur dort, wo sie gehegt und nicht ständig bejagt wurden. Obwohl nach dem damaligen Jagdrecht ein Besitz von mindestens 200 Katastraljoch (etwa 110 Hektar) als Eigenjagd erklärt werden konnte, wurden von den meisten Domänen auch die angrenzenden Gemeindefeldmarken zugepachtet, um auf größeren Revierflächen das Wild besser hegen zu können.

So hatte das Gut von Lébény mit den angepachteten Gemeindefeldmarken eine Jagdfläche von etwa fünfundzwanzigtausend Hektar, nach den damaligen Maßstäben ein gewaltiges Revier. Heute haben auch die von den Jagdgesellschaften gepachteten Reviere oft eine ähnliche Ausdehnung – zum Nutzen des Wildbestandes!

Schon in den Vorkriegsjahren diente das Wild und die Jagd nicht mehr ausschließlich der Passion des Grundherrn, sondern war zur wichtigen Einnahmequelle des Landwirtschaftsbetriebes geworden. Hier war es der Hase, der den Großteil der Einnahmen lieferte, auch dann, wenn er geschossen wurde. Denn der Lebendwildfang und der Export der lebenden Hasen lief damals erst an und steckte noch in Kinderschuhen. Heute werden schon fast zweihunderttausend lebende Hasen alljährlich nach Frankreich und Italien geliefert. So ist der Lebendfang von Hasen dort, wo der Besatz gut ist und der Fang sich lohnt, die Haupt-Einnahmequelle des Jagdbetriebes geworden. Hasen werden in Ungarn in den letzten Jahren in den meisten Revieren kaum mehr bejagt, abgesehen von den obligaten „Küchenhasen". In Revieren, in denen es viele gibt, werden sie lebend gefangen, und ein guter Besatz belassen, in den anderen geschont, bis sich der Besatz hebt. Die Rolle des Hasen als „Hauptwildart" der Jagdausübung hat immer mehr der Fasan übernommen, dessen Hege und Aufzucht mit allen Mitteln gefördert wird.

Damals war also der Hase noch viel mehr die Grundlage des Jagdbetriebes als heute. Er deckte zumindest teilweise die Unkosten. Das Erhalten eines guten Hasenbesatzes blieb erstrangiges Interesse sowohl für die Großgrundbesitzer als auch die Pächter von Gemeindejagden. Ich habe es damals so gesehen und gelernt, daß die Grundlagen einer rationellen Hege des Hasenbesatzes zwei Hauptpunkte bedingen: die Reduzierung des Raubwildes im Revier und das Belassen eines zahlreichen Stammbesatzes.

Das Kurzhalten des Raubwildes und des Raubzeuges wurde zur damaligen Zeit viel intensiver betrieben, zumindest in den zum Großgrundbesitz gehörenden Revieren als heute. Der Zeit entsprechend wurde manches in gewisser Beziehung auch weit übertrieben: damals gab es kaum Naturschutz, geschützte Greifvögel und Haarraubwild. Nach der alten österreichisch-böhmischen Jägerschule, die zu uns nach der Einführung des modernen Jagdrechtes (1883) gebracht wurde, galt jedes Säugetier mit scharfen Krallen, jeder Vogel mit „krummem Schnabel" als ein Erzfeind des Niederwildes, der mit allen Mitteln bekämpft werden mußte. Ende der zwanziger Jahre, als ich in die erste jagdliche Lehre ging, wurden bei uns auch für Turm- und Rotfußfalken noch Schußprämien bezahlt.

Es war mein Verdienst, und hauptsächlich das des Ungarischen Instituts für Vogelkunde, wo ich zum Ornithologen erzogen wurde, daß Anfang der dreißiger Jahre in unseren Revieren Schußprämien für die kleinen Falken nicht mehr bezahlt wurden. Bald danach wurden sie auch unter Naturschutz gestellt.

Doch es waren viel weniger die Greife, die ihre Beute aus dem Niederwildbesatz nahmen, sondern vielmehr die Krähenvögel, der Fuchs und streunende Katzen und Hunde. Dies wußte man auch und führte einen erbitterten Krieg gegen sie. In den meisten jagdlichen Großbetrieben gab es damals eine stramme, disziplinierte Jägerei, die auf Raubzeug und Raubwild schärfer war als ihre Kollegen von heute, da es einen beachtlichen Teil ihrer Einnahmen in Form von Schußgeldern und Rauchwaren lieferte. In den Nachkriegsjahren wurde in dieser Hinsicht wenig getan, was auch zur beträchtlichen Abnahme des Niederwildes beitrug. Heute ist die Jägerei wieder fast allgemein auf der Höhe. Sie erkennt die Wichtigkeit der Kurzhaltung des Raubzeuges und handelt danach. Demgemäß heben sich die Hasenbesätze trotz Mechanisierung und Chemisierung in der modernen, großflächigen Landwirtschaft. Mit dem Fasan ist uns dies schon restlos gelungen. Nach einigen weiteren Jahren intensiverer Raubzeugbekämpfung, weitgehender Schonung des Stammbesatzes und mit Hilfe günstiger Witterung, geht es mit dem Hasen weiter stark bergauf. Die „Hasenfrage“ der sechziger Jahre, als der Besatz am Tiefpunkt war, man mehr Vermutungen als Gründe dafür anführen konnte, scheint durch gute Hegemaßnahmen gelöst zu sein.

In den gutgehegten Revieren wurde auf Hasen jährlich nur einmal gejagt. Das war eine Regel, die als selbstverständlich galt. In herbstlichen Feldern und Fluren schossen wir beim Buschieren nicht auf Hasen, die ja meistens auch weit vor den Schützen hoch wurden, um dann von hinten befunkt zu werden. Es ist mit das Schlimmste, was man seinem Hasenbesatz antun kann, sie beim Buschieren zu bejagen. Wir nutzten den Anfang der Schußzeit nie aus, höchstens, daß mal ein Dreiläufer für die Küche geschossen wurde. Er liefert ein wundervolles "Pörkölt“ (auf deutsch nennt man es meistens unrichtig „Gulasch“) mit wenig Sauce, viel Zwiebeln und Paprika.

Die eigentliche Zeit der Hasenjagden fiel zwischen Mitte November und Mitte Januar, als die Fluren schon kahl waren, die Hasen aber noch nicht rammelten. Es wurde in den weiten Revieren des Großgrundbesitzes in „böhmischer Streife“ gejagt. Kesseljagden wurden nur in solchen Gemeindefeldmarken abgehalten, die nicht groß genug fürs Streifen waren. Denn für eine Streife brauchte man ein Revier, das mindestens fünf, sechs Kilometer lang war.

Die böhmische Streife war eine sehr feudale Sache, erfolgreich, zugleich aber schonend für den Hasenbesatz. Es blieb genügend Stammbesatz übrig. Man benötigte sehr viele Treiber und nur wenige Schützen. Die „Streife“ erfordert außer einem Revier von geeigneter Länge mindestens zweihundert Treiber aber höchstens zehn bis zwölf Schützen. Und dann noch Meldereiter, Bläser, viele Wildwagen. Die Schützen aber brauchten Schwesterflinten. Denn wenn die Hasen „angriffen“, waren die Jäger mit einer Flinte hilflos. Erforderlich war auch ein geschickter Flintenspanner und genügende Schießfertigkeit. Die Streifenjagd war Ernte, der Ertrag des Jahres mußte in einem Tag geborgen werden. Die wenigen Schützen mußten also die Hasen gut treffen, um Strecke machen zu können.

Die Heimat der Streifenjagd war Böhmen und Mähren, deshalb nennt man sie „böhmische Streife“. Wie ich hörte wird dort und in der Süd-Slowakei noch heute bei Gelegenheiten in der Streife gejagt. Ich habe damals die goldene Regel der Streife so gelernt, daß die Flanken jeweils doppelt so lang sein müssen, wie die Breite der „Front". Man muß sich die Form der Streife wie ein riesiges offenes Rechteck vorstellen, das sich in Richtung der offenen Seite fortbewegt. Die beiden Seiten bilden die Flanken oder Flügel, die waagerechte Seite die Front.

Nun kann man mit Leichtigkeit berechnen, wieviel Treiber zu solcher Jagd benötigt werden. Wenn die Breite der Front 1500 Meter beträgt und die Zahl der Schützen zehn ist, so beträgt die Entfernung zwischen je zwei Schützen je 150 Meter, und man braucht je 5 Treiber zwischen zwei Schützen. In die Front also 45 Mann zwischen die zehn Schützen (zwei gehen an den Ecken, es gibt also neun Abstände zwischen den Schützen). In den Flügeln müssen mindestens 50 Treiber gehen, denn wenn sie einen Abstand von 60 Metern halten, so wird die Länge jedes Flügels 3000 Meter betragen. So lang muß sie unbedingt sein! Hinter jedem Schützen gingen vier Mann mit Stangen als Hasenträger und je ein Junge, der die Hasen einbrachte und die Läufe zusammenband. Das sind wieder 50 Mann. Ein Wildwagen folgte einem jeden Schützen in gewissem Abstand. Auch einige Jäger, Hunde und Treiber folgten der Front, die etwaige angeflickte Hasen zur Strecke brachten.

Insgesamt also ein Mindestaufwand von 195 bis 200 Treibern, die bei einer Streife von normaler Breite und Schützenzahl benötigt wurden. Selbstverständlich kamen dazu noch ein Flintenspanner und ein Patronenträger je Schütze. Es war ohne Zweifel ein Riesenhaufen. Für den Jagdleiter aber war das eine Generalstabsarbeit, da alles ganz genau geplant und organisiert werden mußte.

Es hing von der Länge des zu bejagenden Revierteiles ab, ob für einen winterlichen Jagdtag nur eine, oder höchstens zwei Streifen vorgesehen wurden. An einem Wintertag konnte man kaum eine längere Streife als zehn bis zwölf Kilometer machen. Aber eine so lange Streife war auch eine Seltenheit. Meistens wurden an einem Jagdtag zwei Streifen veranstaltet, eine von der Länge von fünf bis sieben Kilometern vormittags, dann Mittag, nachmittags wurde der angrenzende Revierteil zurück getrieben.

Bei uns waren die Revierverhältnisse so, daß meistens nur eine Streife am Tage abgehalten wurde. Dann fiel das Mittagessen aus, das sehr viel Zeit des kurzen Wintertages in Anspruch nimmt, man schießt danach auch erfahrungsgemäß schlechter, auch sparten wir so den Zeitverlust des langwierigen Aufstellens der Streife, die Schützen kamen um neun Uhr an ihren Ständen an. Für eine kurze Mittagspause hielt die ganze Streife neben irgendeinem quer verlaufenden Weg, jeder nahm das mitgebrachte Essen aus der Jagdtasche ein, dann wurde das Treiben auf Hornsignal fortgesetzt.

Die Grundlage der Streifenjagd besteht darin, daß der Hase sich nicht allzu weit von seiner „Heimat", aus seinem Revier vertreiben läßt. Gleich, ob er vor den Flanken, der sich vorwärtsbewegenden Front oder nur deshalb aus seiner Sasse fährt, weil er sich einem vorbeiflüchtenden Artgenossen anschließt, die meisten bleiben innerhalb der Rechteck-Formation und flüchten nicht so weit nach vorn, daß sie durch die offene Seite entkommen. Im Gegenteil, man konnte es gut beobachten, daß sich die Hasen vor einem Geländehindernis – Graben, Baumreihe oder Remise – scharten und dann umdrehend, die Front der Schützen zu durchbrechen versuchten, Richtung Heimat! Bekanntlich kann man den Hasen kaum länger als zwei, höchstens drei Kilometer weit treiben. Manchmal flüchteten aber auch eine Anzahl vorne hinaus, viele brachen durch die Flanken. Da ging nie ein Schütze, weil das im Interesse des Hasenbesatzes verpönt war. Doch die Hasen, die vor die Schützen kamen, oder die Front der Schützen durchbrachen, mußten geschossen werden, damit die erwartete Strecke erreicht wurde. Ein Großteil der Hasen, die in der Streife lagen, konnte auch unversehrt, ohne beschossen zu werden, entkommen. Es gab außerdem viele Revierteile, Ecken oder schmale Streifen, die Jahr für Jahr nicht bejagt wurden und als Schongebiet verblieben.

Den Hasenbesatz des ganzen Reviers gerechnet, wurde auf keinen Fall mehr als die Hälfte geschossen, mindestens die Hälfte verblieb immer als Stammbesatz. Und wenn aus irgendeinem Grunde, strenger Winter, sehr regnerisches Frühjahr oder Seuchen, der Herbstbesatz nicht zufriedenstellend war, so hatten die damaligen Heger das Verständnis, nur etwa eine jede zweite Streife zu bejagen, oder den Hasenbesatz überhaupt für ein Jahr zu schonen.

Ich kann mich an derartige Jahre erinnern. Zum Beispiel an den Winter 1928/29 und – noch schlimmer – Februar 1940, der unseren wundervollen Hühnerbesatz fast bis zum letzten Stück dahinraffte. Der Hasenbesatz litt in diesen Wintern auch sehr stark. Die Hasen wurden geschont.

Mitte der dreißiger Jahre beobachteten wir in einem Sommer viele Verluste durch Fallwild. Eine Seuche, die Tularaemie, war der Grund. Damals hörte ich von ihr zum ersten Mal. Im nächsten Jahr war der Besatz wieder auf der alten Höhe und hielt sich fortan so.

Es wurde also, wie schon erwähnt, in gut gehegten Revieren auf keinen Fall mehr als die Hälfte des Besatzes jährlich geschossen, die andere Hälfte blieb als Stammbesatz übrig. Damals, als die Landwirtschaft noch kaum mechanisiert war und höchstens auf dem Großgrundbesitz mit Dampfpflug oder Traktor gepflügt wurde, sonst arbeiteten nur Pferde und Ochsen, konnte man im Durchschnitt mindestens zwei ausgewachsene Junghasen als Nachwuchs pro Häsin rechnen, auch bei ungünstiger Witterung im raubzeugfreien Revier. Das bedeutete, beließ man die Hälfte des Besatzes, konnte man mindestens mit dessen Verdoppelung, also dem Bestand des Vorjahres rechnen. In Jahren mit günstiger Witterung natürlich mit mehr.

Nach dem Kriege wurden von den neu entstandenen Jagdgesellschaften die Hasen viel stärker bejagt, meistens auf der Suche oder in Kesseln mit wenigen Treibern und vielen Schützen. Leider wurden sogar mit dem Fangnetz gute Hasenreviere heruntergewirtschaftet; denn die Preise für lebende Hasen sind hoch.

Als der Hasenbesatz allmählich – oder auch rapide – schwand, was gerade mit dem Zeitpunkt der Intensivierung der großflächigen Landwirtschaft zusammenfiel, wurde weit und breit geglaubt, daß man bei derartiger intensiver Landwirtschaft mit der mit ihr Hand in Hand gehenden Mechanisierung und dem Spritzen von Giftmitteln keinen guten Hasenbesatz mehr halten könnte. Dem aber widersprach der gute Hasenbesatz in einigen gutgehegten Revieren.

Als Jagdpraktiker und Heger wies ich immer wieder darauf hin, daß der Hauptfehler bei unserer damals erfolglosen Hege der Hasen im Belassen einer ungenügenden Zahl von Häsinnen im Stammbesatz liege. Ich denke, in Deutschland sind die Verhältnisse ähnlich, nur muß man dort im feuchteren Klima mit noch mehr Verlusten an Junghasen rechnen. Unter den jetzigen Verhältnissen bei uns ist es nämlich im allgemeinen so, daß man wegen der hohen Verluste im Durchschnitt mit nicht mehr als einem aufgewachsenen Junghasen pro Häsin rechnen kann. Das andererseits bedeutet, daß man heute nicht mehr als ein Drittel dem Besatz entnehmen darf.

Im Laufe der Jahre und Jahrzehnte verringerte sich der Hasenbesatz bei uns so stark, daß von einer notwendigen Lösung der „Hasenfrage" gesprochen wurde. Das Institut für Wildbiologie wurde beauftragt, sich mit dieser Frage zu beschäftigen, die Leitung dieses Projektes wurde mir übertragen. Wir organisierten acht Versuchsreviere in verschiedenen Landesteilen und beobachteten dort die Veränderungen im Hasenbesatz. Im Frühjahr und Herbst erfolgten Durchschnittszählungen auf denselben Probestreifen, wir untersuchten aus jedem Revier in jedem Monat fünf Hasen gründlichst auf Seuchen, Parasitenbefall, Trächtigkeit, Rückstände von DDT und HCH. Es stellte sich heraus, daß Rückstände in minimalen Mengen in jedem Stück gefunden wurden, obwohl in Ungarn die Benutzung dieser Gifte schon seit 1967 verboten ist. Es gab wohl hier und da Seuchen- und Parasitenbefall, doch eigentlich nie in solcher Höhe, daß sie den Besatz ernstlich hätten gefährden können.

Daraufhin wurden endlich die Schuß- und Fangzeiten radikal auf zwei Monate gekürzt, in einigen Jahren sogar so weit, daß nur an fünf Tagen innerhalb der Schußzeit die Hasenjagd gestattet wurde. Dies fiel glücklicherweise mit einer Reihe von Jahren mit günstiger Frühjahrswitterung zusammen, und siehe da – der Hasenbesatz nahm wieder so schnell zu, daß man die „Hasenfrage" schon als gelöst betrachten konnte.

Wie schon erwähnt, interessierte in früherer Zeit den Gutsbesitzer in Lébény das Pferd viel mehr als Jagd und Hasen. Er übte selber die Jagd immer seltener aus, so daß er nicht einmal Jagden für seine Gäste mehr arrangierte. Es zahlte sich damals auch nicht aus, die Jagdtage an zahlende Gäste zu vergeben, weil diese Schützen – gleich ob Ungarn oder Ausländer – die Hasen meistens nicht gut schießen konnten, darum gab es keine guten Strecken. Ein Jagdtag mit „organisierten" Schützen war nur dann streckenmäßig ein Erfolg für den Jagdherrn, wenn die Gäste auch treffsicher schossen. Gute Schützen in dieser Klasse waren aber auch damals schon „Mangelware", beziehungsweise fehlte es den meisten beim Jagen und Schießen an Routine, die für solche Jagden unbedingt notwendig für den Erfolg ist.

Aus diesen Gründen jagten bei uns außer Vater und uns beiden Söhnen stets dieselben Schützen. Die Jagden begannen allwinterlich am Tage nach Weihnachten und dauerten, mit Ausnahme des Neujahrstages, der ein Ruhetag war, bis zum Dreikönigstag, also dem sechsten Januar. Es wurden in diesen Tagen der „großen Jagd" um die zehntausend Stück Wild, – die Hälfte Hasen, drei- bis viertausend Fasanen und an die tausend Hühner geschossen. Da die Schußzeit der Hühner nur bis zum 31. Dezember dauerte, wurden die Feldstreifen mit vielen Hühnern in den letzten Dezembertagen abgehalten, da ohne Hühner die Hasenstreife nur eine halbe Sache war. Derartige Strecken sind heute schier unglaublich, doch ist bestimmt nichts daran vergrößert oder verschönert. Es war die Ernte des Jahres, einer jahrelangen Hegearbeit. Auf den großen, jagdlich gepflegten Domänen der damaligen Zeit waren solche Strecken möglich. Heute gibt es schon wieder soviel Niederwild – mit Ausnahme von Hühnern – in Ungarn, daß man mit entsprechendem Aufwand, natürlich auch mit routinierten Schützen dieselben hohen Strecken vielerorts wieder leicht erreichen könnte.

Fasanen gab es früher übrigens nicht mehr als heute, im Lande im ganzen gesehen sogar bedeutend weniger. Der Fasan war damals eine Wildart des Großgrundbesitzes. Dort wurde er oft in großen Mengen gehalten und gehegt. Die Jagden konnten hervorragend organisiert werden, die Schützen waren treffsicher und machten hohe Strecken.

Hasen gab es in diesen guten Revieren auch nicht mehr als heute in gepflegten Hasenrevieren, in denen man im Tagesdurchschnitt einen Lebensfang von 180 bis 200 Stück erreichen kann. Wo auf einer verhältnismäßig kleinen Fläche so viele Hasen gefangen werden, könnten auch in einer eintägigen Feldstreife zehn gute Schützen eine Strecke um tausend Stück erreichen!

Mein gutes Geschick und das Zusammenspiel vieler günstiger Umstände ermöglichten es mir, schon als Bengel von Jahr zu Jahr an solchen hervorragenden Jagden teilzunehmen. Wir waren niemals mehr als zehn Schützen. Mein Vater, Bruder und ich, drei alte Freunde meines Vaters, darunter Béla

Hasenfang

Nach jedem Treiben werden die gefangenen Hasen in die Versandkisten verpackt

Die Häsin zeigt sich nicht interessiert

Hasen-Minne

Gáspárdy, der bekannte Taubenschütze der damaligen Zeit, und sein mit mir fast gleichalter Sohn. Das waren schon sieben Schützen als Stamm-Teilnehmer. Die übrigen drei waren verschiedene Gäste, bei deren Auswahl das Können im Schießen viel mehr zählte als ihr Rang. Denn es mußte vor allem darauf geachtet werden, daß die Ernte des Jahres eingebracht wurde! Ich muß hier einige Zeilen Béla Gáspárdy, dem sichersten Schützen widmen, den ich jemals gesehen habe. Er war einer der so selten Begabten, die mit Schrot oder Kugel gleich sicher schießen. Er war wahrlich ein Fanatiker des Schießsportes, hatte das Schießen in Jugendjahren ständig geübt, aber nie auf Tontauben! Den Grand Prix von Monte Carlo – das größte Schießen der damaligen Zeit – konnte er zwar nie gewinnen, wurde jedoch zweimal Zweiter.

Und wie er auf der Jagd schießen konnte! Immer gelassen, mit größter Ruhe und Sicherheit. Er brauchte für den Hasen nur selten den linken Lauf, wenn der erste Schuß etwa zu weit rückwärts gerutscht war. Denn seine Hasen roulierten einer nach dem anderen mit Kopfschuß, gleich wie weit sie waren und in welchem Winkel sie der Schuß erreichte.

Ich kann mich genau erinnern, daß er in einer Streife, wohl am Eckstand, an dem die Hasen gleichmäßig auf fast gleiche Entfernung kamen, 103 Hasen mit 105 Patronen schoß und 18 Hühner mit neun Dubletten. Alle aus schnellen, von vorne heranstreichenden, über der Treiberlinie höher drehenden neun Ketten von Hühnern. Er schoß nie auf unwaidmännisch weite Entfernungen, flickte das Wild nicht an. Was er mit seinen belgischen Jagdflinten beschoß, das lag oder fiel voll getroffen. Ich habe nur einmal an einem Jagdtag über hundert Hasen geschossen, auch an einem Eckstand. Die Eckstände waren meist die ergiebigsten. Sie erhielten meistens die älteren Herren, weil die zwei Ecken die „Paradestände für Exzellenzen“ waren, andererseits, weil man hier bequemer ging, weil vorher schon fünfzig, sechzig Treiber der Flanke einen Fußpfad im Acker ausgetreten hatten.

Es gab aber auch solche Eckstände, die nicht gut waren. Denn die Hasen liefen die Ecken nur ungern an, wenn die Flanke und Ecke neben einem Fluß, einem breiten Kanal, einer Eisenbahnlinie oder Landstraße entlangging. Wir hatten damals eine „schmale Streife“ zwischen der Eisenbahnlinie und Verkehrsstraße Budapest–Wien. Sie war nur sechs-, achthundert Meter breit, zehn Schützen hatten keinen Platz, höchstens fünf. Deswegen paßte diese Jagd nicht in die „großen Jagdtage“, wir hielten sie „außer Programm“ meistens im November ab. Man konnte aber die Streife auch mit drei Schützen mit gutem Erfolg arrangieren. Da die eine Ecke an der Bahn, die andere aber an der Straße ging, waren dort immer der oder die mittleren Stände die besten, und so mußten ausnahmsweise wir Jungen uns mit den Ecken begnügen. Ich kam damals an die Ecke neben der Straße.

Wir zogen die Streife von Süd nach Nord mit dem Ausgangspunkt an der Ortschaft Öttevény, und als nach etwa zwölf Kilometern der Eindruck gemacht wurde, da dort die Grenze unserer Jagd verlief, hatte ich 103 Hasen und 22 Hühner zur Strecke. Ich kann mich genau an die Zahlen erinnern, weil ich sie später nie überflügelt habe. Doch verspüre ich dies heute nicht mehr als Verlust! Damals jagten wir aus dem Vollen, ich war achtzehn, neunzehn Jahre alt . . .

Die Plätze in der Front versprachen jedoch ein bewegtes, abwechslungsreiches Jagen. Nicht wegen der vor dem Schützen ab und zu – besonders bei feuchtem, warmen Wetter – auf Schußdistanz aus der Sasse fahrenden Hasen, die zu schießen keine hohe Kunst verlangte, sondern weil man da neben den die Front durchbrechenden Hasen auch die vor ihr „defilierenden" beschießen konnte, also solche, die in voller Fahrt vor der Menschenkette, öfters an der Grenze der Schußdistanz, entlangliefen. Bei uns war es gestattet, daß der Schütze diese weiten Hasen „anlief", keinesfalls mehr als zehn, fünfzehn Schritte. Er mußte dann wieder in der Linie weitergehen, nicht vor ihr. Dies hatte zum Beispiel in dem Fall einen großen Vorteil, wenn der Hase um die sechzig Schritt vor der Front lief und wenn der Schütze zehn Schritte „kürzte". Dann hatte er ihn auf fünfzig schon in sicherer Schußentfernung. Aber meistens traf man die Hasen besser, sicherer in den Kopf, wenn man nach kurzem Anlauf ruckartig stehenblieb und dann ohne zu zielen aus schnellem Anschlag den Schuß hinwarf.

Die Front hatte noch einen Vorteil vor den Ecken: hier kam mehr Flugwild über die Schützen als dort. Denn die in voller Fahrt zurückstreichenden Winterhühner und die die Treiberkette im freien Feld turmhoch überfliegenden Fasanen boten ein viel schwereres Ziel als die Hasen. Deswegen schossen wir lieber mit Schrot 3 mm, solange man auch Hühner schießen durfte, nicht mit Hasenschrot 3 ½ mm.

Beim Schießen selber waren Gewandtheit und Kunst nicht nur vonnöten, um die Hasen sauber roulieren zu lassen, sondern erst recht, um sich, wenn mehrere Hasen auf einmal kamen, mit gewechselten Flinten so zu „verteidigen", daß man keinen durchließ. Wenn mehrere kamen, so war es das Gebot, möglichst viele „nach innen", vor den Treibern zu schießen. Dann teilten sich die „Trupps" oft, der Nachbar bekam auch etwas vom Segen ab. Sehr oft liefen acht bis zehn Hasen in solchen Trupps an, manchmal auch noch mehr. Die mußte man mit einer „Einteilung" schießen, gut berechnet, möglichst viele spitz von vorne vor der Treiberlinie und möglichst wenige durchlassen, um sie nicht hinter den Treibern von rückwärts befunken zu müssen. Ein flinker, gewandter und sicherer Schütze konnte mit einem geschickten Spanner fast einer jeden Anzahl von Hasen Herr werden, wenn er möglichst weit nach vorne schoß. Einmal gelang es mir, mit einem Schuß zwei Hasen zu schießen. Doch nicht aus Zufall, sondern berechnet. Von rechts und von links kam je ein „defilierender“ Hase vor der Treiberkette in derselben breiten Furche. Sie mußten sich ungefähr vor mir treffen. Ich wartete den Moment ab und schoß dann zwischen die beiden, sie roulierten aufeinander zu.

In damaligen Zeiten war die Kesseljagd die Jagdart in den Gemeinde-Feldmarken von kleinerer Fläche. Man brauchte weniger Treiber, etwa 75 bis 80, aber mehr Schützen, um 25 bis 30. Gegenüber der Streife hatte der Kessel gewaltige Nachteile: es war kaum möglich, die kreisrunde Form zu behalten, meistens blieb eine der Seiten zurück, es bildeten sich so zwei gewaltige Säcke, das Treiben nahm die längliche Form eines „Zigarrentriebes“ an. Nicht nur wegen seiner Gestalt, sondern auch deshalb, weil je ein, zwei Schützen an den beiden Enden der Zigarre „zogen“, die anderen nur zusahen.

Große Nachteile des Kessels sind weiterhin, daß man viel Zeit und Gehen benötigt, bis die beiden Flanken ausgelaufen sind, und das Zusammenziehen des Kessels, wenn die Hasen anlaufen, nur kurze Zeit dauert. Der größte Nachteil: die Kesseljagd vermindert radikal den Hasenbesatz, auch dadurch, wenn zwischen zwei Schützen je zwei, drei Treiber kommen, geht unbeschossen kaum ein Hase durch. Es bleibt kaum etwas für den Stammbesatz übrig.

Vom Jahr 1948 an wurden in demselben Revier, das wir vor dem Krieg bejagt hatten, die Hasen nun ausschließlich lebend gefangen. In den Jahren ohne Hege hatten sich Füchse, Nebelkrähen und Elstern unglaublich vermehrt, doch als wir dann wieder Jäger und Heger organisieren konnten, gelang es uns, in den deckungsarmen Revieren ihrer verhältnismäßig schnell Herr zu werden.

Die Hasen nahmen zu. Die Hühner, deren Besatz nach den Verheerungen des Winters 1940 wieder allmählich im Ansteigen begriffen war, erlitten in harten Wintern mit Harsch-Schnee immer wieder starke Verluste. Fasanen und Rehwild blieben nach den Kriegswirren kaum übrig, man mußte sogar den Stammbesatz neu begründen.

In den Revieren von insgesamt etwa 17000 Hektar fingen wir im Winter 1948/49 2000 Hasen, in der nächsten Fangzeit 3500, in den nachfolgenden Jahren im Durchschnitt zwischen 5000 bis 6000 Stück. Infolge der Hege und Belassens eines hohen Stammbesatzes gelang es uns, einen Hasenbesatz zu schaffen, der viel höher war als der der Vorkriegszeit. Ich bin fest davon überzeugt, daß dies auch trotz moderner, großflächiger Landwirtschaft, Maschinen und Chemikalien überall wieder erreicht werden kann, wenn auf den Stammbesatz geachtet wird, nicht zuviel Hasen gefangen oder geschossen werden. Man muß das Revier möglichst raubzeugfrei halten, den Hasen hegen.

Was ich hier beschreibe, bezieht sich natürlich in erster Linie auf Ungarn, wo ich meine Erfahrungen sammeln konnte, wo ein kontinentaleres Klima mit meistens trockeneren Sommern vorherrscht als in Deutschland. Doch glaube ich, daß manches auch auf deutsche Reviere übertragen werden könnte, wo es auch gut gehegte Reviere gibt, deren Hasenbesatz an den unserigen herankommt. Wurde dort nicht oft derselbe Fehler gemacht, wie bei uns in Ungarn nach dem Krieg: Überbejagung der Hasenbesätze?

Der Lebendfang des Hasen ist nicht nur in Ungarn, sondern auch in anderen östlichen Ländern mit gutem Hasenbesatz, so vor allem in Polen und der Tschechoslowakei, eine sich bis jetzt immer mehr ausbreitende wirtschaftliche Nutzung der Hasenbesätze. Lebende Zuchthasen kaufen vor allem laufend jährlich Frankreich und Italien. Ungarn ist der größte Lieferant. Ob das Aussetzen der Hasen in den Importländern unter dortigen klimatischen und jagdlichen Umständen zu einer Zunahme der Besätze führt, darüber möchte ich mich nicht näher äußern. Fest steht aber aus der Sicht des Verkäufers, daß der lebende Hase fünfmal soviel in die Jagdkasse der Jagdberechtigten bringt als der geschossene, ergo: daß man, um dieselbe Einnahme zu erzielen, nur ein Fünftel dem Hasenbesatz entnehmen muß, wenn man sie lebend fängt und nicht schießt. Und außerdem bleiben keine angebleiten Hasen im Revier.

In den letzten Jahren hat der Export Ungarns an lebenden Hasen noch beträchtlich zugenommen. Man führt in den siebziger Jahren im Jahresdurchschnitt etwa 150000 lebende Hasen aus. Da meistens im Geschlechtsverhältnis von 1 Rammler : 2 Häsinnen gekauft wird, bedeutet dies, daß in den Revieren allwinterlich etwa 200000 Hasen lebend gefangen werden, in Revieren von vielen Jagdgesellschaften mit gepflegtem Hasenbestand etwa 1000 bis 3000 Stück. Dies ist ein beträchtliches Fundament der Einnahmen solcher Jagdgesellschaften, die jedoch nicht unter den Mitgliedern verteilt werden dürfen, sondern die zweckgebunden ausschließlich der Hege im Revier und der „Jagdwirtschaft" (Fasanenaufzucht, Jagdhäuser, Fahrzeuge usw.) dienen. Heute verzichten die Jäger in Ungarn lieber auf die Hasenjagden, fangen die Hasen lebend und legen die Einnahmen in Fasanerien an. So ist der Fasan nun das Hauptniederwild Ungarns geworden, doch bleibt immer noch der Hase derjenige, der die größten Einnahmen bringt.

Das Einfangen der Hasen geschieht mit viel Aufwand, Teilnehmern und Troß. Je dreißig Meter lange, dreiteilige Netze, die an Pflöcken mit Eisenspitzen zum Einrammen in den frostharten Boden festgebunden sind, werden mit Treckern zusammengerollt transportiert. Eine Fang-Garnitur besteht aus fünfzig Rollen je dreißig Meter, hat also insgesamt eine Länge von 1500 Metern. Diese Netze werden wie ein Zaun aufgeschlagen, dies dauert etwa eine Stunde, an den zwei Enden werden rechtwinklige Ecken mit Flügeln von etwa 120 bis 150 Meter Länge gestellt. Nun kann von rechts und links getrieben werden, da die Netze von beiden Seiten fangen, doch müssen naturgemäß die beiden Flügel jeweils in die andere Richtung umgestellt werden.

Man braucht einen „Fänger“ für je zwei Rollen, das sind sechzig Meter des Garns, der zehn, fünfzehn Schritte vor dem Netz im Treiben flach am Boden liegt. Wenn dann ein Hase neben ihm Richtung Netz vorbeiflüchtet, so springt er auf und erschreckt ihn, damit er mit größerem Schwung in das Garn springt und sich dadurch besser verfängt. Dann läuft der „Fänger“ sofort hin und befreit den verstrickten Hasen, erst die Hinterläufe, sonst gelingt dies nicht, und steckt ihn in ein Fach einer Versandkiste. Die Einzelfächer der Transportkiste sind so eng, daß sich der Hase weder drehen noch verletzen kann.

Nach dem Treiben werden die Hasen einzeln untersucht, das Geschlecht festgestellt und kommen wieder einzeln in die Fächer der Transportkisten, in denen auch schon Futter für die Zeit des Transportes liegt. Sie werden noch am selben Abend zur Sammelstelle gebracht und kommen dort in anderen Kisten mit mehr Futter zum Versand ins Ausland, meistens per Bahn. Es ist festgestellt worden, daß die meisten Hasen schon während des nächtlichen Transportes das Futter annehmen. Es werden für ein Fanggarn von 1500 m Länge, 25 „Fänger“ benötigt und außerdem mindestens 40, besser noch 50 Treiber und zwei, drei Trecker. In den einzelnen Treiben laufen die Treiber wie in Kesseln von den zwei Flügelenden aus. Wenn die Vordermänner sich getroffen haben, wird auf das Netz zugetrieben. Gemäß des Grundsatzes der böhmischen Streife, daß sich der Hase nicht weiter als höchstens zwei Kilometer von seiner „Heimat“ wegtreiben läßt, ist es auch beim Fangen nicht richtig, längere Treiben zu machen. Es wird von rechts und links auf die Front des Netzes zugetrieben, dann alles zusammengepackt, aufgeladen und zum nächsten Aufstellungsplatz des Netzes gefahren.

So ein „Fangtag“ ist eine große Veranstaltung, die mit viel Kosten verbunden ist. Außer den Tagelöhnen bekommen Fänger und Treiber pro Hase eine Prämie. Ich hatte damals eine hervorragende, ständige Garde von Fängern, die im ganzen Revier arbeiteten. Sie brachten meistens auch ihre Treiber mit. Sie waren alle ungemein passioniert. Mit ihnen stellten wir das Garn täglich an drei Stellen fängisch und machten sechs Treiben. Ich plante stets das Tagesprogramm, ferner jeden Ort des Garnstellens anhand von Landkarten mit großem Maßstab genau ein. So wußte ich stets, wenn wir an einem gegebenen Punkt mit dem Stellen begannen, bis wie weit das andere Ende des Netzes reichen würde. Mir ist damals die Lust am Hasenschießen vielleicht für mein ganzes Leben vergangen. Für mich ist der Hase kaum mehr eine Wildart, die man mit der Flinte zur Strecke bringt. Ich bin auch auf meine „Fangstrecken“ stolz. Im Januar 1951 gingen uns auf der kleinen Schüttinsel nördlich Győr an einem Tag 365 Hasen in die Netze! In diesem Winter erreichten wir mit zwei Garn-Garnituren an 28 Fangtagen ein Durchschnittsergebnis von 202 lebenden Hasen pro Tag, und zwar in hasenreicheren und -ärmeren Revierteilen, bei günstigem und schlechtem Wetter. Der Durchschnitt der „Tagesstrecken“ zeigt die Quantität des Hasenbesatzes am besten an!

Damals wollte ich eine besondere Leistung im Hasenfangen vollbringen. Ich brachte in einem dafür geeignet scheinenden Gelände beide Garnituren von Netzen mit den dazugehörenden Fängern und Treibern zusammen. Ich glaube nicht, daß es jemals versucht wurde, mit einem 3000 Meter langen Netz Hasen zu fangen. Ich wollte aber eine Spitzenleistung aufstellen und nebenbei ausprobieren, ob so der Fang noch rationeller zu betreiben wäre, man noch mehr Hasen fangen könnte. Zur Verfügung stand ein Revierteil mit großen freien Ackerflächen, der von einer Straße, die einen rechten Winkel machte, halbiert wurde. Der eine Flügel des Netzes konnte leicht neben die Straße gestellt werden, ich ließ das Netz aber nicht in Form eines offenen Rechtecks, sondern in einem riesigen rechtwinkeligen Dreieck stellen, und zum Kontratreiben kam auch der andere Flügel neben die Straße.

Wir „umzingelten“ so die halbe Feldmark mit dem Garn – es schien endlos zu sein. Hundertundfünfzig Treiber trieben die Hasen aufs Netz zu, erst mit dem Wind die südliche Seite. In diesem Treiben stand nur die eine Hälfte des Netzes neben der Straße. Hasen gab es massenhaft. Das Stellen des Garnes und das erste Treiben dauerten einen halben Tag – das Kontratreiben den Nachmittag.

Im ersten Trieb kamen 314 Hasen in die Kisten! Wir rieben uns die Hände, das würde einen Rekordfang geben. Doch im Kontratreiben konnten wir gegen den Wind die Hasen nicht an die Straße bekommen. Die überwältigende Mehrzahl ging zurück durch die Treiberketten. Jetzt fingen wir nur an die hundert Hasen und schlossen mit einer Gesamtstrecke von etwas über 400 Stück am Abend. So brachte der Tag nicht mehr ein, als wenn wir mit beiden Garnen getrennt gearbeitet hätten.

Von 1952 an war ich in drei Wintern „Fangmeister“ und ging mit den Netzen von einer Jagdgesellschaft zur anderen. Hauptsächlich „jenseits der Theiß“, wie wir Ungarn die Große Tiefebene nennen. Die Jagdgesellschaften befanden sich damals noch jagdlich in Kinderschuhen. Es gab in einigen der Reviere wirklich sehr viel Hasen. Es war die Zeit vor dem Übergang zur großflächigen, modernen Landwirtschaft. Es gab aber auch wenig Flinten – und viele Hasen. Die Jagdgenossen verstanden damals wenig vom Hasenfang. Deshalb war ein „Fangmeister“ notwendig, der Ratschläge gab, die Hasen übernahm und sich um den Transport kümmerte.

Vom November bis Anfang März war ich mit den Netzen unterwegs, von der einen Jagdgesellschaft zur anderen. Der Fangmeister bekam laut Vertrag

Unterkunft und Verpflegung von der Jagdgesellschaft. Doch wir alle waren damals sehr, sehr arm. Ich fror nicht nur jeden Tag draußen bei der Arbeit, sondern auch abends im Zimmer, in dem der Backofen, der im Raum als Ofen stand, mit wenig Stroh geheizt wurde. In einem Winter nahm ich zehn Kilo ab.

Mir sind in dieser Zeit, von 1948 bis 1954 als Jagdleiter und Fangmeister bestimmt um fünfzigtausend Hasen durch die Hände gegangen, da ich mich jeden Winter mit dem Hasenfang beschäftigte: eine sonderbare Spitzenleistung. Auch habe ich dabei viel Erfahrungen gesammelt. Im Revier nördlich von Györ in Westungarn, wo wir einen hervorragenden Hasenbesatz heranhegten und die Hasen ausschließlich nur fingen, war das Geschlechtsverhältnis, das stets festgestellt wurde, in jeder Fangsaisan von Jahr zu Jahr ständig um 49 Prozent Rammler und 51 Prozent Häsinnen. Das natürliche Geschlechtsverhältnis liegt also auch beim Hasen um 1:1, doch überwiegen die Häsinnen immer um eine Kleinigkeit in gut gehegten Hasenrevieren.

Dasselbe Geschlechtsverhältnis habe ich auch in Revieren von verschiedenen Jagdgesellschaften gefunden. Dort, wo die Hasen gehegt wurden, wo man genügend Stammbesatz beließ und es viele Hasen gab, waren die Häsinnen immer in geringer Überzahl von etwa 49:51 von Hundert. Hingegen wo der Besatz überbejagt war und es infolgedessen wenig Hasen gab, waren die Rammler stets in beträchtlicher Überzahl, oft bis 55 oder 60 Prozent.

Eigentlich habe ich seit meiner Jugend – bestimmt aber seit dreißig Jahren – nicht mehr auf Hasen gejagt, abgesehen von einigen „Küchenhasen“. Ich habe dies nie bedauert, und heute insbesondere empfinde ich es längst nicht mehr als jagdlichen Verlust. Ich bin durch die große Freude, die mit seiner Hege und Beobachtung verbunden waren und die Jagdpassion bei seinem Fang, reichlich entschädigt worden.

Sauen in der Bruchwildnis

Die gewaltige Niederung, die sich vom Becken des Neusiedlersees in südöstlicher Richtung erstreckt, wird von den Ungarn und auch den Burgenländern „Hanság" genannt. Sie reicht in einer Länge von etwa hundert Kilometern fast bis zur Donau ins Ungarland hinein und hat pechschwarzen, mit Pflanzenfasern durchsetzten Torfboden; offensichtlich ist sie einstmals, wie auch der flache Boden des Neusiedlersees, eine moorige Sumpflandschaft gewesen.

Ich bin in dieser Gegend aufgewachsen, zum Jäger erzogen worden und hatte in meinem späteren Jägerleben das Glück, in diese einmalige Landschaft immer wieder zurückkehren zu können. So konnte ich auch die hochinteressanten Wandlungen verfolgen, die gerade in diesen Jahrzehnten hier eingetreten waren.

Wie dieses Land vor der Wasserregulierung in der zweiten Hälfte des vorigen Jahrhunderts aussah, was für Wild und Getier es damals beherbergte, konnte ich weder aus Aufzeichnungen noch von den ältesten Einwohnern erfahren. Sicherlich ist dieses riesige Sumpfgebiet die Heimat von Rotwild, Sauen, Wölfen und ungezählten Wasservögeln gewesen.

Doch das Wasserwild verschwand zum größten Teil, als der Abfluß des Sumpfes, der sich in großen Schleifen schlängelnde Bach Rábca, begradigt und zwei breite Abflußkanäle und viele kleinere Abflußgräben kreuz und quer gegraben wurden, die das Wasser in die Donau brachten.

Wenn auch die an der Urnatur nagende menschliche Kultur die Sümpfe verschwinden ließ, so wurde die Hanság doch nicht vollständig besiegt. Hier konnte der Pflug nicht wirken, weil er anstelle eines fruchtbaren, morastigen Humusbodens nur eine metertiefe, stellenweise auch noch tiefere Torfschicht gefunden hätte. Und auch das Grundwasser konnte nicht richtig abgelassen werden. Offene Wasserflächen, Teiche blieben keine übrig. Das Gelände der

Niederung aber wurde auf den damals gebräuchlichen K. u. K. Spezialkarten weiterhin mit „Im Hochsommer trocken“ bezeichnet. Mit dem Pferdefuhrwerk konnte man die Hanság nur im wirklich trockenen Hochsommer und bei starkem Frost befahren.

An Stelle des ausgetrockneten Sumpfes erstreckten sich jetzt schier unendliche Wiesen, auf denen das Gras geschnitten werden mußte, denn das weidende Vieh wäre im Morast versunken. Sie lieferten Heu in großen Mengen, das aus sauren Gräsern bestand, Süßgräser und Schmetterlingsblütler gedeihen nicht auf Torfboden. Dieses Heu war nur als Pferdefutter geeignet. Doch in der alten Zeit wurde auch daran die ganze Gegend reich. Es wurde mittels Pferdefuhrwerk nach Wien und Preßburg gefahren, wo es vom Militär und den „Fiakern“, wie dort die Droschken hießen, für einen guten Preis aufgekauft wurde.

Es wurden auch Erlenwälder gepflanzt, vielerorts Torf gestochen, der dann auf den Kanälen in großen Kähnen verfrachtet wurde, um in Dampfmühlen und kleinen Industrieanlagen als billiges Heizmittel verwendet zu werden. Diese Torfgruben waren dann mit Schilf und Binsen, Salweiden und Birken bewachsen, wurden vielfach mit Erlen und Weiden aufgeforstet und ergaben hervorragende Wildeinstände. Doch bestand der weitaus größere Teil der Hanság immer noch aus Wiesen, auf denen lange Reihen von Schnittern das üppige Gras im Juni und August mit Sensen mähten.

So lernte ich die Hanság als kleiner Junge, nunmehr schon vor fünfzig Jahren kennen. Es war damals auch ein Wildparadies. Große Sprünge Rehe ästen mit den Flügen vieler Großtrappen auf den Wiesen. Hier brüteten der große Brachvogel, Uferschnepfe und Sumpfohreule. In den Erlenwäldern, wo der Schreiadler seinen Horst hatte, schrien zur Brunftzeit die Hirsche, die damals bei uns im östlichen Becken der Hanság eher nur Wechselwild waren. Durch intensive Hege gab es auch große Mengen Niederwild. Wir schossen 5- bis 600 Fasanenhähne am Tag. In den Erlenwäldern und auf den Feldern am Rande der Hanság kamen Hasen und Rebhühner vor.

Der damalige Wildbestand war wirklich artenreich. Es fehlte eine Wildart besonders: die Sauen! Sie waren auch nirgends in der weiten Umgebung heimisch. Es gab dort damals keine großen zusammenhängenden Waldungen, auch keine früchtetragenden Eichen und Buchen, ohne die wir uns das Schwarzwild nicht vorstellen konnten.

Im Jahre 1948 änderte sich das Bild der Hanság abermals vollständig. Der Sommer war sehr trocken gewesen und irgendwo fing der Torf Feuer. Die unterirdische Glut verbreitete sich unaufhaltsam in der Torfschicht unmittelbar unter der Oberfläche. Die Hanság verwandelte sich nicht in ein Meer von Flammen, sondern von Rauch und Asche. Vom unterirdischen Feuer wurden die Wurzeln des Grases, der Sträucher und Bäume versengt. Die Bäume fielen übereinander, die Waldungen brannten aus. Der Rauch quoll aus den weiten Rissen, der Wind trug Rauch und Asche über die ganze Gegend.

Auf den heißen, trockenen Sommer folgte ein ebenso dürrer, langer Herbst. Die Glut versengte den Torf weiter und weiter. Einige nasse Stellen blieben verschont, hier blieben die Wiesen unversehrt. Doch der Brand hatte inzwischen mehrere zehntausend Hektar, fast das ganze Gebiet der Hanság verwüstet.

Endlich fiel dann im Januar die Schneedecke und löschte mit ihrem Schmelzwasser das Feuer endgültig aus. Im folgenden Frühjahr bot die verödete Landschaft ein trostloses Bild. In den ausgebrannten Flächen hatte sich die dicke Torfschicht in Asche verwandelt, es entstanden metertiefe Senken, in denen sich das Grundwasser gesammelt hatte.

Doch der Kreislauf des Lebens stand nicht still. Alle ausgebrannten Flächen wurden schon im ersten Jahr von einem undurchdringlichen Dschungel von Erlen- und Birkenanflug, Salweiden, Goldrute und Brennesseln überwuchert. Andernorts, wo der Wasserstand tiefer war, entstanden weite Schilfdickungen.

Jetzt war das Bruchgebiet erst recht unpassierbar geworden! Die Natur hatte, zumindest für eine Zeit, zurückerobert, was der Mensch mit seiner Kultur ihr genommen hatte. In zwei, drei Jahren wuchsen weite Dickungen; wer in sie eindrang, ging verloren. Weder ein Motorfahrzeug noch ein Pferdewagen konnte die Wege und Stege, die nicht ausgebrannt waren, außer im Hochsommer oder bei starkem Frost passieren. So traf der Jäger dort außer zur Zeit des Schnittes und der Heueinfuhr tagelang kein menschliches Wesen an.

Mit Veränderung der Flora änderte sich auch die Tierwelt; denn der neue Lebensraum war für bestimmte Arten nicht mehr geeignet, andere jedoch siedelten sich an. Von den nunmehr mit Gestrüpp überwucherten ehemaligen Wiesen verschwanden die vormals charakteristischen Arten, die Großtrappe und der Brachvogel schlagartig. Doch wenn auch die Vogelwelt beträchtliches einbüßte, wog dagegen die Bereicherung des Wildbestandes dies auf. Das riesige Bruchgebiet wurde ein idealer Lebensraum für alles Hochwild! Einerseits waren die Einstände völlig ungestört, andererseits aber konnte das Wild allnächtlich doch die Felder der Umgebung erreichen.

Der nach den Kriegs- und Nachkriegswirren übriggebliebene Restbestand von nur einigen Stück Rotwild vermehrte sich schnell, die einstmals wegen ihrer schlechten Geweihe „berühmten" Hanság-Hirsche nahmen rapide an Geweihstärke zu. Auch das Rehwild und Fasanen vermehrten sich gut. Als sich das Bruchgelände in ein schier unendliches Meer von zusammenhängenden Dickungen und Schilfpartien verwandelt hatte, erschienen im Jahre 1952 die Sauen!

Schon vor einigen Jahren war die Nachricht verbreitet worden, daß sich in der Schilfwildnis des Neusiedlersees Sauen angesiedelt hätten. Hier hatte es früher auch keine gegeben, doch diese seien durch Kriegseinwirkungen aus dem in der Nähe liegenden Saugatter bei Eisenstadt entwichen. Sie lebten nicht nur in den Schilfpartien des Sees, sondern auch in den Waldungen des Burgenlandes. Vom See aus verbreiteten sie sich jedoch nicht nur in östlicher Richtung in der Hanság, sondern auch in den Eichenwäldern südlich von Sopron, wo Sauen vorher unbekannt waren.

Es waren bestimmt nur einzelne wenige Stücke, die 1952 im östlichen Bekken der Hanság auftauchten. Denn zunächst wurden nur ganz vereinzelt Sauen gesehen, jeder hatte Angst vor dem unbekannten „gefährlichen" Wild. Sie verrieten ihre Gegenwart durch die umgepflügten Stellen auf den verbliebenen Wiesenstücken, auf denen sie gebrochen hatten. Hier fanden sie Raupen und Mäuse. Überall war ihnen der Tisch überreichlich, vor allem mit den so sehr beliebten, süßen Schilfwurzeln gedeckt. Im Sommer und Herbst zogen sie allnächtlich auf die Felder, im Winter ernährten sie sich fast ausschließlich von Wurzeln des Schilfes.

Zwei Jahre lang wurde kaum eine Sau erlegt; es waren noch wenige im Revier, sie blieben außerordentlich heimlich. Im Sommer 1954 richteten sie schon beträchtlichen Schaden an. Es wurden in den darauffolgenden zwei Jahren einige beim Nachtansitz an den Feldern erlegt. Doch tat dies den sich inzwischen stark vermehrten Schwarzkitteln kaum Abbruch. Im Winter wurden sie so gut wie gar nicht bejagt, weil sie die Einstände überhaupt nicht verließen. Man kannte die Sauen und die Methoden ihrer Bejagung nicht, das Gebiet mit den unendlichen Dickungen ohne Schneisen war zum Drücken nicht geeignet.

Ich übernahm die Aufsicht auch über dieses Großrevier im Jahre 1955. Die Sauen hatten sich stark vermehrt. Keiner wußte auch nur annähernd eine Bestandesschätzung anzugeben. Sie gingen im Sommer in den angrenzenden Feldern sehr stark zu Schaden. Bei einem Mondscheinansitz konnte ich dann auch meine erste Sau in der Hanság erlegen. Ein Jugendtraum war in Erfüllung gegangen!

Der Januar und Februar des Jahres 1956 brachte anhaltende Kälte und tiefen Schnee. Ich hatte damals keine Möglichkeit, das Revier aufzusuchen, mich erreichten Meldungen, daß Sauen kaum zu spüren wären. Einige glaubten an große Verluste, andere, daß die Sauen abgewandert seien. Doch der folgende Sommer brachte die Gewißheit, daß sich unsere lieben Sauen noch beträchtlich vermehrt hatten. Nun mußten wir aber unbedingt daran gehen, ihre Zahl zu vermindern. Die Sommeransitze brachten natürlich keinen durchschlagenden Erfolg. Ich sah aber dem kommenden Winter mit Spannung entgegen.

Anfang Januar des Jahres 1957 kam ich zur allerbesten Zeit in die Hanság. Seit den frühen Morgenstunden war der Schnee in dicken Flocken auf den gefrorenen Boden und auf das Eis gefallen. Es war der erste Schnee in diesem Winter. Jetzt war endlich die Gelegenheit gekommen, um bei Spurschnee in die Wildnis einzudringen, die Einstände und Wechsel zu finden und über die unbekannten Gewohnheiten der dortigen Sauen Erfahrungen zu sammeln.

Gegen Mittag hörte der Schneefall auf, eine spannenhohe Schneedecke verdeckte die stille, einsame Welt. Der Rest des Tages war zum Abspüren nicht geeignet, doch machte ich einen Pürschgang. Vor Dämmerung stellte ich mich am Rande einer großen Schilfpartie an, die ein guter Einstand zu sein schien. Nach der Meldung des Revierjägers wechselten Sauen hier gerne in die angrenzende junge Pflanzung. Es gab leider keinen Mond, doch hätte ich mit dem Zielfernrohr vor dem weißen Hintergrund auf nahe Entfernung schießen können. Es kam überhaupt nichts während der zwei Stunden meines Anstandes.

Es war noch finster am nächsten Morgen, als ich schon auf einem in einem Baum gebauten Hochsitz am Rande des „Brandwaldes" saß. Dieser war vor dem großen Feuer ein Erlenwald von etwa 150 Hektar, in dem nur einzelne kleine Inseln vom Feuer verschont geblieben waren. Weit und breit einer der besten Wildeinstände; denn die ausgebrannten Flächen wurden von Schilf, Salweiden und Brennesseln überwuchert, die ein undurchdringliches Gestrüpp bildeten. Kein Weg und Steg führte durch diese Wildnis. Wir hüteten uns, hier ein Gestell oder auch nur einen Pürschweg zu schneiden. Es sollte dies ein ungestörter Einstand bleiben! Östlich des „Brandwaldes" erstreckte sich eine ebenfalls ausgebrannte Wiese, die auch mit allerlei Pflanzenwuchs schütter bestanden war, hinter ihr in weiterer Entfernung Ackerböden.

Die Wiese, durch die stark benutzte Wechsel führten und wo die Sauen auch gerne brachen, war von meiner hohen Warte aus gut zu übersehen. Es dämmerte nur allmählich am östlichen Himmel an diesem bewölkten, doch völlig windstillen Morgen. Als das Büchsenlicht endlich gekommen war, konnte ich einige Rehe auf der weiten, doch sehr unübersichtlichen Fläche ausmachen, dabei auch zwei Böcke, von welchen einer der vom Sommer her gut bekannte starke Altbock wohl hätte sein können. Es gab auch auf den wenigen offenen Grasflächen im Schnee schwarz leuchtende umgebrochene Stellen, die nächtliche Arbeit der Sauen, die offensichtlich schon in der Dunkelheit in die schützende Dickung eingewechselt waren.

Die Sonne stand unsichtbar sicherlich schon hoch oben über den Wolken, als weit draußen die gedrungenen, dunklen Gestalten einiger Stücke Rotwild erschienen. Sie zogen langsam auf die Dickung zu: zwei Stück mit Kälbern und ein Schmaltier. Das letztere wäre gerade passend gewesen, denn einige Stücke Kahlwild standen noch auf dem Abschußplan. Doch das Rudel wechselte in eine Schilfpartie, die sich bis zum Rande der Dickung erstreckte und aus der der Wechsel weit über Schußdistanz von meinem Hochsitz herausführte.

Ich turnte also schnellstens vom Sitz herunter und machte mich auf den Weg, um dem Rudel den Wechsel auf einer schmalen Wiesenschlenke, die am Dikkungsrand neben einem verwachsenen Abflußkanal entlangführte, abzuschneiden. Dabei kreuzte ich die Einwechselspur eines starken einzelnen Keilers und einer starken Rotte, die aus der Richtung der umgebrochenen Wiesenstücke gekommen waren. „Abends stelle ich mich hier an!" – tröstete ich mich angesichts der Fährten. „Vielleicht laufen sie mir in die Büchse!"

Ich pürschte in Eile, jedoch vorsichtig am Kanal entlang, als ich plötzlich auf etwa 120 Schritt vor mir das hohe Schilf sich bewegen sah. Das kann wohl kaum das Rotwild sein, das ist noch viel weiter weg, überlegte ich, als ich schon der dunklen Gestalt einer Sau am Rande zwischen Schilfhalmen hindurch gewahr wurde. Sie war eben im Auswechseln begriffen. Da es keine Gelegenheit zum Anstreichen gab, kniete ich nieder und erwartete mit angeschlagener Büchse das Erscheinen der Sau, die ich durchs Zielfernrohr hindurch beobachtete.

Die Sau trat am Schilfrand hin und her. Dann zog sie auf die Wiese und verhoffte hier, mir die Breitseite zeigend. Ruhig stand der Zielstachel auf dem massigen Blatt, als der Schuß brach, die Sau wie vom Blitz erschlagen umkippte. Wie immer, so hatte ich auch jetzt mit der 8x57 mit Teilmantelgeschoß gute Erfahrungen gemacht. Auf den Schuß hin wurde es aber im Schilf lebendig! Ich hatte eben repetiert, als ein Überläufer mit langen Sätzen über die Schluppe flüchtete. Ich fühlte sofort im Schuß, daß meine zweite Kugel vorbeigegangen war: dies war – zumindest für meine „Schießkunst" – eine zu weite Entfernung auf hochflüchtiges Wild! Im Schilf hörte ich es nun gewaltig brechen. Ich lief, so schnell ich konnte, den Kanal entlang, um der Rotte vielleicht noch den Wechsel abzuschneiden, doch gelang mir dies leider nicht mehr. Weit vor mir, auf etwa zweihundert Schritt, wechselten sie hochflüchtig in die Dickung in einem Pulk. Es waren zehn, zwölf Stück gewesen, kein starkes Stück dabei, alles junge Bachen, Überläufer und Frischlinge.

Ein Stück hatte ich aber, wie unerwartet ich zu ihm gekommen war! Mit hohem Blattschuß lag es wie fast immer auf der Einschußseite. Das Geschoß hatte auch noch einen Ausschuß geliefert. Es war eine junge Bache von etwa 50 kg aufgebrochen und hatte noch nicht geführt.

Beim Anschuß des zweiten Stückes fand ich die Furche des Geschosses im Schnee – zu tief. Kein Schnitthaar und kein Schweiß.

Nachdem ich die Sau aufgebrochen hatte, pürschte ich rings um den „Brandwald". Ich fand erst nur die Fährten eines Hirsch- und eines Kahlwildrudels, dann, dort, wo ich am Abend vorher die Sauen erwartet hatte, in den der Dickung angrenzenden freien Flächen viele umgebrochene Stellen und die breite Fährte einer Rotte am Einwechsel. Sie waren nach Sauenart im Gänsemarsch eingezogen, so daß ich nicht feststellen konnte, wie viele es waren, nur, daß es sich ebenfalls um eine gemischte Rotte aus schwächeren Bachen, Überläufern und Frischlingen handelte.

Ich entschloß mich sofort, der Fährte zu folgen.

Die Schilfpartie, in die sie eingewechselt waren, breitete sich zusammenhängend auf einer Fläche von fast 500 Hektar aus. Ich war noch niemals drinnen gewesen, andere Menschen auch kaum. Sie ist nur bei Frostwetter begehbar. Ich nahm das Zielfernrohr ab; dieses sonst nützliche Hilfsgerät wäre hier, wo ich, wenn überhaupt, nur auf allernächste Entfernung einen Schnappschuß hätte anbringen können, bloß ein Hindernis. Ich folgte der Fährte mit schußfertig gehaltener Büchse ins Schilf hinein.

Etwa einen Kilometer waren die Sauen im Gänsemarsch den Wechsel entlanggezogen. Viele unbegangene Wechsel führten kreuz und quer durchs Schilf. Das Eis, welches das Grundwasser im Schilf bedeckte, war stark genug, um die Sauen und auch mich zu tragen. So konnte ich im weichen Schnee leicht und lautlos folgen. Die Wechsel waren schmalen Pürschsteigen ähnlich.

Anfangs kreuzte ich am Rande des Schilfes noch einige Rehfährten und Geläufe von Fasanen, dann schien die Schilfwildnis wie ausgestorben. Das Wild konnte hier ja auch kaum Einstände haben, überall bedeckte Wasser, jetzt eine Eisschicht, den Boden. Es fand hier weder Äsung noch trockene Stellen, die für ein Bett oder Lager geeignet gewesen wären. Offensichtlich befanden sich solche Stellen noch weiter im Inneren der Wildnis.

Ich war dem Wechsel schon länger als eine halbe Stunde gefolgt, als ich zu einer kleinen Lichtung kam, die etwas höher gelegen mit hohem Gras bewachsen war. Hier hatten die Sauen Station gemacht, auch gebrochen, waren aber dann weitergezogen.

Mit verdoppelter Vorsicht pürschte ich nunmehr weiter, die Büchse im Halbanschlag, denn jetzt wurde es feierlich! Die Rotte war verschiedentlich auseinandergezogen, dann vereinigte sie sich wieder auf dem Wechsel, der durchs Schilf weiterführte. Sie müßte ganz in der Nähe sein!

Ich hatte Glück. Die Sauen waren, wenn auch mit großen Bögen, ständig gegen den Wind gezogen. So konnten sie mich nicht wittern. Doch konnte ich auf dem sehr schmalen Wechsel nicht ganz lautlos folgen. Darum bemühte ich mich, langsamen Schrittes, mal hie und da einen Schilfhalm brechend oder meine Ellenbogen am Schilf entlangstreifend, das von einem langsam ziehenden Stück Wild verursachte Geräusch nachzuahmen.

Es war eine höchst aufregende, spannende Pirsch. Als ich gerade in einer dichten, hohen Schilfpartie war, brach unter Wind auf kaum zehn Schritt ein Stück Wild neben mir weg. Ich konnte freilich kein Haar sehen! Am schnellen, gleichmäßigen Schritt war jedoch festzustellen, daß es eine einzelne Sau gewesen war. Das Brechen hörte jedoch bald auf: das Stück hatte horchend verhofft. Ich selber war zur Bildsäule erstarrt, doch hörte ich kein Wegbrechen anderer Stücke.

So ließ ich die einzelne Sau stehen. Mit schlechtem Wind hätte ich der Fährte sowieso nicht folgen können. Ich pürschte mit doppelter Vorsicht der Rotte nach.

Weitere hundert Schritt noch, und die Fährten liefen auseinander, kreuz und quer im Schilf. Jetzt mußten sie schon ganz in der Nähe sein, denn sie sammelten Schilfstengel, Unkraut und Gras zum Füttern des Kessels. Dies tun Rotten bei Schnee immer, einzelne Keiler dagegen, gemäß meiner Erfahrung nicht, die werfen mit dem Gebräch nur den Schnee beiseite und legen sich in die Grube auf die nackte Erde, die dann von ihrer Körpertemperatur erwärmt wird.

Von einer kleinen Biegung des Wechsels hatte ich Ausblick auf die zimmergroße Lichtung vor mir auf kaum zwanzig Schritt. In der Mitte sah ich eine dunkle Masse von gewiß drei Meter Länge. In diesem Augenblick bewegte sich etwas an ihrer linken Seite, schon wurde ein Überläufer hoch. Als ich die Kugel gefühlsmäßig hinschoß, war er schon im Abspringen, tat eine blitzschnelle Wendung, wie fix Sauen bei solchen Gelegenheiten sind, weiß nur, der es selber erlebt hat, ließ einen grunzenden Schrei hören und war im Schilf verschwunden. Inzwischen wurde es aber auf der Bühne lebendig. Ich sah es nur aus dem Augenwinkel, die große schwarze Masse, die Stücke der Rotte, die im Kessel dicht aneinander gelegen hatten, spritzten auseinander und verschwanden im Handumdrehen im Schilf, ohne daß ich noch auf ein anderes Stück hätte fertig werden können. Mit heftigem Brechen und Krachen flüchteten sie in die Ferne.

Nun lud ich meine Büchse. Ich hatte zusammen mit den Schüssen am Morgen schon drei Patronen verfeuert, und ging zum Anschuß. Ich war dessen gewiß, daß die Sau eine gute Kugel hatte, denn die hat sie meistens, wenn sie den Schuß mit einem Schrei quittiert. Außer viel Schweiß fand ich auch Splitter vom Gebrech! Mein Schnappschuß hatte in der Wendung der Sau das Haupt gefaßt, noch dazu an der schlimmsten Stelle! Ich wußte, – obwohl mir so ein Schuß vorher nie passiert war, seitdem gottlob auch nur einmal –, daß die Sau mit diesem schmerzhaften Schuß nicht ins Wundbett geht, sondern ständig weiterzieht. Wenn ich sie nicht einhole und ihr den Fangschuß geben kann, muß sie qualvoll langsam verenden.

Ich folgte sofort der anfangs reichlichen Schweißfährte. Nach einigen Sprüngen war die Sau in Troll gefallen, dann später in langen Schritt, doch zog sie ständig weiter und weiter. Ich hinterher, so schnell die Beine mich nur tragen konnten. Sie hatte sich natürlich sofort von der Rotte getrennt.

Bei der Verfolgung kreuzte ich öfters frische Fährten. Die Sauen waren offensichtlich durch die Störung in Bewegung geraten. Zweimal wurden Rotten auch neben mir mit großem Krach flüchtig, doch kümmerte ich mich nicht um sie, sondern hing der immer weniger schweißenden Sau nach. Leider war sie ständig im Ziehen, verhoffte auch nicht für längere Zeit. Später zog sie öfters auf ihrer eigenen Spur zurück, so daß ich mich mit dem Ausmachen der Fährte lange aufhalten mußte.

Wie gut es gewesen wäre, jetzt einen scharfen Hund zu haben, der die kranke Sau hätte stellen können! Hierzu wäre nicht einmal ein feinnasiger Schweißhund nötig gewesen. Jeder auf Schweiß gearbeitete Hund hätte die Sau leicht stellen können. Doch ich wohnte damals in der Großstadt und hatte noch keinen brauchbaren Hund. Er war damals auch in der Umgebung nicht aufzutreiben.

Es wurde offensichtlich, daß ich die Sau nicht einholen konnte; denn ich war der Fährte schon mehr als drei Stunden gefolgt. Schließlich hörte der Schweiß vollständig auf. Die Fährte vermischte sich so sehr mit anderen, daß ich ihr nicht mehr folgen konnte und aufgeben mußte.

Diese sind die Fälle im Leben des Jägers, wenn er das Wild – mit oder ohne eigene Schuld – zu Holze schießt und es nicht von seinen Qualen erlösen kann, daß er bereut, die Büchse gehoben zu haben und ihm sogar die Lust an der Jagd vergeht. Ein Glück, daß solche Gemütszustände meistens nur so lange anhalten, bis anderes Wild seinen Weg kreuzt, die Jagdleidenschaft erneut geweckt wird.

Auch mir erging es diesmal so! Mittag war schon längst vorbei. Ich wandelte mißmutig und vergrämt mit der geschulterten Büchse in Richtung des Schilfrandes. Ich konnte schon auf die anschließende Wiesenfläche sehen, als ich an die frische Fährte einer Rotte kam, die in Richtung einer kleinen Schilfinsel am Rande der Wiese führte. An ihrem Rande vermehrten sich plötzlich die Fährten. Ich nahm die Büchse wieder schußbereit in beide Hände, obwohl ich nicht glauben wollte, daß sich die Rotte in dieser kleinen Schilfinsel gesteckt haben sollte. Doch der Teufel schläft bekanntlich nicht!

Und in diesem Fall war er tatsächlich wach gewesen; denn ich hörte ein leises Brechen kaum zehn Schritt vor mir im Gewirr der gebrochenen Schilfstengel. Die Sauen waren unmittelbar vor mir! Doch wie angestrengt ich auch äugte, mich rechts und links beugte, um bessere Sicht zu haben, konnte ich von dem schwarzen Klumpen im Schilf vor mir nur ahnen, daß es eine Sau ist. Doch war es unmöglich festzustellen, wie sie stand, wo eine tödliche Stelle für die Kugel war.

Endlich bewegte sich die Sau, machte einen Schritt nach vorn, ich wußte jetzt, wie sie stand. Außer den vermoderten Schilfstengeln war nichts im Weg der Kugel. Nach dem Knall ein großes Durcheinander, rechts und links vor mir

Er schlug Rad und blieb auf dem Rücken liegen

Die Strecke von zweieinhalb Jagdtagen in den Sümpfen

Seine rechte Augsprosse „hing“ über das Licht

brachen die Schilfstengel. Ich wußte nicht, was mit meiner Sau geschehen war, repetierte blitzschnell und eine starke Sau brach hochflüchtig in langen Sätzen aus dem Schilf und über die Wiese. Wie ein schwarzer Teufel im Schnee! Sie war keine dreißig Schritte entfernt. Einen Satz verfolgte ich sie mit der Büchse, dann, als ich das Silberkorn an ihrem dicken Vorschlag sah, – eher nur ahnte, – knallte es wieder. Die Sau schlug Rad und blieb, alle Viere gen Himmel gestreckt, auf dem Rücken liegen! Doch schon sprang die zweite auf die Wiese, aber viel weiter, bestimmt auf siebzig Schritt, flüchtete breit mit langen Sätzen, sehr schnell. Flugs repetiert, gestochen – hier war noch eine Chance. Der Schuß fuhr endlich heraus. Ich hatte das Gefühl, etwas zu hoch. Die Sau war im Schilf verschwunden.

Inzwischen hörte ich die anderen mit großem Krach nach links flüchten. Vielleicht konnte ich ihnen noch den Wechsel abschneiden! Ich lief mit langen Sätzen an die nächste Ecke, doch drehten sie ab. Ich hörte sie sich im Schilf entfernen.

Mit fliegenden Pulsen blieb ich stehen – dies war wirklich aufregend! Eine Zigarette zum Beruhigen der Nerven. Dann erst konnte ich das Geschehene überdenken. Die erste Kugel saß bestimmt an guter Stelle, die zweite Sau lag, die hatte sich gar nicht gerührt, der dritte Schuß war unsicher.

Zunächst ging ich zum dritten Anschuß. Ich fand eine Handvoll langer Borsten aus dem Kamm, aber keinen Schweiß, obwohl ich der Fährte gut zweihundert Schritt folgte. Mein Gefühl war richtig gewesen. Ich hatte sie um ein Haar überschossen. Schade, aber ein Trost, daß die Sau gesund war.

Als ich zu der zweiten Sau ging, die im Feuer den Purzelbaum geschlagen hatte, sah ich schon von weitem, daß zu ihr eine breite Schweißfährte führte. So ein Ärger! Hatte ich da dieselbe Sau, einen dreijährigen Keiler, tot geschossen, die die erste Kugel schon mitten auf dem Blatt hatte! So wurde auch aus den zwei Sauen schließlich nur eine einzige!

Interessehalber folgte ich der Schweißfährte zurück zum Anschuß, um auch diesen zu sehen, was ich stets tue. Als ich mich im Schilf mit großem Krach weiterbewegte, erblickte ich seitwärts einen Frischling unter einem Bündel gebrochenen Schilfes, der sich offensichtlich im großen Durcheinander hier eingeschoben hatte. Mein Büchsenlauf erreichte ihn fast, als ich ihm aufs Blatt schoß. Ich bekam ihn zu leicht und schämte mich fast, als ob ich ihn hinterhältig ermordet hätte!

So wurden denn doch noch zwei Sauen aus einer.

Ich war vollständig durchgeschwitzt, als ich sie nach dem Aufbrechen nacheinander bis an den nächsten Abflußgraben geschleppt hatte.

Mit dem Rest der Patronenschachtel, die ich am Morgen in die Tasche gesteckt hatte, insgesamt noch drei Stück, lud ich erneut die Büchse und machte mich auf den Weg, um vor Dämmerung auf meinem morgens ausersehenen Anstandsplatz zu sein. Mein Weg führte mich nun durch ein Gelände, in dem in größeren Wiesenflächen verstreut kleinere Schilfpartien lagen. Gleich neben der ersten stieß ich auf die Fährte eines einzelnen starken Keilers. Sie war von der Nacht oder vom Morgen, denn mittags hatte es etwas getaut. Ihre Richtung war dieselbe, so hing ich ihr nach. Der Keiler konnte sich hier in der Nähe eingeschoben haben.

Ich war ihr schon fast einen Kilometer gefolgt, als sie von der Fährte einer Bache mit Frischlingen gekreuzt wurde, die nagelfrisch war und in Richtung des Randes der Schilfdickung zeigte. Sie könnten sich eigentlich in der Nähe herumtreiben, denn es war inzwischen später Nachmittag geworden. Die Sauen konnten jetzt schon in Bewegung sein. Ich folgte also dieser Fährte.

Ich war aber kaum hundert Schritt weitergepürscht, als ich rechts von mir auf kaum dreißig Schritt plötzlich der Sauen gewahr wurde. Sie hatten mich schon wegbekommen und äugten, zum Abspringen bereit, zu mir herüber. Der eine Frischling stand frei und etwas abseits. Ich schoß auf ihn etwas übereilt aus schnellem Anschlag. Wie vom Blitz getroffen brach er zusammen, die anderen aber drehten und sprangen in Richtung eines Wiesenstückes zurück in die Schilfpartie ab. Ich sprang auch, inzwischen repetierend, um ihnen zuvor zu kommen. Ich kam gerade recht, um den letzten Frischling, der etwas zurückgeblieben war, über die Wiesenschlenke flüchten zu sehen. Meine Kugel schlug schräg hinter dem Blatt ein, er verschwand nur im Gras.

Nun ging ich zum ersten zurück – und fand keine Sau! Aus den beiden ist wieder nur eine geworden! Am Anschuß einige Schnitthaare, lange Borsten, kein Schweiß. Offensichtlich hatte auch diese Kugel nur hoch gestreift. Ich hing der Fährte einige hundert Schritte nach, um sicher zu gehen. Aber ich fand nur einige winzige Schweißtropfen, dann weiter nicht mehr. Ich konnte beruhigt mit der Nachsuche aufhören.

Inzwischen wurde es schummerig. Der Himmel hatte sich bezogen, Nieselregen setzte ein. Ich hatte noch eine Patrone im Lauf. Doch ich konnte es mir nicht verkneifen, am Rande des „Brandwaldes“, wo ich am Morgen die erste Sau erlegt und die Wechsel gefunden hatte, mich noch anzustellen.

Am Rande der Dickung zog sich eine Wiese von etwa zwanzig Metern Breite entlang, dann ein Kanal, dessen Böschung mit Schilf bewachsen war: diese gab einigermaßen Deckung. Ich stellte mich etwas abseits vom Wechsel. Obwohl es kein Mondlicht gab, konnte man vor dem weißen Hintergrund auch in der diesigen, bewölkten Dunkelheit die Konturen des Wildes ausmachen. Ich setzte also das Zielfernrohr wieder auf die Büchse und wartete regungslos im stillen Abend.

Nach kurzer Zeit hörte ich das laute Quietschen eines Frischlings weit von mir drinnen in der Dickung am unteren Rande des „Brandwaldes“. Die vorsichtige Bache brachte dem sich zum Austreten allzu sehr beeilenden Frischling mit einem derben Stoß Gehorsam bei. Solches Quietschen habe ich sehr oft vor dem Austreten aus den Einständen gehört. Es vergingen fast zehn Minuten, bis ich im lichtstarken Glas auf weite Entfernung die Rotte über die Wiese ziehen sah. Es waren acht bis zehn Stück, zwei stärkere Sauen und Überläufer mit Frischlingen vermischt.

Eine halbe Stunde war etwa vergangen, es wurde sehr dunkel, der Regen nieselte unaufhörlich. Ich war vollständig in Gedanken versunken, als kaum dreißig Schritt von mir, wie ein Gespenst, eine einzelne starke Sau auf der Lichtung vor mir erschien! Mit bloßem Auge konnte ich sie eher nur ahnen als sehen. Ganz langsam, jede unnötige Bewegung vermeidend, hob ich, fast zentimeterweise, die Büchse zur Schulter und konnte die Aufregung kaum meistern. Der Keiler hatte meine langsame Bewegung nicht wahrgenommen. Als er die Mitte der Blöße erreicht hatte, verhoffte er ganz breit. Im Zielfernrohr sah ich die Konturen der dunklen Masse, die fast das ganze Gesichtsfeld ausfüllte. Als ich den Zielstachel am Vorschlag der Sau eher fühlte als sah, zerriß der Knall des Schusses die Stille der Wildnis.

Der Feuerstrahl aus der Laufmündung blendete mich erst, doch ich sah, daß die Sau zusammengebrochen war. Ich stand jetzt mit leerer Büchse da, ich hatte ja meine letzte Patrone verschossen. Die Sau schlug mit den Läufen um sich und wetzte die Waffen. Erst jetzt wurde mir klar, wie leichtsinnig es gewesen war, das Wild mit der letzten, einzigen Patrone zu erwarten. Nach kurzer Zeit legte sie sich zur Seite und war bald verendet.

Ich trat, tief gerührt von der Urkraft des gewaltigen Wildes, und vom unvergeßlichen, aufregenden Erlebnis mit gezogenem Hut heran. Es war ein so gewaltiger Keiler, wie ich einen im Laufe meines Jägerlebens nur selten gesehen und nur ein einziges Mal erlegt hatte. Beim Schein meines Feuerzeuges konnte ich die kapitalen Waffen bewundern.

Es war späte Nacht, als ich im Jagdhaus ankam. Der Jäger hatte schon befürchtet, ich hätte mich verirrt. Er glaubte mir erst dann die Erlegung der fünf Sauen, als ich neben dem flackernden Feuer des Herdes ihm die abwechslungsreichen Erlebnisse des Jagdtages in allen Einzelheiten erzählt hatte.

Der frühe Morgen des nächsten Tages fand mich wieder im Revier. Der Regen am Vorabend hatte tatsächlich die Spuren des vorigen Tages zum Schmelzen gebracht. So war heute wieder Aussicht auf gute Möglichkeiten zum Abfährten.

Bei der Morgendämmerung machte ich „Stehpürsch“ am Rande des „Brandwaldes“ und hoffte auf ein Einwechseln von Rot- oder Schwarzwild.

Doch außer einigen Rehen und einem leider außer Schußweite einziehenden Rotrock bekam ich nichts in Anblick.

An der Südseite der großen Dickung, im anschließenden mit viel Gebüsch und Unkraut bewachsenen Wiesengelände sichtete ich ein Rudel von vier Hirschen. Drei waren Jünglinge, der vierte jedoch schon ein älterer, starker Kronenhirsch, wie es vormals in der Hanság kaum welche gegeben hatte. Die radikale Verminderung der Rotwildbestände und die folgende Schonung der Geweihträger bis weit über das Reifealter hinaus hatte doch erfreuliche Erfolge gebracht!

Dann fand ich an ganz unerwarteter Stelle das Einwechseln einer schwachen Rotte von fünf Überläufern mit gleichstarken Fährten. Sie hatten offenbar in den Wiesen gebrochen und waren vor kurzem über den Kanal, der die Dickung hier begrenzte, gezogen. Diesseits des Kanals hatten sie sich fächerartig geteilt. So konnte ich die Zahl der Fährten feststellen. Sie waren nagelfrisch. So machte ich mich an ihre Verfolgung.

Die Dickung, in die sie eingezogen waren, war ganz anders als das Gelände vom Vortage. Hier standen die übermannshohen Salweidensträucher so dicht, daß unter ihnen kaum ein Unterwuchs von Schilf und Binsen hochkommen konnte, nur die dazwischenliegenden kleinen Blößen waren mit hohem Gras bewachsen. Freilich war hier das Folgen der Fährten auch schwieriger, denn es gab hier weniger Wechsel und ein kleineres Blickfeld. So waren auch die Chancen geringer. Doch ich hing der Fährte nach, weil es immer interessant, aufregend und lehrreich ist, auch dann, wenn dem Jäger kein Erfolg beschieden ist. Wahrscheinlich war es jedenfalls, daß die hie und da brechend, nebeneinander langsam ziehende Rotte schnell einzuholen sein könnte.

Es dauerte doch eine halbe Stunde, bis ich endlich auf kaum Steinwurfweite vor mir eine Bewegung entdeckte. Die Sau war jedoch so gedeckt, daß an ein Schießen nicht zu denken war. Ich hatte natürlich guten Wind und versuchte seitlich zu pürschen, um besseres Schußfeld zu haben. Doch die Sau zog weiter. Ich hinterher.

Wenig weiter bekam ich sie wieder in Anblick, jetzt war aber auch eine zweite neben ihr. Sehr verdeckt, aber ich konnte sehen, daß sie breit stand. Ich versuchte also den Schuß durch eine winzige Lücke im Gewirr der Äste. Ich sah sie nur abspringen, eine ruckartige Bewegung. Am Anschuß weder Schweiß noch Schnitthaar, ein kleiner Zweig mußte doch die Kugel abgelenkt haben. Sofort hing ich der Fährte nach, die sich gleich wieder den anderen anschloß. Die Rotte war nach einigen Fluchten in Troll gefallen und zog dann wieder völlig vertraut wie vor dem Schuß weiter. Sie hatten ja keinen Wind von mir bekommen, auch nichts von mir gemerkt und der Schuß selber hatte sie wenig gestört.

Nach kurzer Zeit, als ich an eine kleine, mit hohem Gras bewachsene Lichtung kam, erblickte ich auf ihrer anderen Seite am Rande des Gebüsches, kaum vierzig Schritt entfernt, die Sauen. Die eine stand ziemlich frei und zeigte mir die Breitseite. Im Schuß sprang sie mit den anderen ab. Ich wußte, daß ich gut drauf gewesen war. Ich hatte schon repetiert, als ihre Geschwister, sie stammten offensichtlich aus demselben vorjährigen Wurf, auf einen Augenblick rat los verhofften. Das eine Stück stand in einer Lücke etwas schräg von mir abgewendet. Auf den Schuß hin rutschte es mit einem scharfen Grunzer zusammen. Die verbliebenen drei aber fetzten nunmehr in langen Sätzen quer über die Wiese. Ich hatte repetiert, als die erste gerade in der Mitte war und warf den Schuß hin, als ob ich mit der Flinte auf einen Hasen geschossen hätte. Die Sau ging im Schuß über Kopf und blieb regungslos liegen. Die beiden letzten waren auch schon draußen. Ich mußte mich sehr mit dem Repetieren beeilen, es war die letzte Kugel im Magazin. Ich wurde gerade auf die letzte fertig, als sie schon halb am Dickungsrand verschwunden war. Ich hatte mich aber übereilt und war zu weit hinten abgekommen. Diese Sau war gesund geblieben.

Jetzt lagen die anderen drei auf der Strecke, die erstbeschossene Sau war mit Lungenschuß nur einige Schritte geflüchtet. Ich brach sie auf, zog sie nebeneinander und legte sie fein säuberlich zur Strecke. Es waren alle drei gleich kugelrunde, feinste Überläuferbachen.

Dieser Tag brachte noch eine lange, doch nicht erfolgreiche Folge der Fährte eines einzelnen guten Keilers. Zur Mittagszeit schmolz der Schnee schon allzu stark, so daß es schwer war, die frische Fährte von der alten zu unterscheiden. Schließlich gab es ein solches Gewirr von Spuren, daß ich aufgeben mußte.

Am Nachmittag jedoch hatte ich noch guten Anblick. Die Sonne schien wohlig, ich schlenderte eine gerade, doch im Schilf sehr verwachsene, enge Schneise entlang, als auf etwa hundertfünfzig Schritt vor mir eine Rotte starker Sauen auf den Weg herauszog. Es waren sechs Stück – ein wundervoller Anblick der in der sonnenbeschienenen Schneelandschaft pechschwarz anmutenden Gesellen!

Das Zielfernrohr war im Rucksack im Wetterfleck eingewickelt. Ohne dieses konnte ich jedoch keinen Schuß anbringen, da die Sauen auf dem schmalen Weg sich ständig deckten und ich über Kimme und Korn nicht sehen konnte, ob wohl irgendeine für einen Moment frei stand. Dann verschwanden sie nach einigen Sekunden so lautlos, wie sie gekommen waren, auf der anderen Seite der Dickung.

Wir hatten den Leiterwagen zum Abtransport des Wildes, das ich gegen Füchse mit Taschentüchern, Patronenhülsen und Handschuhen verwittert hatte, für den Vormittag des dritten Tages aus dem weit entfernten Maierhof bestellt. So rechnete ich nur mit einer kurzen Morgenpürsch, um so mehr, als inzwischen der Schnee schon so sehr geschmolzen war, daß ich auf ein Folgen der Fährten nicht mehr hoffen konnte.

Ich hatte vor, mich wieder an dem Einwechsel vor dem „Brandwald" anzustellen, doch mußte ich wegen des Windes eine große Umgehung machen. Es wurde schnell hell, als ich drei Stück Kahlwild langsam in Richtung auf die Wechsel ziehen sah. Ein Tier mit Kalb, dann noch ein zweites Tier, für ein Schmaltier zu stark; doch will ich nicht „Gelttier" sagen, denn solche gibt es in der grünen Praxis kaum.

Es gelang mir, in der Deckung des Schilfes am Grabenrand ihren Wechsel abzuschneiden. Als nach dem Tier und Kalb auch das dritte Stück über den Graben zog, brachte ich es mit einem leisen Pfiff zum Verhoffen und setzte ihm die Kugel hinters Blatt auf die Rippen. Es zeichnete mit einer hohen Flucht, der Kugelschlag war auch deutlich, und verschwand in der Dickung.

Am Anschuß lag reichlicher Lungenschweiß. Darum folgte ich sogleich der Wundfährte und fand das Stück nach sechzig Schritt verendet. Nachdem ich es aufgebrochen hatte, pürschte ich noch weiter, bis der Wagen kam.

Ich fand auch die frische Fährte einer Rotte von Überläufern, die in eine Schilfpartie von etwa zehn Hektar hineinführte. Da es dort noch so viel Schnee gab, daß man, wenn auch sehr schwer, der Fährte folgen konnte, versuchte ich es wieder. Doch war das Schilf sehr dicht und hoch. Als ich die Sauen erreichte, sprangen sie aus meiner nächsten Nähe ab. Ich konnte nichts von ihnen sehen.

Inzwischen kam das Fuhrwerk. Wir sammelten meine Strecke der zwei Jagdtage ein. Der Wagen war voll bepackt, das am Morgen erlegte Kahltier hatte schon kaum mehr Platz.

„Eine Sau ginge oben noch drauf!", sagte aus Spaß der Kutscher.

„Wartet ein wenig, gleich schieße ich noch eine!", erwiderte ich darauf, denn der Einwechsel der Rotte vom Morgen war nicht weit entfernt. Inzwischen hatten sie sich bestimmt eingeschoben und es könnte jetzt klappen.

So machte ich mich daran, der Fährte der Rotte in den „Brandwald" zu folgen, was sehr schwierig war. Es gab kaum mehr Schnee, nur Spuren im weichen Boden. Doch kreuzten sie keine anderen, so ging es doch.

Ich war vielleicht fünfhundert Schritt in der Schilf- und Salweidendickung weitergekommen, als ich zu einer Partie kam, wo der Wald nur stellenweise ausgebrannt war. Es blieben hier einzelne Inseln alter, teilweise gestürzter Erlen stehen, dazwischen Niederungen mit Schilf und blanke Wasserflächen.

Die Fährten zeigten über einen solchen vereisten Wasserspiegel, dessen Eis schon bedenklich sich unter meiner Last senkte. Doch ich kam heil auf die kleine Insel gegenüber, auf der es schon einen Wirrwarr von Fährten gab. Hier war der Boden auch schneefrei, ich verlor die Folge.

So ging ich leise pürschend am Rand herum, um sie wiederzufinden, als ich gegenüber auf der anderen kleinen Waldinsel kaum vierzig Schritt entfernt vor einem umgestürzten Baumstamm in ganz freier Sicht eine verdächtige graue Masse bemerkte. Durchs Glas konnte ich sofort feststellen, daß es tatsächlich eine Sau war, die vor dem Stamm auf dem „Bauch" – oder wie soll ich sagen? – lag und – schlief. Ich sah auch ihre geschlossenen Lichter.

Ich zielte hinter das Blatt der schlafenden Sau und berührte den gestochenen Abzug. Doch anstatt des erwarteten Knalles nur das Klicken des Verschlusses. Versager! Die Sau hatte natürlich den verdächtigen metallischen Klang vernommen und erhob offensichtlich schläfrig die Vorderhand zu einer sitzenden Stellung. Wenn die Situation nicht so aufregend gewesen wäre, hätte ich über ihren dummen Gesichtsausdruck lachen müssen! Nur jetzt nichts falsch machen! Wenn ich repetierte, so ging dies nicht lautlos. Die Sau würde totsicher abspringen. So spannte ich das Schloß nur durch Öffnen und Schließen des Verschlusses der an der Schulter gehaltenen Büchse in der Hoffnung, daß die Patrone zum zweiten Mal doch noch losgehen würde. Und das tat sie auch zu meiner großen Freude! Die Sau schnellte wie ein Gummiball hoch und flüchtete mit großem Krach übers Eis. Ich hatte fieberhaft repetiert. Hinter dem gestürzten Baumstamm wurde es auch lebendig, doch flüchteten die anderen Sauen spitz von mir weg, so daß ich keinen anderen Schuß mehr anbringen konnte. Die Sau lag einige Schritte vom Anschuß verendet im Wasser, das Eis war unter ihr durchgebrochen.

Jetzt kam die Schwierigkeit, die Sau von hier herauszubekommen. Zum Glück hatte der Kutscher ein langes Seil dabei. Mit dem Wagen konnte man nur auf etwa fünfhundert Schritt heranfahren. Der Boden trug auch ein Pferd nicht mehr. So mußten wir die Sau mit vereinten Kräften, der Kutscher, der Jäger und ich, herausziehen. Wir spannten die Pferde vorsichtshalber aus und gingen zurück zur Sau. Ins Wasser zu ihr ging ich selber, denn ich war es ja, der sie geschossen hatte! Das Wasser reichte nämlich weit über die Gummistiefel. Das Seil band ich am Lauf der Sau fest. Dann zogen wir sie heraus und bis zum Wagen. Sie machte uns schwer zu schaffen und hatte obendrauf kaum mehr Platz.

Zum Abschied fiel dann ein wenig Schnee in großen, dichten Flocken und legte für kurze Zeit über die Hanság wieder eine winterliche Decke, die meiner einmaligen Strecke dreier mühsamer Jagdtage einen passenden Rahmen gab.

Gut Glück – sonst nichts!

„Sors bona – nihil aliud" – dies war der Wappenspruch, heute würde man „Werbeslogan" sagen, eines gewissen Comes Nicolaus Zrinyi, eines ungarisch-kroatischen Magnaten, eines „Kleinkönigs", der sich im 16. Jahrhundert mit den nach Westen vordringenden, Südungarn schon besetzt haltenden türkischen Eroberern herumschlug. Er tat dies mit sehr viel Feldherrenkunst und Tapferkeit. Das in seinem Wahlspruch beschworene Kriegsglück verließ ihn auch nicht, bis er schließlich aus der belagerten Festung Szigeth, nachdem die Verteidiger ausgehungert worden waren, herausstürmte und an der Spitze seiner Mannschaft im Handgemenge fiel. Wenn auch der altehrwürdige Comes diesen Spruch höchstwahrscheinlich allein auf das Kriegsglück bezog, so hat dieses doch auch auf allen Wegen und Wechseln des Lebens ebenso seine Gültigkeit. Ist es denn nicht nur dem guten Stern, gutem Glück zu verdanken, daß man überhaupt noch lebt, immer noch da ist, „den Löffel nicht hat fallen lassen"? Wie oft hätte es einem jeden von uns passieren können, wenn ihn sein Schutzengel, das „Gute Glück" nicht beschützt, beschirmt, beschienen hätte!

Wir Jäger nennen dieses „Gute Glück" Waidmannsheil. Es bedeutet aber irgendwie noch mehr: eine Verkettung günstiger Umstände, Zufälle, die letztlich zum jagdlichen Erfolg, zum Waidmannsheil führen, insbesondere wenn ein glücklicher Waidgenosse einem Brunfthirsch nachstellen kann. Denn dieser hat auch seinen Schutzengel, außerdem aber auch noch sein ständig sicherndes, alle Gefahr eräugendes und wahrnehmendes Kahlwild!

Um den ersehnten Geweihten überhaupt in Anblick zu bekommen, um das vielerfahrene, schlaue Leittier seines Rudels zu überlisten, um den Hirsch endlich schußgerecht vor sich zu haben und zu allerletzt um ihn auch nicht vorbeizuschießen, ihm eine saubere Kugel anzutragen: zu all diesem genügen Ausdauer, Geschicklichkeit, jagdliche Fähigkeiten und Erfahrungen, ja sogar das

Wissen um die hohe Kunst der Hirsch-Jägerei immer noch nicht. Noch etwas ist dazu unbedingt notwendig, ohne das kein Erfolg beschieden sein wird, – das Waidmannsheil, das „Gute Glück".

Dies aber fehlte uns am meisten in einer schon ein gutes Dutzend Jahre zurückliegenden Hirschbrunft. Der Gast war W. K., ein schon älterer, silbergrauer, aber noch überaus rüstiger, erfahrener, hirschgerechter Jägersmann, ein lieber Freund und langjähriger Waidgenosse.

Schon zehn Tage lang hatten wir den Hirschen nachgestellt, doch völlig ohne Erfolg. Die Brunft war sehr flau, es meldete kaum ein Hirsch. Wir bekamen auch keinen Jagdbaren in Anblick. Wenn die Hirsche schlecht schreien, so soll der Jäger seinen Hirsch nicht erpürschen wollen, sonst hat er das Revier schnell leergepürscht, das Wild vergrämt. Wir beschränkten uns deshalb auch nur auf das Ansitzen neben den Einständen, aber eher nur aufs Geratewohl. So aber ist die Jagd auf den Brunfthirsch wenig aufregend, um nicht den banalen Ausdruck „langweilig" zu gebrauchen. Etwas Spannung muß ab und zu doch auch in der Sache sein. Zumindest müßte man einen Hirsch ausmachen können, auf den man sich konzentrieren, den man bejagen kann. Dann wird das Waidwerk interessant und spannend, ein Prüfstein für die Kunst des Jägers. Doch bislang hatten wir keinen Hirsch zum Bejagen. Die wertvollen Tage der Brunft schwanden erfolglos einer nach dem anderen hin.

Es gab wenig Rotwild im weiten Revier. Dies wenige hatte viel Platz, viel zu viele gute Einstände, um es leicht finden zu können. Die Hirsche belästigten sich gegenseitig nicht, jeder bezog einen weit vom anderen gelegenen Einstand mit seinem Rudel und röhrte meist nur, wenn ein stärkerer Beihirsch ihm allzu nahe kam oder er ein brunftiges Stück trieb. Äsung hatte das Wild überall in Hülle und Fülle, in jeder Richtung waren meist Maisfelder und Kartoffelschläge am Waldrand: deswegen hielt es auch keine festen Wechsel.

Die Brunftzeit war schon ziemlich fortgeschritten, als wir endlich einen Hirsch bestätigten. Freilich hatten wir ihn vorerst noch nicht gesehen, nur das Rudel zwischen Tageseinstand und nächtlichem Brunftplatz im Maisfeld am Waldrand gefährtet. Er meldete, knörte bloß ein-, zweimal während des Aus- und Einwechselns im Hochwald, durch den das Rudel ziehen mußte. Das geschah zwei Tage lang immer nur bei völliger Dunkelheit. Wir bekamen kein Haar vom Hirsch zu sehen. Er hatte die richtige Stimme, eine starke Fährte, drei bis vier Tiere dabei. Es mußte schon ein starker, jagdbarer Hirsch sein, der die Mühe lohnte.

Am Nachmittag des dritten Tages fuhren wir mit dem Pürschwagen zu unserem Abendansitzplatz am vermutlichen Auswechsel des Rudels an der Schneise am Dickungsrand, dem Tageseinstand. So störte man das Wild viel weniger, als wenn man sich pürschend heranschlich.

Die Sonne stand noch hoch am Himmel. Es war schwülwarm, als wir an die etwa hundert Schritt breite Lichtung, eine Niederung neben der Schneise, kamen, in deren Mitte ein als Suhle benutztes Schlammloch lag. Aus dieser Suhle wurde, kaum sechzig Schritt von uns entfernt, der Hirsch hoch! Ein starker, gedrungener Körper, das Geweih mit langen, dunklen und dicken Stangen, in den weitverzweigten Kronen blitzende, blendendweiße Endenspitzen. Eine wundervolle Erscheinung, eine unerwartete Überraschung! Jeden Augenblick zum Abspringen bereit, stand er schräg am Suhlenrand in den Binsen und äugte mit zurückgewandtem Haupt auf unseren Wagen. Den Jäger packte das Jagdfieber. Nur schnell, kein Atemzug war zu verlieren, die Büchse ergreifen, durchladen, keine Zeit mehr zum Absteigen, zumal man auch vom Boden aus kaum etwas vom Wildkörper sehen konnte. Er schoß aus verdrehter, krampfhafter Haltung vom Wagensitz auf den Hirsch, der schon im Abspringen war. Die Pferde ruckten auch, als der Schuß krachte. Gesund preschte der Hirsch durch das Unterholz des Hochwaldes. Gut Glück, der günstige Zufall war da, bloß nicht genug davon!

Vor Morgengrauen meldete der Hirsch noch draußen im Maisfeld. Doch zog er bei Dunkelheit mit seinem Rudel in den Bestand. Das Wild mußte zu seinem Tageseinstand durch einen Hochwald mit dichtem Unterholz ziehen. Der Morgen graute schon, als der Hirsch dort noch zweimal knörte. Wir konnten uns danach richten, dem Rudel zuvorkommen, seinen Wechsel auf der Schneise am Dickungsrand abschneiden. Rechtzeitig drückten wir uns an einen Stamm am Rande der Schneise, als das Wild in unserer Nähe im Hochwald herumtrat. Ab und zu hörten wir auch das Anstreichen der Stangen.

Dann zog das Leittier langsam, bedacht, argwöhnisch heraus, verhoffte genau auf dem Buckel, von dem dann die Schneise nach hinten abfiel, – nur einen guten Steinwurf von uns entfernt.

Wir trauten uns kaum zu atmen, daß es uns nicht bemerkte. Dann wäre alles vorbei! Wenn es aber hinüberzieht, so folgt ihm das Rudel vertraut. Wenn die Führerin die Luft rein findet droht gewiß keine Gefahr, man kann ihr getrost nachziehen. Aber der Hirsch am Schluß, der verhofft fast immer auf der Schneise. Er muß sehen, ob keines der Tiere zurückgeblieben ist.

Der Reihe nach zogen Tiere und Kälber vertraut über die Schneise. Sechs Stück waren schon hinüber. Dann eine kurze Zeit lang nichts. Sekunden, in denen die Nerven zum Bersten gespannt sind, – eine Pause, ein Herzschlag vor dem Finale. Jetzt muß der Hirsch kommen!

Und er kam, aber etwas seitlich vom Wechsel, hinter dem Buckel. Wir sahen nichts von ihm als nur die wippend über die Schneise schwimmenden gewaltigen Kronen, hinter denen sich die Dickung schloß. Gut Glück für den Jäger wieder, doch die Stunde des Hirsches hatte noch nicht geschlagen!

Es war noch längst kein Büchsenlicht, als der Hirsch am nächsten Morgen schon beim Einwechseln im Hochwald zuletzt meldete. Das Rudel war schon durchgezogen, als wir zum Wechsel kamen, vor Büchsenlicht. Die Fährten standen abgestreift im taunassen Gras der Schneise.

Es stand kein Hochsitz auf der Schneise. Vom Boden aus konnte man nicht über den Pech bringenden Buckel sehen. Es war auch unmöglich, schnell tagsüber einen Hochstand oder auch nur einen Sitz in einem Baum zu bauen. Das Wild in der Dickung wäre vom Krach und Hämmern gewiß auf lange Zeit vergrämt worden, hätte höchstwahrscheinlich den Einstand gewechselt. Transportable Hochsitze, besonders für solche „Notfälle" konstruiert, benutzten wir später oft mit bestem Erfolg, wenn jetzt bloß einer dagewesen wäre!

In der Not wandte ich einen Trick an: ich ließ tagsüber auf die Schneisenkreuzung einen Leiterwagen stellen. Wir verblendeten ihn gut mit Laub, taten Strohballen darauf. Wenn er auch nicht so hoch war und vor den Tücken des küselnden Windes nicht so gut schützte wie ein Hochsitz, so konnte man doch immerhin von ihm aus mit bequem aufgelegter Büchse die ganze Länge der Schneise beschießen.

Dieser Hirsch schien nun unser, wenn nicht am Abend, so aber sicherlich beim Einwechseln am Morgen. Jetzt brauchen wir nur noch einen winzigen Schuß Gut Glück – sonst nichts!

Dieses kam auch, doch einem anderen, noch dazu in rauhen Mengen! Ab Mittag dieses Tages überschlugen sich die Ereignisse.

In unserem Quartier erwartete uns die Meldung, daß zwei Hirsche in einer im Felde gelegenen, kaum zehn Hektar großen Remise bis sieben Uhr morgens aus vollem Hals geschrien hätten. Dieses Wäldchen besteht zum größten Teil aus verhältnismäßig gut sichtigem durchforsteten Stangenholz, freilich mit hohen Brennesseln, Goldruten und anderem Unterwuchs. In einer Ecke eine mit Salweiden, Schilf und Röhricht bewachsene Niederung. Vermutlich war das Rudel erst in vergangener Nacht mit einem stärkeren Beihirsch hier eingezogen. Es war aber auch möglich, daß es schon seit längerer Zeit unbemerkt in dieser kleinen, ungestörten Remise stand, neben dem gedeckten Tisch, denn Kartoffel- und vor allem Maisfelder schlossen sich daran, und daß erst in der Nacht ein einzelner, suchender Hirsch hier eingewechselt war. Deshalb das wilde Röhren, das dem Revierjäger aus weiter Entfernung ans Ohr schlug. Er rückte den Hirschen aber nicht auf die Decke, um sie ja nicht zu stören. Uns genügte zu wissen, daß das Wild tagsüber in der Remise stand. Abends ist es sicher noch da, man kann sich das Rudel ansehen und kommt vielleicht auf einen reifen Hirsch zu Schuß. Mit Leichtigkeit, mit dem Pürschwagen, weil auch einige kaum befahrene Wege die Remise durchschneiden.

Jetzt aber hatten wir die große Qual der Wahl. Für diesen Abend hatten wir sogar zwei „festgebundene“ Hirsche. Welchen sollten wir wählen, welchen bejagen? Erfolgsversprechender wäre es, nach gründlichem Abwägen der Chancen, dem Für und Wider, auf den „neuen“ Hirsch zu jagen. Dieser schien sicherer, die Lage war äußerst günstig, und vor allem wußte man nicht, wo der Hirsch morgen seine Fährte ziehen würde. Doch wäre ich bestimmt nicht meinem Verstand gefolgt, denn ich hätte natürlich „unserem“ Hirsch, dem heute morgen endlich listig „angebundenen“ den Vorrang gegeben, mich also erst recht auf den Leiterwagen gesetzt.

Ich stellte also dem alten Herrn die Frage. Er antwortete, ohne einen Augenblick zu zögern, und ich wunderte mich auch nicht über seine Antwort: – „Heute abend setze ich mich auf dem Leiterwagen an. Ein anderer Hirsch interessiert mich nicht!“ Wie schade doch, den andern laufen zu lassen!

Nach dem dritten Glas Bier löffelten wir eben unsere Suppe, als vor dem Haus ein Auto hielt, auf dessen Verdeck Geweihe verpackt waren. Ein lieber Freund, alter Jagdkumpan, E. G. P., der aus einem anderen Revier nach erfolgreichem Waidwerk, dies war ja offensichtlich, auf der Heimfahrt bei uns vorbeikam.

„Hast Du es denn sehr eilig?“

„Es drängt schon, man sollte auch mal daheim nach dem Rechten sehen, aber eine Nacht würde ich der Freundschaft halber doch noch dran hängen. Habt Ihr denn Quartier und auch noch etwas zu trinken?“

„Spärliche Reste. Brauchst Du nicht etwa auch noch einen Hirsch?“, fragte ich keck.

„Wo ist der Hirsch?“

Wir fuhren schon um vier Uhr nachmittags mit dem Pürschwagen ab. Der Kutscher Pista, der Augen wie ein Falke hatte und so passioniert war wie ein scharfer Jagdterrier, János, der geschickte junge Revierjäger, der frischgebakkene Jagdgast und meine Wenigkeit. Die fast nagelneue Seitenschloß-Doppelbüchse im Gewehrhalter an der Rückseite des Kutschersitzes – „Bock“ nennt man ihn bei uns.

An der Ecke der Remise ein einzelnes Gehöft, davor am Waldrand eine Unmenge Geflügel, einige Ziegen und zottige, schlammige Schweine. Ein paradiesisches Bild des Friedens an einem strahlenden Spätsommer-Nachmittag. Hinter dem Hause bogen wir auf dem Fahrweg in den Wald ein.

„Es wäre an der Zeit, den Püster zu laden.“ Ich zeigte mit dem Daumen in die ungefähre Richtung der feinen Büchse.

„Wozu denn? Aus diesem Gewehr verschießt man doch Kugeln! Gibt es denn Fasanen in dieser Remise? Wenn ich nur geahnt hätte, wohin Ihr mich bringt, hätte ich mir Deine Flinte ausgeborgt. Mir scheint, Ihr haltet mich ganz schön zum Narren!“

Doch kaum waren wir zweihundert Schritt gefahren, stand das Kahlwild rechts im Bestand. Nur Haupt und Träger und die Rückenlinien waren in den hohen Goldruten zu sehen. Ein starkes Rudel von acht, neun Stück. Doch wo war der Hirsch?

„Da steht er doch seitlich, neben dem großen Busch. Sehen Sie ihn denn nicht? Und sehr stark ist er auch!", sagte Kutscher Pista. Er hängte noch gemäß seiner Gewohnheit eine Redewendung daran, die sich in diesem Falle auf unsere kurzsichtigen Augen bezog, die ich aber doch nicht niederschreiben möchte.

Der Hirsch war wirklich stark, das konnte man auf den ersten Blick sehen. Wie er das Haupt wendete, wurde die eine Stange hinter dem Busch sichtbar. Lang, sehr dunkel, mit vielendiger Krone. Die Stange stark, das ist das Wichtigste. Gedrungenes Haupt, Ramsnase, die eine Augsprosse nach unten, übers Licht gebogen. All' dies konnte man auf den ersten Blick sehen, ansprechen.

„Zehn Kilo", sagte ich. Das Kahlwild wendete schon und zog vor uns schräg nach links herüber.

Jetzt hatte der Gast die Büchse geladen. Er stand im Wagen, um besser sehen zu können, und wartete auf einen passenden Augenblick zum Schuß.

Er war ein vielerfahrener, geschickter Jäger, guter, flinker, nicht zaghafter Schütze, nur übereilte er sich oft in allzu heißen Situationen.

Der Hirsch zog in Troll den Tieren nach. Er war auch ständig verdeckt; dort hinten war der Unterwuchs noch höher, eine Kugel war überhaupt nicht anzubringen. Doch vorn verhielt das Leittier. Das Rudel auch in einen Pulk hinter ihm, der Hirsch verhoffte auch am Ende der Reihe. Gerade so, daß Blatt und Rippen zwischen den Bäumen frei waren und durch den Unterwuchs unter der Rückenlinie durchschimmerten.

Ein gewaltiger Hirsch, du lieber Himmel! Jetzt muß es knallen, aber sofort! Auch der Gast erkannte die Lage und wartete nicht. Er schoß freihändig, oben auf dem Wagen stehend. Der Hirsch war nicht weiter als achtzig Gänge. Knisternd peitschte die Kugel durch das Unkraut hinter dem Hirsch. Einen Moment noch stehen bleibend, quittierte dieser den zu hohen Schuß und sprang dann hinter dem Kahlwild ab. Bautz! – der linke Lauf, bevor ich es hätte verhindern können.

Mit gewaltigem Krach und Getöse flüchtete das Rudel durch die Schilfniederung. Mein Gott! Hat er doch diesen sehr starken Hirsch vorbeigeschossen! Der geht jetzt zum Teufel, „geht von der Landkarte herunter". Nie werden wir den wiedersehen! Vielleicht können wir ihm noch am Waldrand zuvorkommen, dieses Schilf ist sehr klein. – „Fahr zu, Pista!" –

Aber das brauchte man Pista gar nicht zu sagen. Er erfaßte, wie immer, blitzschnell die Situation. Er schlug mit der Peitsche zwischen die Pferde, daß wir fast vom plötzlichen Ruck mit dem Sitz nach hinten kippten, dann ging es im Galopp den Waldweg entlang, durch Pfützen und Löcher und über querliegende Äste. Wir klammerten uns in Sitz und Wagen, ineinander und an die Büchse, daß nur die nicht hinausflog. Nur so schnell es geht an den Waldrand!

Dort war überhaupt nichts zu sehen. Die weite Gegend war leer.

„Es gibt einen kaum befahrenen blinden Weg auf der anderen Seite der Niederung!“, sagte János.

In flottem Schritt fuhren wir ihn zurück. – „Hööö!“ – die Gäule setzten sich fast auf die Hinterhand, Pista zog so stark an den Zügeln.

Da stand ein Hirsch breit auf kaum sechzig Schritt. Vollständig frei, eben nur Haupt und Geweih waren vom Stamm der einzigen alten Eiche dieser Remise ganz verdeckt. Ein Hirsch ist es zweifelsohne, aber ob es wohl derselbe ist? Der Figur nach ja, aber so blindlings kann man doch nicht schießen, auch wenn er sein Blatt noch so schön präsentiert.

Gut Glück kam uns aber auch jetzt wieder zur Hilfe.

Der Hirsch bewegte das Haupt. Hinter dem Stamm wurde der herabgebogene Augsproß auf einen Moment sichtbar.

„Schießen!“, stöhnte ich, und schon knallte die Doppelbüchse. Aber wie sie knallte! Eine Detonation, wie ein Mörserschuß. Die Pferde gingen durch, die Büchse flog dem Schützen fast aus den Händen, sein Hut ging auf Reisen, wir alle fielen im Wagen durcheinander. Ein Glück, daß weder bei Mann noch Material – sprich Gewehr – ein Schaden entstand. Unnötigerweise hatte die feine Büchse auch am hinteren Abzug einen Stecher, der in der Hitze des Gefechtes auch gestochen wurde, und beim Schuß gingen natürlich beide Läufe los. Dieser „starke“ Schuß aber hatte seine Wirkung! Der Hirsch zeichnete mit einer schwerfälligen Flucht, polternd und brechend stürmte er weg, dann brach er mit Getöse zusammen.

Es war noch kaum fünf Uhr, als wir neben ihm standen.

Doch der „angebundene“ Hirsch des alten Herrn kam nie zur Strecke. Weder sahen wir ihn, noch hörten wir ihn, nicht am Abend, nicht am nächsten Morgen und in den darauffolgenden Tagen. Wir sahen ihn nie wieder. Es verschluckte ihn die Erde, der Nebel, der in wallenden Schleiern über Senken und Niederungen im Dämmern über das weite Land zieht.

Was braucht man denn sonst noch als – Gut Glück?!